VIRGINIA WOOLF
& VITA SACKVILLE-WEST

CARTAS DE AMOR

VIRGINIA WOOLF
& VITA SACKVILLE-WEST

CARTAS DE AMOR

PREFÁCIO DE ALISON BECHDEL

Tradução
Camila von Holdefer

Introdução © Alison Bechdel, 2021
Cartas de Virginia Woolf © Quentin Bell e Angelica Garnett 1977, 1978, 1979, 1980, 1989
Diários de Virginia Woolf © Quentin Bell e Angelica Garnett 1977, 1978, 1980, 1982, 1984
Cartas e diários de Vita Sackville-West © The Estate of Vita Sackville-West 1984, 2021
Trecho de carta de Virginia Woolf a Vita Sackville-West reproduzido por cortesia da Smith College Special Collections © The Estate of Virginia Woolf 2021
Trecho de carta de Vita Sackville-West a Leonard Woolf reproduzido por cortesia do The Modernist Archives Publishing Project (modernistarchives.com) © The Estate of Vita Sackville-West 2021
Publicado em comum acordo com Juliet Nicolson e Vanessa Nicolson como Beneficiárias do Espólio Literário de Vita Sackville-West, em conjunto com Curtis Brown Group Limited, trabalhando em associação com Ilídio Matos Agência Literária.

Título original: LOVE LETTERS: VIRGINIA WOOLF AND VITA SACKVILLE-WEST

Direção editorial: VICTOR GOMES
Coordenação editorial: ALINE GRAÇA
Acompanhamento editorial: LUI NAVARRO E THIAGO BIO
Tradução: CAMILA VON HOLDEFER
Preparação: BÁRBARA WAIDA
Revisão: LETÍCIA NAKAMURA
Capa: DANI HASSE
Projeto gráfico e diagramação: EDUARDO KENJI IHA E VALQUÍRIA CHAGAS

TODOS OS DIREITOS RESERVADOS. PROIBIDA A REPRODUÇÃO, NO TODO OU EM PARTES, ATRAVÉS DE QUAISQUER MEIOS. OS DIREITOS MORAIS DOS AUTORES FORAM CONTEMPLADOS.

DADOS INTERNACIONAIS DE CATALOGAÇÃO NA PUBLICAÇÃO (CIP)

W913v Woolf, Virginia
Virginia Woolf & Vita Sackville-West: cartas de amor / Virginia Woolf, Vita Sackville-West ; prefácio: Alison Bechdel ; tradução: Camila von Holdefer – São Paulo : Morro Branco, 2023.
320 p. ; 14 x 21 cm.

ISBN: 978-65-86015-83-6

1. Literatura inglesa. 2. Correspondências. I. Von Holdefer, Camila. II. Título.
CDD 823.912

TODOS OS DIREITOS DESTA EDIÇÃO RESERVADOS À:
EDITORA MORRO BRANCO
Alameda Santos, 1.357, 8º andar
01419-908 – São Paulo, SP – Brasil
Telefone (11) 3373-8168
www.editoramorrobranco.com.br

Impresso no Brasil
2024

SUMÁRIO

PREFÁCIO DE ALISON BECHDEL	7
NOTA DOS EDITORES	17
NOTA DA TRADUTORA	19
1922	21
1923	23
1924	28
1925	38
1926	59
1927	112
1928	169
1929	202
1930	227
1931	232
1932	235
1933	243
1934	261
1935	265
1936	267
1937	268
1938	274
1939	283
1940	292
1941	302

PREFÁCIO DE ALISON BECHDEL

Quando ainda estava na faculdade e me assumindo lésbica, me esgueirava até um local recôndito e mal iluminado onde sabia que ia encontrar pessoas como eu — as estantes da biblioteca. Vita Sackville-West não foi a primeira companhia que encontrei ali, mas certamente foi a mais inesquecível.

Encontrei-a em *Retrato de um casamento*, o livro que seu filho Nigel Nicolson publicou em 1973 sobre o relacionamento duradouro e aberto dos pais. Descobri que tanto Vita quanto o marido, o diplomata Harold Nicolson, tiveram diversos casos, quase todos com pessoas do mesmo sexo, enquanto de resto permaneciam devotados um ao outro, aos filhos e ao famoso jardim. O livro também incluía o próprio relato de Vita sobre o caso de amor obsessivo com Violet Keppel no início do casamento com Harold. Fiquei enfeitiçada pela imagem de Vita em Paris, se passando por homem com uma faixa cáqui enrolada na cabeça — o que não era uma visão incomum logo no fim da Primeira Guerra Mundial — e passeando pelas ruas com a amante. Quem *foi* essa mulher?

Quase no final do livro, o autor fornece um breve relato do caso da mãe com Virginia Woolf. Eu ainda não lera nenhum de seus livros, mas várias das minhas amigas tinham um cartão-postal dela na parede — o retrato etéreo tirado por Beresford quando ela tinha vinte anos. Sua beleza frágil se encaixava bem na narrativa da heroína feminista trágica e amaldiçoada que ganhava força nessa época: ela era um gênio; ela fora abusada pelo meio-irmão; ela lutava contra algum tipo de doença mental; e, no fim, depois de escrever alguns dos melhores livros do século xx, ela se afogara. Em determinados círculos, de forma mais controversa, diziam que ela era lésbica — uma afirmação e tanto naquele tempo.

Lésbica ou não, ela também era uma personagem e tanto. Fiquei comovida com o fato de que, quando criança, Nigel Nicolson e o irmão simpatizaram instintivamente com Virginia. "Sabíamos que ela ia reparar em nós, que chegaria um momento em que não ia prestar a menor atenção à minha mãe ('Vita, saia daqui! Não vê que estou conversando com o Ben e o Nigel?')." Em *Retrato de um casamento*, entendi um pouco como Vita e Harold lidaram com o relacionamento de Vita com Virginia, mas me vi desejando mais uma brecha para o que havia se passado entre essas duas mulheres grandiosas. Queria os detalhes.

Meu desejo foi atendido anos depois, quando uma edição das cartas de Vita para Virginia foi publicada. Tinha lido alguns livros de Virginia àquela altura, de modo que foi ainda mais recompensador observar essas duas autoras avançando e retrocedendo até conquistarem uma intimidade profunda — o tipo de intimidade que eu esperava ter com alguém um dia. A paixão delas uma pela outra parecia, aos meus olhos, ligada aos novos caminhos que demarcavam para todas as mulheres: Virginia em sua obra, e Vita no mundo. Eu tinha então vinte e poucos anos, e, apesar da vivacidade com que essa história de amor brotava da página, parecia que havia se passado muito tempo atrás, num passado arcaico.

Na meia-idade, li as cartas de novo. Se houvesse tido alguma dúvida quanto à relevância prolongada delas, ela teria se dissipado durante uma fase espinhosa da minha própria vida privada, quando me vi numa situação em que duas mulheres diferentes citavam passagens delas para mim. Dessa vez, porém, a coisa que mais me impressionou foi como Vita e Virginia conciliavam todos os elementos de suas vidas incrivelmente ocupadas — demandas públicas, trabalho criativo, obrigações familiares e sociais, outros relacionamentos, incluindo aqueles com seus maridos — e ao mesmo tempo mantinham a própria conexão íntima.

Agora, aos sessenta, um ano mais velha do que Virginia quando de sua morte, e só dois mais nova do que Vita quando morreu de câncer, outro aspecto de suas cartas me impressiona: a valentia obstinada dessas mulheres ao seguir em frente diante da perda, da doença, da decepção e da mudança. Após um período de afastamento, as duas voltaram a se aproximar enquanto o fascismo se espalhava pela Europa e a ameaça à sua liberdade pessoal e profissional ficava cada vez mais próxima. Agora se passou quase um século desde que Virginia e Vita se apaixonaram, e o estranho é que esse período parece bem mais próximo do que quando eu era mais nova. Talvez seja a perspectiva da idade, talvez seja porque o mundo parece estar mais uma vez se aproximando de um ponto de inflexão. Mas também é uma homenagem ao modo intrépido como Vita e Virginia descartaram os antigos moldes e tradições dos relacionamentos para improvisar algo novo.

A edição das cartas que li na juventude consistia basicamente nas de Vita para Virginia, mas incluía algumas passagens das de Virginia para Vita. A coletânea que você tem nas mãos, embora não seja um apanhado completo da correspondência, compreende uma mais gratificante troca de cartas entre ambas. E, melhor ainda, inclui entradas dos diários das duas mulheres, bem como cartas de Vita para Harold. Essas mudanças ocasionais de ponto de vista oferecem um panorama mais amplo do relacionamento e acrescentam força a uma narrativa que já é tão envolvente quanto um romance bem concebido.

Se a correspondência de Vita e Virginia *fosse* um romance, ele seria alvo de críticas pelos nomes óbvios demais das protagonistas. Uma transbordando força vital enquanto atravessa meio mundo e volta, a outra vivendo principalmente nos confins ermos da própria imaginação. O casamento de Virginia com o marido Leonard era casto, apesar de sua tentativa corajosa de "copular" no início. ("Que", Vita revela a Harold, "foi um fracasso terrível, e foi logo abandonada.") Mas Virginia e Leonard tinham sua própria forma de intimidade. Ele era seu primeiro leitor, e cuidava dela durante os colapsos. Eles não tiveram filhos, mas sua iniciativa comum, a Hogarth Press, trouxe ao mundo diversos livros importantes.

Quando Vita e Virginia se conheceram, no fim de 1922, Vita tinha trinta anos e já era uma escritora famosa. Virginia tinha quarenta, e estava apenas começando a ser reconhecida pelos romances e ensaios. Vita era uma aristocrata e socialite, Virginia era uma reles moradora de Bloomsbury — aquele antro de socialistas, homossexuais, artistas e objetores de consciência. Hoje em dia, é claro, Vita é mais conhecida por seus amantes e seu jardim do que por seus livros, ao passo que Virginia encontrou um lugar no cânone. Na época, porém, Virginia ficou entusiasmada ao descobrir que Vita já tinha ouvido falar dela. À medida que as duas mulheres avançavam de "sra. Nicolson" e "sra. Woolf" para "querida" e "meu bem", e daí para uma coleção de apelidos e avatares, um dos grandes casos de amor da literatura se iniciava.

Embora as primeiras cartas contenham centelhas de flerte, demora um pouquinho para as coisas esquentarem. Logo depois de se conhecerem, Vita se viu enredada num caso com um homem — uma mudança de ares incomum para ela. E Virginia desconfiava dessa "safista" que "talvez esteja de olho em mim, por mais velha que eu seja". Mas assim que Virginia pede a Vita que submeta um romance à Hogarth Press, e Vita dedica *Seducers in Ecuador* a ela, o ritmo de conquista mútua engrena. Em 1925, Virginia está exausta após concluir *O leitor comum* e *Mrs. Dalloway* — livros que fascinaram Vita e intensificaram, aos olhos dela, a mística em torno de Virginia. Mas é somente quando Virginia fica sabendo que Vita partirá para se juntar a Harold em Teerã por vários meses que a perspectiva da ausência parece fazer as duas despertarem.

As cartas que trocam no período em que Vita está viajando são obras-primas do anseio. Cartas escritas no trem — uma carta curta de Virginia que diz apenas "Sim sim sim eu gosto de você. Tenho medo de escrever a palavra mais forte". Vita calculando os segundos para se verem (480.000). Essas cartas são tão inebriantes que, quando Vita enfim retorna à Inglaterra, é decepcionante. Mas claro que essa é a natureza de uma narrativa epistolar. Aquilo que o leitor mais deseja — que as protagonistas finalmente fiquem juntas — é aquilo que nunca obtém. É aí que a escrita se interrompe.

Há, desde o princípio, uma total clareza da parte de ambas as mulheres quanto àquilo que desejam na outra. Virginia ama o corpo de Vita, e Vita ama a mente de Virginia. Virginia escreve no diário, "Ela é como um cervo ou como um cavalo de corrida... e não tem nenhum cérebro afiadíssimo. Mas em termos de corpo o dela é perfeito". Por "corpo" Virginia se refere não apenas ao corpo propriamente dito de Vita, mas, como vai articular mais tarde, à "capacidade dela digo de tomar a palavra em qualquer companhia, de representar seu país, de visitar Chatsworth, de fiscalizar a prataria, os criados, a comida dos cachorros; a maternidade dela (mas é um pouco fria e brusca com os meninos), o fato de ser em resumo (aquilo que nunca fui) uma mulher real".

Vita se lembra da primeira impressão que teve de Virginia em uma carta para Harold. "Primeiro você pensa que ela é simplória; então uma espécie de beleza espiritual se impõe..." Vita vai suar um bocado para convencer Harold de que seu amor por Virginia é "uma coisa mental, uma coisa espiritual se você preferir, uma coisa intelectual...". Ela relata a ele com satisfação que a conversa com Virginia lhe deu a impressão de que "o limite da minha mente estivesse sendo prensado contra uma pedra de amolar". Embora Virginia faça algumas piadinhas privadas com a escrita de Vita em seu diário, Vita não sente nada além de admiração pelo trabalho de Virginia, e uma das suas características mais louváveis é a capacidade de apreciar o talento superior de Virginia sem inveja. Na verdade, iria se devotar, ao lado de Leonard, a protegê-lo e estimulá-lo. Para Harold, ela escreve que Virginia "inspira um sentimento de ternura, que se deve, acho, à divertida combinação de dureza e suavidade — a dureza da mente e o terror de enlouquecer de novo".

Essa dinâmica de ternura e necessidade de ser cuidada é o verdadeiro cerne da ligação de Vita e Virginia. À medida que se aproximam do ponto em que o relacionamento se torna físico, Virginia descreve no diário como Vita "me inunda do cuidado materno que, por alguma razão, é o que mais desejei de todo mundo". A verdadeira mãe de Virginia foi notoriamente ausente na infância dela, mesmo antes de morrer quando a escritora tinha treze anos. A mãe narcisista de Vita, uma presença formidável nas cartas, talvez tenha algo a ver com o modo como Vita costuma usar seu cuidado para manter as pessoas a uma certa distância. As duas mulheres são especialistas, na verdade, em calibrar a distância exata a ser mantida. Quando Vita faz uma observação brusca a respeito de Virginia usar as pessoas em seus livros, Virginia protesta bastante, e é só depois de algumas cartas que Vita consegue acalmá-la de novo. Ainda assim, usar Vita num livro é justamente o que Virginia faria, e da forma mais evidente e fantástica possível.

"... uma biografia que começa em 1500 e avança até os dias de hoje, intitulada *Orlando*: Vita, só com uma mudança de um sexo para o outro. Acho que, como um regalo, vou me permitir esboçar isso durante uma semana." Embora Virginia tenha iniciado a escrita de *Orlando* num rompante intenso, quase automático, no outono de 1927, depois de Vita ter se aproximado de outra mulher, a gestação do livro parece ter começado no instante em que as duas se conheceram, cinco anos antes. Fascinada pela linhagem aristocrática de Vita, Virginia lhe pediu uma cópia de *Knole and the Sackvilles*, uma história de sua origem ancestral. Algumas semanas mais tarde, depois de Vita e Harold terem jantado pela primeira vez com Virginia e Leonard, a boêmia Virginia escreve no diário, "Esnobe como sou, retracei quinhentos anos de paixões de Vita, e essas paixões se tornaram românticas para mim, como vinho branco envelhecido". Na altura em que Virginia visitou Knole em 1924, *Orlando* era um embrião. "Você perambula por quilômetros de galerias; contorna incontáveis tesouros — cadeiras em que Shakespeare poderia ter se sentado —, tapeçarias, quadros, pisos feitos de carvalhos partidos ao meio..."

O retrato fantasmagórico que é *Orlando*, a travessura com a história e a literatura inglesas no formato de uma biografia que é fictícia, embora verdadeira, e protagonizada por alguém que não se fixa em nenhuma época ou gênero, desafia a classificação. Foi o livro mais vendido de Virginia até hoje, o que sem dúvida se deveu em parte ao fator fofoca — Virginia o dedicou a Vita e chegou até a incluir fotografias dela, então não era segredo em quem fora baseado. Mas também se deveu ao fato de que era tão bom, tão diferente, tão original. É difícil imaginar como Virginia foi capaz de brincar tão livremente com a identidade sexual naquela época bem mais conservadora, mas brincou, inventando o próprio caminho para o futuro. A fluidez com que Orlando se metamorfoseia de homem em mulher tanto antecipou quanto desempenhou um papel na produção dos deslocamentos teóricos posteriores que ainda estão repercutindo em como pensamos o sexo e o gênero.

Orlando pode ser lido como uma história de amor lésbico, mas tão engenhosamente intricada que escapou do destino de *O poço da solidão* — que, tendo sido publicado no mesmo ano, foi julgado e considerado obsceno. No entanto, talvez o maior triunfo de Virginia com *Orlando* tenha sido o fato de que Vita o adorou. Apesar de ter sido motivado em parte por ciúme, e de penetrar implacavelmente no âmago da personalidade de Vita, o livro também a retrata como o fidalgo heroico que Vita de certa forma sempre sentiu que era. Se tivesse nascido homem, teria herdado Knole. Com a morte recente do pai, a casa e o título passaram oficialmente a seu tio. Mas, nas páginas de *Orlando*, Vita os recupera gloriosamente.

Representações de Vita e de Virginia no cinema e na televisão proliferaram ao longo dos anos, cada uma capturando certos atributos de seus modelos. Janet McTeer, em *Portrait of a Marriage*, da bbc Two, incorpora a androginia wildeana de Vita. Tilda Swinton, no *Orlando*, de Sally Potter, seu magnetismo. Nicole Kidman, com sua prótese de nariz em *As horas*, é uma Virginia atormentada, ao passo que Elizabeth Debicki, no recente *Vita & Virginia*, de Chanya Button, é uma versão etérea e sobrenatural. Mas é claro que nem mesmo as performances mais brilhantes são capazes de revelar a mente e a alma dessas mulheres notáveis do mesmo jeito que suas palavras revelam.

Seria omisso da minha parte deixar de observar, nesta introdução a um livro de cartas, que a escrita de cartas, com a fricção da pena no papel, o ritmo suficientemente lento para permitir a formação de pensamentos de verdade, saiu de moda. Se Virginia e Vita tivessem celulares, um fluxo de acrônimos de *sexting*, emojis obscuros (uma tesoura? um Potto de Bosman?), links do Twitter para resenhas do *Times Literary Supplement* e incontáveis fotografias de alsacianos e spaniels ia escoar pelos nossos dedos no lugar dessa papelada magnífica. Felizmente para nós, porém, elas escreveram, e escreveram, e escreveram, mesmo quando seus sentimentos passaram, no decorrer dos anos, da paixão para algo mais tranquilo. Suas cartas são ardentes, eruditas, tocantes e divertidas. Estão repletas de fofocas, desejo, ciúmes e dicas de escrita. E, o que talvez seja o mais maravilhoso, são muitas vezes hilárias de rachar o bico. Virginia se pergunta em seu diário, "Será que a amo? Mas o que é o amor?". Nestas cartas, as duas perguntas são respondidas nos mínimos e mais deslumbrantes detalhes.

ALISON BECHDEL é quadrinista de aclamadas e ácidas *graphic novels*, incluindo *Fun Home: uma tragicomédia em família*, vencedora do Eisner, o Oscar das HQs. Natural dos Estados Unidos, a partir da década de 1980, publicou uma série de quadrinhos de representação lésbica vanguardista. É criadora do Teste de Bechdel, que analisa a representação de personagens femininas em obras artísticas, incluindo filmes, livros, video games e peças teatrais. Mora em Vermont com a esposa e produz tiras para *The New Yorker*, *The New York Times Book Review* e outros veículos.

NOTA DOS EDITORES

Esta seleção de cartas e diários é apresentada de forma cronológica. Quando a data não é mencionada na carta original, esta edição seguiu a data estabelecida pelos editores anteriores, incluindo Nigel Nicolson, Joanne Trautmann Banks, Quentin Bell, Louise DeSalvo e Mitchell A. Leaska. Comentários e notas foram incluídos a fim de elucidar referências que podem não ser conhecidas do público geral. Se há uma omissão no meio de uma passagem, esta foi assinalada com reticências — [...] —, mas omissões no início ou no final de uma passagem não foram assinaladas. Erros de ortografia e pontuação foram corrigidos sem indicação.

NOTA DA TRADUTORA

Muitas das cartas de Vita e Virginia seguem uma pontuação e uma sintaxe particulares, sobretudo aquelas escritas às pressas. O mesmo acontece com um ou outro excerto dos diários de Virginia. Sempre que possível, isto é, sempre que pude evitar quaisquer prejuízos à compreensão dos leitores, mantive as singularidades na versão em português.

1922

Diário de Virginia

15 de dezembro

Estou aturdida demais para concluir qualquer coisa. Isso é em parte o resultado de um jantar para conhecer a adorável talentosa aristocrática Vita Sackville-West ontem à noite no Clive.[1] Nada especial para o meu gosto mais severo — florida, bigoduda, colorida feito um periquito, com toda a desenvoltura maleável da aristocracia, mas não a sagacidade da artista. Ela escreve quinze páginas por dia — acabou de terminar outro livro — publica com os Heinemann — conhece todo mundo. Mas posso vir a conhecê-la? Vou jantar lá na terça-feira. Os modos aristocráticos são como os de uma atriz — sem falsa timidez ou modéstia — me dão a sensação de ser uma virgem, tímida, como uma colegial. E ainda assim depois do jantar eu disparei opiniões. Ela é uma granadeira; severa; bonita; masculina; tem propensão ao queixo duplo.

Carta de Vita para Harold

Long Barn, Sevenoaks
19 de dezembro
Simplesmente adoro a Virginia Woolf, e você também ia adorar. Você ia travar diante do charme e da personalidade dela. Foi uma

---

[1] Clive Bell, o crítico de arte, era casado com a irmã de Virginia, Vanessa Bell.

boa festa. Perguntaram muito pelo seu Tennyson. *A sra. Woolf é tão simples: ela dá a impressão de grandiosidade. Ela é totalmente sem afetação: não há adornos externos — ela se veste de um jeito bem abominável. Primeiro você pensa que ela é simplória; então uma espécie de beleza espiritual se impõe, e você fica fascinada olhando para ela. Ela estava mais elegante ontem à noite; isso quer dizer que as meias de lã laranja foram substituídas por meias de seda amarelas, mas ela ainda estava usando os sapatinhos. Ela é igualmente distanciada e humana, quieta até querer dizer algo, e aí o diz surpreendentemente bem. Ela é um pouco velha. Raras vezes senti tamanha afeição por alguém, e acho que ela gosta de mim. Pelo menos me convidou para Richmond, onde ela mora. Querido, estou com o coração explodindo.*

1923

Carta de Virginia

Hogarth House, Surrey
3 de janeiro

Cara sra. Nicolson,
Jamais teria ousado perturbá-la se soubesse a magnificência do livro.[2] De verdade, estou envergonhada, e gostaria de dizer que exemplares de todos os meus livros estão à sua disposição se você erguer um dedinho — porém eles parecem grandalhões e desleixados e surrados. Não há nada que me agrade mais do que histórias familiares, então estou me lançando sobre Knole na primeira oportunidade que conseguir [...]

Pergunto-me se viria jantar conosco? O que fazemos é mais um piquenique que um jantar, já que a editora tomou a despensa e a sala de jantar, e nunca nos arrumamos.

Vou procurar um trem e lhe dar as coordenadas se você puder vir, como espero.

Meus melhores cumprimentos,
Virginia Woolf

---

[2] Virginia havia pedido para dar uma olhada em *Knole and the Sackvilles*, e Vita lhe mandou uma cópia.

Carta de Vita para Harold

Ebury Street, 182, Londres
10 de janeiro

Amanhã janto com minha querida sra. Woolf em Richmond [...] Amo a sra. Woolf com uma paixão doentia. Você também vai amar. Na verdade acho que não vou deixar você conhecê-la.

Diário de Virginia

19 de fevereiro

Recebemos uma visita surpresa dos Nicolson. Ela é uma Safista declarada, e talvez, Ethel Sands acredita, esteja de olho em mim, por mais velha que eu seja. Esnobe como sou, retracei quinhentos anos de paixões de Vita, e essas paixões se tornaram românticas para mim, como vinho branco envelhecido. Harold é um engodo simples e absoluto; usa paletó preto curto e calças xadrez; deseja ser escritor, mas não é, me foi dito e acredito, habilidoso por natureza. A alma, veja, está elaborando todos esses julgamentos, e dizendo, isso não é do meu agrado, isso é de quinta categoria, isso é vulgar; isso é bom, sincero, e assim por diante. Minha alma murchou, infelizmente, à medida que a noite avançava.

Diário de Vita

22 de fevereiro
Jantei com Virginia em Richmond. Ela estava deliciosa como sempre. Como está certa quando diz que o amor deixa todo mundo chato, mas que a animação da vida se encontra "nos pequenos movimentos" de aproximação às pessoas. Mas talvez ela se sinta assim porque é uma experimentalista em humanidade, e não tem nenhuma grande passion *na vida.*

Diário de Virginia

17 de março

O número 46 [da Gordon Square] tem se mostrado muito agradável para mim neste inverno. Duas noites atrás, os Nicolson jantaram aqui. Quando expostos à luz elétrica, os ovos revelam manchas escuras. Digo, os julgamos irremediavelmente estúpidos. Ele é direto, mas ah, é tão óbvio; ela, Duncan[3] acha, pegou a deixa dele, e não tinha nada livre a dizer. Havia o Lytton,[4] macio e sutil como uma velha luva de couro, para enfatizar a rigidez deles. Foi uma noite espinhosa.

Diário de Vita

19 de março

Almocei com Virginia na Tavistock Square, onde ela acabou de chegar. A primeira vez que fiquei sozinha com ela por tanto tempo. Fui ver a mamãe, a cabeça flutuando até Virginia.

Carta de Vita

Ebury Street, 182
26 de março

Cara sra. Woolf
Escrevo isto hoje à noite porque acredito que você disse que vocês estão indo para a Espanha no dia 27 e quero alcançá-la antes que parta. O comitê do PEN *Clube está muito ansioso para que você se junte ao clube, e a pedido deles faço a proposta a você — e agora, você vai ser boazinha e deixá-los fazer de você uma membra? Por mim, se não por outro motivo. É apenas um guinéu por ano, e eles ficariam tão encantados. Eles dão um jantar uma vez por mês; é bastante divertido. Faça isso, por favor, e venha ao jantar de maio quando*

---

[3] Duncan Grant, um pintor inglês, membro do Grupo de Bloomsbury, que viveu com Vanessa Bell.
[4] Lytton Strachey, um escritor inglês, crítico e fundador do Grupo de Bloomsbury.

vão entreter escritores estrangeiros ilustres. Houve um clamor de animação do comitê em relação a você, e [John] Galsworthy[5] (por assim dizer) se pôs de pé e fez uma mesura.

Espero que se divirta na Espanha. É o melhor país que conheço. Por favor, me avise quando voltar, pois quero que os dois venham e fiquem em Long Barn, e venham a Knole comigo. E não sei quando você volta a menos que me diga.

Meus melhores cumprimentos
Vita Nicolson

Carta de Virginia

Hotel Ingles, Madri
30 de março

Cara sra. Nicolson,
(Mas gostaria que você pudesse ser persuadida a me chamar de Virginia.) Recebi sua carta quando deixávamos Richmond. Fico muito lisonjeada que o PEN tenha me pedido para me tornar membra.

Eu me tornaria uma com prazer, porém não sei o que ser membra significa. Isso obriga a pessoa a fazer discursos, ou a aparecer com frequência, ou a ler artigos ou o quê? Vivendo tão longe, os jantares tendem a ser difíceis, e não sei falar.

Carta de Vita

Long Barn, Sevenoaks
8 de abril

Minha cara Virginia
(Perceba que não preciso de muita persuasão. Você acha que poderia ser igualmente persuadida?)

---

[5] O primeiro presidente do PEN.

É gentil da sua parte dizer que se juntará ao PEN *Clube contanto que não tenha de fazer discursos. Posso garantir que, segundo uma das regras do clube, eles são proibidos. O máximo que você recebe é uma declaração do presidente. Nem precisa ir aos jantares a menos que queira. Nem ninguém lê artigos. Você só vai a um jantar quando seu espírito manda, e se arrisca a sentar ao lado do sr. H. G. Wells ou de algum jovem jornalista espinhento e obscuro.*

Imagino que esta carta não vá alcançá-la. Sempre me parece incrível de qualquer forma que qualquer carta chegue ao seu destino. Mas me parece que você já disse — ou melhor, escreveu — tudo o que há para ser dito a respeito de cartas. Então não vou competir.

Estou invejando sua Espanha mais do que sou capaz de expressar. Queria estar aí com você — Mas o agrião-dos-prados está muito bonito ao longo das sebes, e minhas tulipas estão desabrochando.

Meus melhores cumprimentos
Vita Nicolson
[Escrito a lápis] Este papel é como mata-borrão para se escrever com tinteiro.

Carta de Virginia

Múrcia, Espanha
15 de abril

Cara sra. Nicolson
A secretária do PEN Clube me escreveu para dizer que fui eleita membra. Com muito pesar, tive de declinar — uma vez que vi nos documentos do clube que se trata exclusivamente de um clube que oferece jantares, e minha experiência é a de que não posso, morando em Richmond, integrar clubes assim. Tentei dois, e foi um desastre completo. Mas sinto muitíssimo, já que gostaria de conhecer os membros, e também de ver você.

Mas esta última expectativa posso suprir de outras maneiras.

1924

Houve então um hiato na correspondência, porém quando, em março de 1924, Virginia e o marido Leonard se mudaram para a Tavistock Square, em Bloomsbury, Vita estava entre as primeiras visitas. Virginia a convidou para publicar um livro com a Hogarth Press dos Woolf. Em resposta, Vita escreveu *Seducers in Ecuador* durante sua excursão pelas Dolomitas com o marido, Harold Nicolson.

Diário de Virginia

5 de julho

Acabei de chegar, não do Clube 1917, mas de Knole, onde de fato fui convidada para almoçar sozinha com Sua Excelência. Sua Excelência vive no centro de uma noz enorme. Você perambula por quilômetros de galerias; contorna incontáveis tesouros — cadeiras em que Shakespeare poderia ter se sentado —, tapeçarias, quadros, pisos feitos de carvalhos partidos ao meio; e por fim chega a uma mesa redonda brilhante com um lugar posto. [...] Mas as extremidades e mesmo as partes internas estão mortas. Cordas isolam metade dos cômodos; as cadeiras e os quadros parecem preservados; a vida os abandonou. Há cem anos os ocupantes não se sentam para jantar no salão principal. Então há o altar de Mary Stuart, onde ela rezou antes da execução. "Um ancestral nosso lhe entregou a sentença de morte", Vita disse. Todos esses ancestrais e séculos, e prata e ouro, cultivaram um corpo perfeito. Ela é como um cervo ou como um cavalo de corrida, com exceção do rosto, que demonstra irritação, e não tem nenhum cérebro afiadíssimo. Mas em termos de corpo o dela é perfeito. Tantos objetos raros e curiosos atingem o cérebro como pelotas que talvez se abram mais tarde. Mas é a linhagem de Vita que carreguei comigo como uma impressão, levando a ela e a Knole no olhar enquanto viajava com a classe média baixa através dos cortiços. Lá está Knole, capaz de abrigar todos os pobres desesperados da Judd Street, e com apenas aquele conde solitário no centro.

Carta de Vita

Tre Croci, Cadore, Itália
16 de julho
Espero que ninguém nunca tenha proposto, nem venha a propor, um desafio que eu não consiga cumprir prontamente. Você me pediu para lhe escrever uma novela. Nos picos das montanhas, e ao lado dos verdes lagos, estou escrevendo a novela para você. Fecho os olhos para o azul das gentianas, para o tom coral das prímulas; fecho os ouvidos para o murmúrio dos rios; fecho o nariz para o cheiro dos pinheiros; me concentro na minha novela. Quem sabe você venha a ser a Editora Educada, e eu venha a receber minha novela de volta — "A Hogarth Press lamenta que o manuscrito apenso" etc. — ou qualquer que seja sua fórmula. Ainda assim, não guardarei ressentimento. Os picos e os verdes lagos e o desafio terão feito tudo valer a pena, e somente a você a novela será dedicada. Mas é claro que o verdadeiro desafio não era a novela (que no fim das contas era uma mera "proposta comercial"), mas a carta. Você disse que escrevo

cartas de uma frieza impessoal. Bom, é difícil, talvez, agir de outra forma em um país onde dois picos rochosos de uma majestade inabalável se elevam em direção ao céu bem ao lado da janela da pessoa, e onde um anfiteatro de montanhas delimita seus horizontes e seus passos. Hoje escalei até a neve eterna, e lá encontrei papoulas de um amarelo vivo enfrentando ao mesmo tempo a geleira e a tempestade; e fiquei envergonhada diante da coragem delas. Consequentemente, compreenda, a pessoa é levada a se sentir extremamente impessoal e extremamente insignificante. Nem sei dizer quantos quilômetros e altitudes dolomíticas tenho nas pernas atualmente. Tenho a sensação de que todo o intelecto foi tragado por pura energia física e bem-estar. Estou convencida de que é desse jeito que a pessoa deveria se sentir. Fico olhando para jovens montanhistas pendurados em cordas e picaretas de gelo, e penso que somente eles entenderam como viver a vida — Algum dia você vai escapar de Bloomsbury e da cultura, eu me pergunto, e vir viajar comigo? Não, é claro que não vai. Uma vez lhe disse que preferia ir à Espanha com você do que com qualquer outra pessoa, e você pareceu confusa, e senti que havia cometido uma gafe — sido pessoal demais, na verdade — mas ainda assim a afirmação permanece verdadeira, e não vou ficar realmente satisfeita até ter atraído você para um lugar distante. Você irá no ano que vem ao lugar onde os ciganos de todas as nações realizam uma peregrinação para uma ou outra Virgem? Esqueci o nome. Mas é um lugar perto das províncias bascas, para onde sempre quis ir, e no ano que vem EU VOU. *Acho que você faria bem em ir também. Veja isso, se quiser, como algo que pode usar em um livro — como acredito que seja sua postura diante de tudo, incluindo as relações humanas. Ah sim, você gosta mais das pessoas pelo cérebro do que pelo coração — me perdoe se eu estiver errada. Claro que deve haver exceções; sempre há. Mas falando de modo geral [...]*

  Além disso, não acredito que uma pessoa chega a conhecer as outras no próprio entorno; uma pessoa só as conhece em um lugar distante, libertas das cordinhas e teias do hábito. Long Barn, Knole, Richmond e Bloomsbury. Todos familiares e restritivos demais. Ou eu estou em casa, e você é a estranha; ou você está em casa, e eu sou a estranha; então nenhuma é a pessoa real e essencial, e resta a confusão. Mas nas províncias bascas, em meio a uma horda de zingaros, seríamos as duas igualmente estranhas e igualmente reais.

De modo geral, acho que você faria muito bem em resolver tirar umas férias e ir.

Carta de Virginia

Monk's House, Lewes
19 de agosto

Você já voltou, e já terminou seu livro — quando vai nos deixar lê-lo? Aqui estou eu, sendo uma chata com todas essas perguntas.

Gostei da sua carta íntima das Dolomitas. Ela me fez sofrer um bocado — o que, não tenho dúvida alguma, é o primeiro estágio da intimidade — sem amigos, sem coração, apenas uma cabeça indiferente. Não importa: gostei muito do seu insulto [...]

Mas não vou continuar ou lhe escreveria uma carta realmente íntima, e aí você ia gostar menos de mim, menos, menos ainda, do que já gosta.

Mas por favor, me avise quanto ao livro.

Carta de Vita

*Long Barn
22 de agosto*

Não é que você é uma cachorra, para fazer eu me sentir uma? Vasculhei o cérebro para encontrar o que diabos na minha carta poderia ter feito você "sofrer um bocado". Ou foi apenas uma das suas frases, um cutucão? De qualquer modo, não foi minha intenção, como você provavelmente sabe. Você alguma vez pensa aquilo que diz, ou diz aquilo que pensa? Ou só aprecia desconcertar as pessoas que tentam chegar um pouquinho mais perto?

Minha novela, temo, não é outra coisa senão um caso maluco. Se me fornecer uma data estrita até a qual ela tem de chegar até você, obedecerei, sendo bastante dócil. Se disser que tem de recebê-la até semana que vem, vou ficar sentada a noite toda e terminá-la. Se disser "qualquer data está bom", vou continuar a olhá-la com nojo uma vez por dia e voltar a metê-la na gaveta sem acrescentar uma palavra. Três quartos dela já vieram à luz, e sua carta lhe deu um impulso. Por favor, dê uma ordem irrevogável.

"Gostar menos ainda de você." Cara Virginia (disse ela, pondo as cartas na mesa), você sabe muito bem que gosto imensamente de você; e qualquer um dos meus amigos pode lhe dizer isso. Mas esperava que você fosse blasé quanto às pessoas gostarem de você — porém não, não é — retiro o que disse.

Quase fui vê-la no último domingo quando estava voltando da casa de minha mãe em Brighton, mas pensei que você pudesse não gostar. E foi um dia tão horrível de ventania e tempestade.

Agora é melhor eu prosseguir com essa novela.

Carta de Virginia

Monk's House
26 de agosto

Minha posição quanto à novela é a seguinte: se você conseguir nos entregar até dia 14 de setembro, faríamos um esforço para publicá-la este outono; se entregar depois, é altamente improvável que consigamos publicá-la antes do início do próximo ano [...]

Mas você disse mesmo, de fato — não consigo lembrar exatamente o quê, mas no sentido de que usei todos os meus amigos em livros, e que me guiava pela cabeça, não pelo coração. Como disse, eu esqueci; então considero isso encerrado.

Vita passou a noite de 13 de setembro com Virginia e Leonard, sua primeira visita a Monk's House. Ela levou o manuscrito de sua novela, *Seducers in Ecuador*.

Diário de Virginia

15 de setembro

Vita passou o domingo aqui, flanando pelo vilarejo no novo Austin azul enorme, que ela domina totalmente. Estava vestida com uma camisa amarela listrada e um chapéu enorme, e tinha uma mala de roupas toda cheia de coisas de prata e camisolas embrulhadas em papel de seda. Nelly [Boxall][6] disse "Se ao menos ela não fosse uma ilustre!" e não conseguiu levar a água quente dela. Mas gosto que ela seja ilustre, e ela é; é uma dama perfeita, com todo o ímpeto e a coragem da aristocracia, e menos da infantilidade desta última do que eu esperaria. Suas características são as de uma uva muito madura, tem bigode, faz biquinho, vai ser um tantinho pesada; por enquanto, trota com belas pernas,[7] usando uma saia bem cortada, e, embora constrangedora no café da manhã, há nela um bom senso e uma simplicidade masculinos que tanto eu quanto L. achamos satisfatórios. Ah, sim, gosto dela; poderia enfiá-la na minha charrete para sempre; e suponho que, se a vida permitisse, isso poderia ser algum tipo de amizade. [Ela] nos levou para Charleston[8] — e como o mundo da pessoa gira — tudo parecia muito cinza e decadente e cru à luz da presença dela. Quanto a Monk's House,

---

[6] Nelly Boxall, a empregada doméstica que vivia com os Woolf.
[7] Em uma carta para Jacques Raverat do mesmo período, Virginia descreve as pernas de Vita: "seu verdadeiro objeto de consideração, se posso ser tão grosseira, são as pernas. Ah, são fabulosas — subindo como pilares esbeltos até o tronco, que é como o de um couraceiro sem peitos (embora tenha 2 filhos), mas tudo em relação a ela é virginal, selvagem, patrício; e a razão pela qual ela escreve, o que faz com total competência e mão de ferro, é um enigma para mim. Se fosse ela, eu simplesmente trotaria, com 11 elkhounds atrás de mim, pelos meus bosques ancestrais".
[8] A casa de Sussex de Vanessa Bell e Duncan Grant.

virou um celeiro arruinado, nós fazendo um piquenique no monte de lixo.

Carta de Virginia

Monk's House
15 de setembro

Gostei muito, muito da novela — na realidade comecei a lê-la assim que você foi embora, fui interrompida por Clive, saí para caminhar, pensando nela o tempo inteiro, e voltei e a li até o fim, cheia de um tipo especial de interesse que, ouso dizer, tem algo a ver com ela ser o tipo de coisa que eu mesma gostaria de escrever. Não sei se esse fato fará você relevar meus elogios, mas tenho certeza de que você fez algo bem mais interessante (pelo menos para mim) do que já fez até aqui. Não se trata, é claro, de um ímpeto finalizado; acho que ela poderia ser apurada, lapidada, mas não há nada a ser perdido nisso. Isso tudo é muito sincero, ainda que não muito bem expresso.

Estou muito contente porque vamos publicá-la, e extremamente orgulhosa e de fato comovida, com meu afeto infantil e deslumbrado por você, que vá dedicá-la a mim.

Carta de Vita

Long Barn
17 de setembro

Passei o dia todo nas nuvens desde que recebi sua carta. Estou mais contente com sua aprovação do que sou capaz de expressar, e se puder apurá-la, eu vou — senti eu mesma que ela precisava disso. Qualquer sugestão seria bem-vinda?

Que encantador da sua parte se sentar nas pedras do moinho e dizer coisas gentis. Depois de ler sua carta me senti totalmente como um gato afagado. Sabe, aprecio o fato de que nenhum de vocês é um crítico brando [...] seja de obras, seja de pessoas.

Carta de Virginia

Tavistock Square, 52, Londres
4 de outubro

Acabamos de chegar; o que encontro na mesa da sala de estar se não uma carta da qual (para me justificar e envergonhá-la profundamente) extraio essa citação:

"Veja isso, se quiser, como algo que pode usar em um livro — como acredito que seja sua postura diante de tudo, incluindo as relações humanas. Ah sim, você gosta mais das pessoas pelo cérebro do que pelo coração" etc.: Então aí está. Venha e seja perdoada. *Seducers in Ecuador* parece bem bonitinho, um pouco como uma joaninha. O título porém assusta levemente os velhos cavalheiros na livraria dos Bumpus.

Carta de Vita

Mount Street, 66, Londres
6 de novembro

Fui à Tavistock Square hoje. Subi as escadas e toquei sua campainha — desci as escadas e toquei sua campainha. Diante de mim, apenas degraus escuros e inóspitos. Então fui embora desconsolada. Queria

a) Ver você.
b) Perguntar se algum exemplar da nossa leva conjunta foi vendido, e se sim, quantos.
c) Pedir mais circulares.
d) Pedir para você autografar dois de seus livros que minha mãe acabou de comprar.
e) Ser perdoada.

Voltei com todos esses quereres insatisfeitos.

Agora vou voltar para o meu barro até 1º de dezembro, quando me retiro para Knole.

Espero as resenhas com certa apreensão.

Carta de Virginia

Tavistock Square, 52
9 de novembro

Você acrescentou aos seus pecados ter vindo aqui sem telefonar — eu estava só perambulando pelas ruas para tomar um pouco de ar fresco — poderia tranquilamente ter ficado em casa, queria muito ver você [...]

Assinarei todos os livros que Lady Sackville quiser. Não: não vou perdoá-la. Você virá passar um dia aqui depois, e vai me avisar antes?

Carta de Vita

Long Barn
13 de novembro

Isso é às pressas.

Não estarei de volta até dezembro, mas aí tomarei o cuidado de telefonar! Só que detesto incomodar as pessoas no telefone.

Fiquei grata pelo pequeno comunicado — espero que os 430 exemplares aumentem em esplendor.

PECADOS:

1. *Dizer que V.W. repara nos amigos para usá-los em livros.*
2. *Aparecer sem telefonar.*

O que mais?

Vou tentar fazer as pazes passando adiante alguns comentários que recebi numa carta hoje, "Estou lendo O quarto de Jacob *de novo. Acho que é um dos melhores livros de hoje. Ele me aterroriza. É um livro que torna qualquer outro livro um lugar-comum, algo comum. Nossas próprias coisas parecem horríveis e vulgares".*

Prontinho: incenso para o seu incensário.

Diário de Virginia

21 de dezembro

É de fato uma desgraça — o número de páginas em branco neste caderno! O efeito de Londres nos diários é sem dúvida alguma ruim. Esse suponho é o mais fino de todos [...]

Com que nitidez a sociedade revela uma pessoa — ou melhor, outras pessoas! Roger[9] uma noite dessas com Vita, por exemplo [...] O efeito em Vita foi desastroso [...] O sangue quacre dele se inflamou contra o rico fluido etílico dela; e ela tem o hábito de enaltecer & falar indiscriminadamente de arte, o que tem a ver com o mundo dela, mas não com o nosso. Tudo foi um bocado espinhoso até nosso caro amigo Clive chegar e se dispor a pacificar a obtusa, aristocrática, apaixonada, granadeira, boa e velha Vita.

---

[9] Roger Fry, pintor inglês, crítico e membro do Grupo de Bloomsbury.

1925

No início do ano, Vita e Virginia se encontraram ocasionalmente em Londres. Vita começou a escrever seu longo poema, *The Land*, e entre manifestações de debilidade Virginia iniciou a escrita de *Ao farol*.

Carta de Vita

Long Barn
26 de maio

Tenho sido terrivelmente negligente em se tratando de lhe escrever para lhe agradecer por Mrs. Dalloway, *mas como não queria escrever aquele tipo de carta "Que-encantador-da-sua--parte-me-enviar-seu-livro-estou-tão-mas-tão-ansiosa-para--ler", pensei em esperar até ter lido tanto ele quanto* O leitor comum, *livros que agora lamento dizer que li. Lamento porque, ao passo que posso e vou lê-los novamente, o primeiro entusiasmo de acompanhar você ao longo de uma estrada desconhecida chegou ao fim, e nada cede lugar tão depressa quanto a surpresa à familiaridade. Sinto no entanto que há passagens de* O leitor comum *que eu gostaria de saber de cor; é excelente; não há mais nada a ser dito. Não consigo pensar em qualquer outro livro de que goste mais ou que vá ler com mais frequência.* Mrs. Dalloway é diferente; é um romance; a beleza dele está sobretudo no brilhantismo; ele desorienta, ilumina e revela; *O leitor comum* se transforma em um guia, filósofo e amigo, ao passo que Mrs. Dalloway *permanece uma quimera, um conhecido fascinante e amável. Uma coisa que a sra.* Dalloway *fez por mim definitivamente: tornou desnecessário sequer ir a Londres de novo, porque Londres inteira em junho está nas suas primeiras vinte páginas. (Você não poderia retratar um inverno em Londres agora? Com névoa e luzes nas esquinas das ruas, crepúsculos azulados, candeeiros e ruas lustrosas?)*

Como invejo seu inglês — Como você consegue torná-lo tão límpido quanto o francês, e ainda assim preservar a profundidade de sua genialidade peculiar?

Quando você virá? Para ficar um fim de semana ou durante a semana? E quem sou eu para pedir para ver você? Você prometeu vir no verão, sabe — se é que uma promessa feita na sua varanda pode colocar você na obrigação. Vou estar fora em Pentecostes, mas afora isso me proponho a ficar aqui imóvel por vários meses. Não consigo escrever, então estou criando galinhas em vez disso.

Por favor, venha. Não vou mais pensar que você é "gentil" se não vier.

Carta de Virginia

Tavistock Square, 52
27 de maio

Hah ha! Achei que você não ia gostar de *Mrs. Dalloway*.

Por outro lado, achei que ia gostar de *O leitor comum*, e estou muito feliz que tenha gostado [...] Estou tentando enterrar a cabeça na areia, ou promover um jogo de corrida entre meu romance e minha crítica de acordo com as opiniões dos meus amigos. Às vezes *Mrs. D.* chega na frente, outras *L. C.*

Diário de Virginia

5 de junho

E recebemos Vita, Edith Sitwell, Morgan,[10] Dadie[11] — a velha Vita me presenteando com uma planta inteira de tremoços-azuis, e sendo muito rude e grosseira, ao passo que Edith foi uma Imperatriz Romana, tão correta, precisa, magistral, e ainda assim com algo do humor de uma vendedora de peixes [...] tremendamente satisfeita com os elogios de Morgan (e ele não chegou a elogiar Vita, que ficou magoada, modesta, quieta, como um aluninho repreendido).

Carta de Virginia

Tavistock Square, 52
24 de agosto

Tenho uma visão sua perfeitamente romântica e sem dúvida falsa na minha cabeça — esmagando o lúpulo em um tonel enorme em Kent — totalmente nua, morena como um sátiro, e linda. Não me diga que é tudo ilusão [...]

Mas por favor me fale do seu poema. Você o está escrevendo? É lindo? Tenho a impressão de que vou gostar [...] O que desejo é que você lide seriamente com os fatos. Não quero mais descrições acuradas de ranúnculos, e de como são lustrosos de um lado e não do outro. O que quero são os hábitos das minhocas; a dieta oferecida no refeitório — qualquer coisa precisa sobre uma realidade — leite, por exemplo — as horas de refrigeração, ordenha etc. Depois, siga em frente até o pôr do sol e folhas transparentes e todo o resto, o que, com minha mente bem ancorada nos fatos, vou então acolher com imensa alegria. Você acha que há alguma verdade nisso? Ora, como já foi fazendeira, certamente já está tudo pronto na sua cabeça.

---

[10] E. M. Forster, o escritor e crítico inglês.
[11] George Rylands, estudioso e diretor de teatro.

Carta de Vita

Long Barn
25 de agosto

Na sexta-feira passada à meia-noite eu estava no topo das suas Downs e, olhando para baixo, para vários trechos de escuridão, tentei adivinhar em qual vale estava Rodmell[12] e nele você adormecida. E agora sua carta chega, me fazendo pensar que ao contrário você estava provavelmente acordada e sofrendo.[13] Mas, sem saber de nada disso naquele momento, chamei de volta relutante os cães que estavam galopando loucamente pelas Downs, entrei no automóvel e dirigi por estradas desertas e pelos vilarejos adormecidos de Sussex e Kent, com o conhecimento secreto na minha cabeça de que havia lhe feito uma visita a respeito da qual você não sabia nada — mais romântico, embora menos satisfatório, do que a xícara de chá que Leonard me ofereceu no domingo.

Gostei muitíssimo da imagem indômita que você fez de mim [...] dançando nos tonéis. Conserve-a, por favor. Não lhe direi a verdade [...] Ainda assim uma página depois você se contradiz magnificamente, e apela para a exatidão nas descrições mais prosaicas. Por incrível que pareça, você acertou em cheio as coisas das quais meu poema (que não é nada lindo) de fato se ocupa; pelas informações fornecidas, você poderia tocar uma pequena fazendinha [...] Cheguei à conclusão de que não há mais qualquer espaço para a poesia rebuscada; apenas para a prosaica (que tem sua própria beleza), ou para a intelectual. Uma definição ruim, mas você sem dúvida vai entender o que quero dizer. O rebuscamento surge por acaso, mas só com as raízes bem firmes em um solo extremamente adubado — Meu interesse pelo meu próprio poema estava morrendo como um fogo exaurido, mas você atiçou as brasas e hoje há uma boa chamazinha [...]

Se alguma vez se sentir inclinada, permita que eu passe aí e tire você de Rodmell. Conheço aquela estrada tão bem, de ir ver

---

[12] Rodmell é o vilarejo de Sussex onde a casa de Virginia, Monk's House, está localizada.
[13] Virginia sofreu um colapso no dia 19 de agosto.

minha mãe em Brighton, que consigo sacolejar por ali de olhos fechados. Consigo pensar em vários lugares aonde levar você.

Carta de Virginia

Tavistock Square, 52
1º de setembro

Como seria agradável receber outra carta sua — melhor ainda, ver você. Não sugeri isso já que a dor de cabeça tem sido um incômodo terrível desta vez, e passei mais uma semana na cama. Agora, porém, até Leonard reconhece que estou melhor.

Minha ideia é que você pode estar dirigindo pelos arredores e passar aqui e tomar chá, jantar, o que tiver vontade, e conversar um pouquinho. Algum dia da semana que vem? Vou estar terrivelmente quieta, e não ouse sugerir aquilo que anseio — um passeio a Amberley. Mas quando estiver plenamente em forma, como estarei, isso poderia ser arranjado? [...]

Preciso parar: ou explicaria agora por que não é um problema eu ter visões enquanto você deve ser precisa. Eu escrevo prosa; você, poesia. Ora, sendo a poesia a mais simples, crua e elementar das duas, equipada além disso com um charme acidental, em rima e em métrica, não pode conter beleza como a prosa. Quase nada sobe à cabeça dela. Defina a beleza, você dirá —

Mas não: estou indo dormir.

Carta de Vita

Long Barn
2 de setembro

Como gosto de receber cartas suas.

Que entusiasmo elas me dão para enfrentar o dia.

Gosto tanto de recebê-las que as deixo para serem abertas por último no correio matinal, como uma criança deixa o bocado de chocolate para o final —

Mas gosto menos da carta quando leio que você ficou doente por uma semana. Faz com que eu me sinta culpada por cada momento que passei, vigorosa e bem, em atividades tão ordinárias quanto jardinagem e tênis —

Devo ir ver minha mãe algum dia da próxima semana. Na volta posso parar em Rodmell para jantar? (Mas não se for um aborrecimento.) Aviso você qual dia. Depende da minha mãe. No início da semana, espero. Devo sugerir segunda ou terça-feira para ela. E Amberley a qualquer hora que quiser — pode ver, na ênfase que dei, uma prontidão para abandonar qualquer outro compromisso a fim de me envolver nos seus planos —

Porém que bobagem você diz. Há 100% mais poesia em uma página de Mrs. Dalloway *(do qual você achou que eu não gostei) do que em um trecho inteiro do meu maldito poema [...]*

Há duas pessoas na sala, agora, conversando; e quando chegam até mim os fragmentos da conversa me fazem escrever freneticamente e-em-itálico para você — em um ardor de indignação — Se minha carta parece desconexa e histérica, você deve perdoá-la por essa razão [...]

Estou fazendo um jardinzinho de flores alpinas em uma antiga gamela de pedra — Uma verdadeira alegria. Isso me faz ansiar pela primavera. Meu gosto botânico pende mais e mais para flores que mal podem ser vistas a olho nu — Devo fazer um menor ainda para você? Em um pequeno vasinho, com pedrinhas liliputianas? Vou levá-lo para você semana que vem. Mas você deve tratá-lo bem, e não com negligência. (Tudo isso se encaixa na teoria de que pessoas que vivem no campo e gostam de plantas são boas.)

Carta de Virginia

Tavistock Square, 52
7 de setembro

Bom, não entendo por que você não me escreve, mas talvez seja minha vez, exceto que você está mais bem situada para escrever cartas do que eu. Há duas pessoas na sua sala, cuja conversa você consegue ouvir. Há um cão no meu quarto, e nada além de livros, papéis e travesseiros e copos de leite e mantas que caíram da cama e assim por diante. Isso me dá uma vontade tão grande de ouvir o que as duas pessoas estão dizendo que tenho de implorar a você que me diga [...] Diga-me quem você tem visto; mesmo que eu nunca tenha ouvido falar dele ou dela — tanto melhor se for assim. Tento inventar você para mim, mas descubro que na realidade só tenho 2 gravetos e 3 palhinhas para isso. Consigo ter a sensação "de ver você" — cabelo, lábios, cor, altura, até mesmo, vez ou outra, os olhos e as mãos, mas me deparo com você indo embora para andar no jardim, para jogar tênis, para trabalhar na terra, para se sentar para fumar e conversar, e aí não consigo inventar nada que você diz — Isso prova, coisa sobre a qual eu poderia escrever páginas e páginas — o quanto conhecemos pouco alguém, só movimentos e gestos, nada conectado, contínuo, profundo. Mas me dê uma pista eu imploro.

Carta de Vita

Long Barn
8 de setembro

Eu sinto muito [...]
    Seu relato das mantas caindo realmente cortou meu coração. E estou indo para Brighton hoje, pelas suas Downs, e devo deixar esta carta nos degraus da sua porta junto com seu jardinzinho-em--um-pires. Parece estúpido hoje, mas na primavera lhe dará flores. Você só tem de mantê-lo bem úmido.
    As duas pessoas na minha sala eram na verdade o Bulldog Drummond e o Benjamin Constant. Eles não sabiam disso, e optaram por cuidar das suas vidas com nomes bem diferentes, mas eram eles. Você pode imaginar que havia muitos pontos em relação aos quais eles não estavam de acordo; e o que me irritou foi que me peguei concordando com ambos ao mesmo tempo. Minha

contrariedade foi despertada de duas maneiras de uma vez só. Antipatizava com o Drummond pela buldoguice e com o Constant pela inconstância, e ainda assim queria inocular em cada um uma pitada dos defeitos do outro. Isso porém parece uma impossibilidade para o caráter inglês.

Fui colher lúpulo, e escrevi metade do artigo para o Leonard. Vou tentar concluí-lo hoje ou amanhã, ou todo o lúpulo vai ter virado cerveja na altura em que ele chegar ao The Nation.

Minha spaniel teve sete cãezinhos. Minha gata teve cinco gatinhos. A spaniel rouba os gatinhos, e, carregando-os com muito cuidado na boca, os coloca dentro do cesto dos cachorrinhos. Ela então sai para dar uma voltinha e a gata em busca da prole se enrosca no cesto e amamenta os cachorrinhos. A spaniel volta, põe a gata para correr e dá de mamar aos gatinhos. Eu me vejo completamente incapaz de lidar com essa situação. Os gatinhos vão latir e os cachorrinhos vão miar — é isso que vai acontecer. Mas no momento formam uma encantadora reunião de família — uma pilha tão tenra e macia e quentinha.

Queria que você estivesse bem e que eu pudesse vê-la. Isso na verdade não é tão egoísta quanto parece, porque acima de tudo queria que você estivesse bem, mesmo se eu não fosse beneficiada. Tem algo de que você gostaria que eu poderia levar para você? Livros — mas como a mãe da criada, "Ela tem um livro". Me sinto bem impotente, e ainda assim ia gostar de agradar você. Então você só precisa dizer.

Vai ser bem tentador passar na sua casa. Não vou nem tocar a campainha, mas conto com a sorte de que Leonard vá tropeçar no pires quando sair.

Carta de Virginia

Tavistock Square, 52
15 de setembro

Ah, sua bandida escandalosa! Vir tão de longe até esta casa e fugir! Quando a cozinheira veio com sua carta, e suas flores e seu jardinzinho, com a história de que uma dama tinha parado um menininho no vilarejo e lhe entregado tudo aquilo eu fiquei tão furiosa que quase disparei atrás de você de camisola.

Carta de Vita

Long Barn
18 de setembro

Você é uma pessoa muito, muito extraordinária. Claro que eu sempre soube disso — é uma coisa fácil de saber — o Daily Xpress *sabe — o* Dial [of New York] *sabe — órgãos de imprensa tão diferentes — o* Daily Herald *cita você como uma autoridade na questão polêmica de se alguém deveria atravessar a rua para jantar com o Wordsworth — mas sinto fortemente que apenas hoje à noite tive plena e total consciência do quanto você de fato é extraordinária. Sabe, você conquistou tanta coisa. Você é uma perpétua Realização; e ainda assim dá a impressão de ócio infinito. Uma pessoa vai ver você: você está preparada para passar duas horas do Dia falando. Uma pessoa não pode, por razões de saúde, ir ver você: você escreve cartas divinas, de quatro páginas de extensão. Você lê manuscritos volumosos. Você dá conselhos para merceeiros. Você apoia mães, indiretamente. Você escreve livros que ocupam um lugar permanente na mesinha de cabeceira de alguém ao lado de Gerald* MANLY *Hopkins*[14] *e da Bíblia. Você lança um feixe de luz no cenário sombrio do* Times Literary Supplement. *Você muda a vida das pessoas. Você define o padrão. Você se oferece para ler e criticar os poemas de alguém — criticar (no sentido que você deu à palavra) significando iluminação, não o completo desencorajamento que é o legado de outros críticos. Como isso é feito? Só posso supor que você não desperdiça nada. Agora aqui estou eu, sozinha à meia-noite, e examino meu dia (o primeiro que passei em paz em semanas), e me pergunto o que fiz dele. Terminei o artigo sobre lúpulo para o Leonard, encontrei*

---

[14] Vita faz um trocadilho com o sobrenome do poeta inglês Gerald Manley Hopkins (1844-1889). *Manly* significa *viril*, *másculo*. [N. T.]

um envelope e um selo e mandei. Plantei talvez uns cem bulbos. Joguei tênis com meu filho. Eu me esforcei para divertir meu outro filho, que está com coqueluche, e tenta fazer piadas entre os acessos. Li uma novela de detetive no banho. Falei com um carpinteiro. Escrevi cinco linhas de poesia. Ora, para o que isso tudo conta? Para nada. Só desperdício. E ainda assim representa um dia melhor do que passei em muito tempo.

 Você faz isso se concentrando? Se organizando? Quero tanto uma receita.

 Garanto a você, foi um sofrimento parar seu anônimo menininho do vilarejo e transformá-lo no Mercúrio que no fim das contas ia chegar até sua cozinheira que no fim das contas ia chegar até você. Foi altruísta, não? E além disso, para ser sincera, estava com medo do Leonard. Sabia que ele ia demonstrar desaprovação se eu aparecesse na casa. Ele ia demonstrar ainda mais desaprovação porque não saberia o quanto eu aprovo — o cuidado dele com você, digo. Depois de sair de Rodmell, peguei uma estrada que não era em absoluto uma estrada; ou seja, começou como uma estrada e aí se dissolveu em grama, então os últimos oito quilômetros do meu trajeto foram feitos no topo de uma colina bruta — bastante acidentada, mas cheia de cotovias. Um pastor que encontrei ficou olhando incrédulo para a imagem de um automóvel azul no meio dos quilômetros de relva ondulante.

 Sim vou lhe mandar minhas geórgicas quando estiverem mais encadeadas; no momento há uma aranha aqui e uma leitoa parideira ali, que não estão unidas por nenhum elo inteligível. Vou tirar vantagem, de um jeito meio inescrupuloso, da sua oferta; mas vou continuar me perguntando como você dá conta de tudo.

 Gosto da sensação de um cômodo iluminado na casa enquanto todo o restante da casa, e o mundo lá fora, está na escuridão. Uma única lâmpada incidindo no papel; dá uma concentração, uma intimidade. Que meios ruins as cartas são; você vai ler isso à luz do dia, e tudo vai parecer diferente. Acho que sinto a noite tão intensamente quanto você sente a separação dos seres humanos; uma daquelas convicções que são tão pessoais, tão pungentes, que doem. *A mim parece que só começo a viver depois que o sol se põe e as estrelas surgem.*

Carta de Virginia

Tavistock Square, 52
23 de setembro

Continue assim — com a crença de que conquisto coisas. Garanto a você, necessito de todas as suas ilusões depois de 6 semanas deitada na cama, bebendo leite, vez ou outra virando para o lado e respondendo a uma carta. Voltamos na sexta-feira; o que conquistei? Nada. Mal e mal uma palavra escrita, montes de puro lixo lidos, não ter visto você, mas de que adiantava pedir para você passar aqui por meia hora, e depois ficar furiosa por ver você ir embora? A bendita dor de cabeça se vai — apanho um resfriado ou discuto violentamente e ela volta. Mas agora estou sem dor há mais tempo do que nunca, então se conseguir resistir aos prazeres da tagarelice, ficarei forte para sempre. Mas o que eu ia dizer é implorar por mais ilusões. Garanto a você, se você me inventar, invento você [...]

Isso são rabiscos miseráveis, a efervescência do ócio. (Estou esperando o almoço) porém acordarei em Londres. Entretanto, viverei a vida de um texugo, notívaga, sigilosa, sem jantar fora, sem distrações, simplesmente sozinha na minha toca nos fundos. E você virá me ver ali — por favor diga que virá: se estiver em Londres, me avise. Uma conversinha silenciosa no porão — que divertido!

Carta de Vita

Long Barn
11 de outubro

Escrevi para Rodmell antes de receber sua carta dizendo que você está voltando para Londres. Um cálculo simples me leva a concluir que você receberá essas duas cartas ao mesmo tempo — ou talvez até mesmo esta antes da outra [...] Vou portanto ocultar de você o destino da minha jornada, de modo que a outra carta não seja destituída de seu tantinho de novidade. (Ainda que novidades sejam a última coisa que uma pessoa quer ou espera encontrar em cartas.) Só lhe direi que não é a Riviera ou a Itália, ou mesmo o Egito, mas um país ermo, lindo e sem sofisticação; mais distante no tempo, embora não no espaço, do que a China. A carta de viagem ideal não traria endereço, acho; deveria chegar como a Pomba à Arca, sem indicação de onde vem, de modo a evocar uma paisagem romântica e linda mas geograficamente vaga. Como vou gostar de escrever para você; como vai ser pungente a sensação de que a tinta é o único meio de comunicação que se tem; com que brutalidade vou pôr sobre os seus ombros o fardo de escrever para a amiga ausente.

Carta de Virginia

Tavistock Square, 52
13 de outubro

Mas por quanto tempo?

Para sempre?

Sou pura inveja e desespero. Pensar em ver a Pérsia — pensar em nunca mais ver você.

O dr. me mandou para a cama: qualquer escrita proibida. Então este é meu último canto do cisne. Mas venha me ver.

Carta de Vita

Long Barn
13 de outubro

Não, não para sempre. E nem sequer imediatamente. Harold vai [para Teerã] mês que vem, e eu sigo em janeiro, e volto em maio, e então vou de novo em outubro que vem. Então perceba que vai haver um tanto de vem e vai. Nesse meio-tempo, o que mais me *preocupa é você e seu evidente não-bem-estar; não consigo expressar o quanto lamento. Claro que irei vê-la se você for realmente autorizada a ver pessoas. Leonard me escreveu uma carta que me deixou quase em prantos; diga isso a ele por mim, e agradeça a ele, e diga a ele que escrevi quarenta linhas das geórgicas por conta dela. É bom a pessoa saber que fará falta.*

Não espero nenhuma resposta a isso, sabe, porque sei que você não está autorizada a escrever.

Queria que você pudesse ver a bagagem do Harold — meio tropical e meio ártica. Casacos de pele e capacetes coloniais; patins e bermudas cáqui. Vesti-o para parecer aquele jogo de continue o desenho. Você sobe do deserto até desfiladeiros, colocando uma vestimenta extra a cada trezentos metros. Gostaria que vocês dois fossem para Teerã. Mas parece improvável que esse desejo seja realizado.

Carta de Vita

Long Barn
23 de outubro
Quando cheguei em casa no outro dia[15] descobri que o teatro de fantoches da memória havia desaparecido, então o encomendei para que mandassem para você; espero que tenha chegado aí.[16]

Você deixou escapar algumas palavras no sentido de que "queriam que você fosse embora" neste momento; se quiser um refúgio, você virá para cá? Ficarei totalmente sozinha depois que o Harold for embora, e posso prometer que você não ficaria nem preocupada, nem agitada, nem perturbada — e também seria de fácil acesso ao Leonard. Você poderia ficar na cama o dia inteiro se desejasse; escrever se desejasse e falar se desejasse.

Desenvolvi algumas teorias sobre amizade, mas como peguei uma gripe vou deixar a exposição para outro dia [...] Acho, entre outras coisas, que uma hora marcada é cheia de perigo; o que uma

---

[15] Vita tomou chá com Virginia no dia 19 de outubro.
[16] *The Puppet Show of Memory* (1922), a autobiografia de Maurice Baring.

pessoa quer é a conversa desconexa repentina — o olhar desviado do livro que se está lendo, a discussão que explode entre duas regiões silenciosas. A hora marcada é a prima-irmã de se ver diante de uma corneta acústica na qual se deve improvisar um comentário.

Tudo isso é para trazer as vantagens de Long Barn como casa de repouso à sua atenção [...] Espero mesmo que não tenha cansado você — fiquei com medo de que fosse o caso. Se você viesse para cá, deixaria você sozinha a ponto de ser negligente. Eu teria plena consciência da minha responsabilidade.

Carta de Virginia

Tavistock Square, 52
26 de outubro

Minha querida Vita — só que deveria apenas maldizer —

Pedi a você que me EMPRESTASSE [o livro de Maurice Baring] — agora você DÁ. Muito bem — nunca mais lhe pedirei sequer o botão de uma bota emprestado.

Ainda assim, seu presente não poderia ter chegado em melhor hora — A sexta-feira inteira fiquei ininterruptamente mal (minha culpa — me recusei a acreditar no médico que disse que isso ia passar se eu comesse costeletas de carneiro — quando comi fui curada na mesma hora), mas lá pelas 6 da tarde estava quase liquidada de horror e aí chegou seu presente: comi minhas costeletas, ressuscitei e li até pegar no sono. Nada poderia ter sido melhor [...]

Você não me cansou: foi encantador: e da próxima vez vou cuidar para haver algum silêncio para você.

Carta de Vita

Long Barn
31 de outubro

Sim, achei que ia me meter em uma briga. Porém minhas intenções eram bastante nobres, até chegar em casa e descobrir que alguém *tinha dado cabo do meu* Puppet Show, *então encomendei um na esperança de que você não fosse notar que ele veio de uma loja. Espero que essa explicação me garanta o seu perdão, e lhe restitua o estado de espírito no qual possa considerar seus os botões das minhas botas se um dia vier a precisar deles.*

Havia pensado em dar uma passadinha, mas essa notícia me fez mudar de ideia. Se você realmente está melhor, e não precisa mais de costeletas, devo fazer uma breve visita na próxima terça-feira entre 5 e 6? Levarei o Harold de automóvel ali perto, enquanto ele faz a pequena rodada de despedidas, e enquanto estiver na sua romântica vizinhança eu conseguiria entrar por um minutinho. Mas não se você não estiver bem.

Quanto a vir aqui, deixe em aberto o quanto quiser. Ficarei aqui até dia 20 de dezembro. Adoraria que você viesse, como você sabe; não posso dizer mais —

Diário de Vita

7 de novembro

Long Barn. Um adorável dia dourado e cálido. Sentei-me no sol a manhã toda. Tomei chá com Eddy[17] *— Leonard voltou para Londres, Virginia ficou.*
![18]

Carta de Virginia

Tavistock Square, 52
16 de novembro

Disparei para o topo de Hampstead Heath em um automóvel, me sentei em um banco e vi três abetos em meio ao nevoeiro [...] E por que não vejo você?

---

[17] Edward Sackville-West, crítico musical inglês e primo de Vita.
[18] Este ! está assinalado com um círculo. Os diários de Vita assinalam os encontros mais íntimos com Virginia com "X" ou "!".

Por ficar de pé ou sentada 3 minutos a mais na editora, sou posta de volta na cama — toda a culpa recai agora sobre a Hogarth Press. Mas não é nada tão ruim [...]

Sinto muito por você — mesmo — como odiaria que Leonard estivesse na Pérsia! Mas afinal, em toda a Londres, só você e eu gostamos de estar casadas.

Diário de Virginia

27 de novembro

Vita veio duas vezes. Ela está condenada a ir para a Pérsia; e me incomodo tanto com a ideia (a ideia de perdê-la de vista durante cinco anos) que concluo que realmente gosto dela.

Diário de Virginia

7 de dezembro

Escrever uma lista de presentes de Natal agora. Ethel Sands vem para o chá. Mas não Vita.

Carta de Vita

Long Barn
8 de dezembro
Fiz algo tão esquisito, tão estranho — ou talvez algo que, ainda que talvez não seja nem esquisito nem estranho em si mesmo, me inundou de sensações esquisitas e estranhas — que precisei escrever para você. (A coisa, aliás, era totalmente ligada a você, e nem em mil anos você arrancará de mim o que era.) E já estava na hora, aliás, de escrever. Queria ir ver você na última sexta--feira, mas a névoa e uma série de objeções me impediram. Fiquei furiosa [...]

Posso ir ver você na segunda-feira dia 21? Que é minha data em Londres mais próxima.

Nunca *disse que você era cruel. Você provavelmente estava respondendo à carta de outra pessoa quando escreveu para mim. (Suspeito que tem dezenas de correspondentes.) Eu disse "estimo". Mas queria dizer "amo". Porém estava com medo de ser esnobada. Perceba que você só tem de ser um pouquinho irritadiça comigo para extrair a verdade.*

Comparo minha escrita analfabeta com a sua erudita, e fico envergonhada.

Tão maçante, eu sou; maçante vista de fora, digo; toda bobalhona e confusa; mas não maçante por dentro. Uma semana de solidão me restitui a sensação de que sou uma pessoa e não uma pilha de trapos que os outros separam [...]

Eu me tornei uma circum-navegante esnobe — ébria de viagens. Isso me faz saborear meus últimos dias aqui com ainda mais intensidade.

Posso, também, como as meninas da escola, aprender a ler um livro?[19] *Estou tão irritada com Proust.*

Carta de Virginia

Tavistock Square, 52
9 de dezembro

O dr. diz que posso me ausentar. Você gostaria que eu fosse até você por um dia ou dois, se estiver sozinha, antes do dia 20? Imagino que seja tarde demais e complicado demais; faço essa sugestão apenas como possibilidade remota.

Carta de Virginia

Tavistock Square, 52
10 de dezembro

Terça-feira à tarde fica bom para você?
Eu deveria ficar até sexta-feira ou sábado?

---

[19] A palestra de Virginia, proferida em um colégio para meninas em Hayes Common no dia 30 de janeiro de 1926, foi publicada com o título de "Como se deve ler um livro?".

Leonard deveria ir me buscar na volta?

Você se incomodaria se eu levasse apenas um roupão?

Seria um aborrecimento se eu tomasse o café da manhã na cama?

Carta de Vita

Long Barn
15 de dezembro

Sim você pode tomar o café da manhã, almoçar e jantar na cama se tiver vontade.

Sim traga um roupão.

Sim Leonard pode vir quando quiser.

Que pena que não pode ficar até domingo — visto que vou sair no domingo de manhã e seria bom levar você — seria uma alegria enorme ter sua companhia. Vou cuidar de você muito bem, e você não deverá ser perturbada por ninguém.

De 17 a 19 de dezembro, enquanto Harold estava em Teerã, Virginia foi ficar com Vita em Long Barn.

Carta de Vita para Harold

Long Barn
17 de dezembro

[Virginia] *é uma companhia extraordinária, e a amo demais. Ela tem de ficar na cama até o almoço, já que está longe de estar bem, e tem muitas lições para fazer. Leonard está vindo no sábado [...]*

Por favor não pense que
  a. *me apaixonarei por Virginia*
  b. *Virginia se apaixonará por mim*
  c. *Leonard "   "   "   "*
  d. *eu me apaixonarei   "   Leonard*

Porque não é o caso [...] Sinto terrivelmente sua falta [...] Sinto sua falta sobretudo porque Virginia foi tão, tão querida em relação a você, e tão compreensiva.

Carta de Vita para Harold

Long Barn
18 de dezembro

Virginia leu as Geórgicas [The Land]. Não vou lhe contar o que ela disse. Ela insistiu em lê-las. Ela as leu numa tacada só. Ela gosta de você. Ela gosta de mim. Disse que depende de mim. Ela é tão vulnerável debaixo de todo o brilhantismo. Eu a amo sim, mas não no s.f.[20]

Diário de Vita

18 de dezembro

Conversei com ela até as 3 da manhã — não foi uma noite pacífica.

Carta de Vita para Harold

Long Barn
19 de dezembro

Acho que ela é uma das pessoas mais mentalmente estimulantes que conheço. Ela odeia a frouxidão dos jovens rapazes de Bloomsbury. Nossa amizade cresceu muito, nesses dois dias. Eu a amo, mas não conseguiria "me apaixonar" por ela, então não fique nervoso!

Diário de Virginia

21 de dezembro

Mas não Vita! Mas Vita durante três dias em Long Barn, de onde L. e eu voltamos ontem. Essas Safistas *amam* mulheres;

---

[20] A sigla "s.f." [*b.s.ly*] significa "no sentido furtivo" [*back-stairs*], e na abreviação de Sackville significa "homossexual".

a amizade nunca é destituída de amorosidade. Gosto dela e de estar com ela, e do esplendor — ela brilha na mercearia de Sevenoaks com a luminosidade de uma vela, andando empertigada com pernas que são como faias, brilhando rosadas, uvas em cachos, pérolas pendentes. De qualquer modo ela me achou incrivelmente desleixada, nenhuma mulher se importava menos com a própria aparência — ninguém vestia as coisas do mesmo jeito que eu. E ainda assim tão linda, &c. Qual é o efeito disso em mim? Bem dúbio. Há a maturidade e o peito aberto dela: ela navegar com todas as velas desfraldadas nas marés altas, enquanto eu costeio os remansos; a capacidade dela digo de tomar a palavra em qualquer companhia, de representar seu país, de visitar Chatsworth, de fiscalizar a prataria, os criados, a comida dos cachorros; a maternidade dela (mas é um pouco fria e brusca com os meninos), o fato de ser em resumo (aquilo que nunca fui) uma mulher real. No cérebro e nas ideias ela não é tão organizada quanto eu. Mas ela porém está ciente disso, e então me inunda do cuidado materno que, por alguma razão, é o que sempre mais desejei de todo mundo. O que L. me dá, e Nessa me dá, e Vita, do seu jeito mais desajeitado quando visto de fora, tenta me dar. De qualquer modo estou muito feliz que ela venha para o chá hoje, e perguntarei a ela se importa-se que eu me vista tão mal? Penso que sim.

Carta de Virginia

Tavistock Square, 52
22 de dezembro

Estou saindo correndo para comprar luvas. Estou sentada na cama: estou muito, muito charmosa; e Vita é um velho e querido cão pastor de pelo áspero: ou então enfeitada com uvas, rosada com pérolas, lustrosa, à luz de velas, à porta de uma venda em Sevenoaks [...] Ah, mas gosto da companhia de Vita.

Carta de Vita

Knole, Kent
24 de dezembro

Ah, ficarei muito contente em vê-la de novo. Tão contente, que isso me torna incapaz de escrever para você agora. Devo escrever-lhe ou uma longa carta, ou então um bilhete para dizer que irei para o almoço. ("Amaldiçoada seja então, Vita, por que não é a carta longa?")

Carta de Vita para Harold

Knole
26 de dezembro

Almocei em Charleston — vida muito simples e pensamento elevado. Gosto tremendamente da irmã de Virginia [Vanessa]. Havia dois garotos enormes, desgrenhados e bastante atraentes [Julian e Quentin Bell] que chamam o pai e a mãe de Clive e Vanessa. Havia Clive, e Virginia e Leonard. Virginia discorreu sobre as Geórgicas [The Land] até eu ficar tímida. Ela faz isso com todo mundo, creio que seja um bom anúncio preliminar! Eu os levei de automóvel pelas Downs. Tão adoráveis na névoa [...] Virginia ama seu laguinho. Realmente ama.

1926

Vita e os filhos passaram o Ano-Novo com Dorothy Wellesley e sua família. O cunhado de Virginia, Clive Bell, estava entre os convidados. Na festa de Réveillon, muito álcool foi ingerido.

Carta de Vita

Sherfield Court, Basingstoke
1º de janeiro

Escrevo para você em um estado de extrema perturbação — digo o porquê quando nos virmos.

Fui pega desprevenida.

São as primeiras horas da manhã do ano-novo. Vou lhe escrever uma carta decente — mas estou chateada agora — a culpa é de Clive.

A casa está repleta de crianças e barulho.

Sua desorientada,

Vita

Carta de Vita para Harold

Sherfield Court
1º de janeiro

Clive com a língua bem solta, imagine meu horror quando ele disse de repente, "estou pensando se *ouso fazer uma pergunta muito* indiscreta para a Vita?" e eu, inocente e desprevenida, disse sim pode perguntar, e ele se saiu com "Você já foi para a cama com a Virginia?", mas acredito que meu "nunca!" a ele convenceu e a todos os outros da verdade. Isso lhe dará uma amostra do teor da conversa!

Carta de Vita

Sherfield Court
3 de janeiro

Pode parecer estranho, à primeira vista, que eu tenha falado tão pouco de você, tendo pensado tanto em você. Tinha, no fim das contas, Clive nos meus calcanhares — não apenas seu cunhado, mas uma autoridade que tinha amado você na época dele — ainda que eu tenha escolhido não tirar proveito da presença dele. Algo me deixou com um pé atrás; e é claro que me arrependi da oportunidade perdida. Não, não é verdade: não me arrependo. Se vivesse os últimos três dias novamente, faria a mesma coisa.

Acho que prefiro levar minhas próprias explorações a cabo. E também não gosto da ideia de tirar uma falsa vantagem.

Fui bastante indiscreta, ainda assim.

A conversa ontem à noite era livre. Não sei o que você teria achado, ou o que contribuiu. Eu me perguntei diversas vezes. Também me perguntei que relato Clive lhe faria, se fizesse algum. Posso ver você na quarta-feira? [...]

E é na quarta-feira daqui a duas semanas que parto. A melancolia toma conta de mim; mas talvez seja uma coisa boa. Qual efeito a ausência tem em você? Ela funciona como o charme decadente da Cachorra Grizzle, que a torna mais cativante aos seus olhos?

Espero que sim, caso contrário.

Carta de Virginia

Tavistock Square, 52
5 de janeiro

Sim, minha querida Criatura, venha amanhã, tão cedo quanto possível... Mas quero saber *por que* você está perturbada, e escreveu em tal turbilhão, e *a respeito do que* era a sua conversa explosiva — ah e multidões de coisas.

Mas estou com pressa — acabei de levar a Grizzle a um veterinário [...] Ah, se quiser meu amor para todo o sempre você tem que ficar cheia de feridas nas costas.

Carta de Virginia

Tavistock Square, 52
7 de janeiro

Isto é só para perguntar como você está [...] Sentindo-se um bocado péssima, meio sonolenta, bebendo um chá com uma torradinha, e então, ouso dizer, ficando lá pelo anoitecer bem luminosa e remota, e irresponsável. Tudo isso acontece em um quarto no meio de Knole — o que é que acontece, eu me pergunto, em todas aquelas galerias e salões de baile? E então o que se passa na cabeça de Vita, jazendo sob seu arrás em algum lugar, como uma pequena sementinha numa grande noz?

[...] Mas me diga o que está sentindo? Está com dor? E se lhe perguntassem, você gosta mais de Canute,[21] da esposa de Canute ou de Virginia, o que você diria?

Deixei uma capa de chuva, uma régua de cristal, um diário do ano de 1905, um broche e uma bolsa de água quente em algum lugar — Long Barn ou Charleston — de maneira que contemplo a completa nudez até o fim do ano.

Carta de Vita

Long Barn
8 de janeiro

Anjo, você escreveu. E gosto da sua atitude em relação à doença: "luminosa e remota", quando a maioria das pessoas teria dito "afogueada e pegajosa" [...]

---

[21] O elkhound de Vita.

Por favor, nessa confusão toda da vida, continue a ser uma estrela brilhante e constante. Só algumas coisas continuam a ser faróis: a poesia, e você, e a solidão. Veja que estou extremamente sentimental. Você tinha suspeitado disso? [...]
Pobre Canute, vou ferir tanto os sentimentos dele se responder honestamente sua pergunta que a lealdade me proíbe.

Carta de Virginia

Tavistock Square, 52
9 de janeiro

Não é uma maldição? Aqui estou eu na cama com a gripe, pega no momento em que tinha escrito para você sobre as delícias da febre. Afogueada e pegajosa descreve [...]
Mas é um grande conforto pensar em você quando não estou bem — me pergunto o porquê. Ainda mais agradável — melhor ver você. Então espero a terça-feira [...]
Uma bela carta balbuciante[22] sua nesta manhã.

Carta de Vita

Long Barn
11 de janeiro

Ah minha pobrezinha, doente de novo, e o romance frustrado — Que enervante para você. Tenho muito a dizer. Em primeiro lugar que não ligo a mínima, nem um tiquinho, se vou pegar ou não; seria mais fácil eu viajar até o Egito com a febre me consumindo do que não ver você — então descarte essa possibilidade, por favor. Em segundo lugar que nem pelo mundo inteiro eu cansaria você; então se quiser ficar deitada num montículo sofrível,

---

[22] No original, *dumb*, palavra que pode significar *muda* ou *emudecida*, ou até mesmo, em casos específicos, *lacônica*, mas também pode apontar para uma ausência de inteligência, clareza ou propósito. Virginia e Vita a empregarão com frequência daqui em diante, sempre como piada interna, mas nem sempre se atendo a um único sentido. Por isso optou-se pela solução *balbuciante*, mais abrangente. [N. T.]

sozinha, só me diga. Vou telefonar na hora do almoço amanhã, e você pode dizer "Venha" ou "Vá para o Inferno" de acordo com sua vontade [...]

Minhas cartas não são balbuciantes, são vociferantes: é você que não sabe ler. E querem que você instrua meninas em idade escolar nesse assunto! [...] Cartas são o demônio, desconsiderando Einstein e sendo subservientes a uma coisa tão falaciosa quanto o tempo, p. ex. se você escrever para mim na Pérsia e disser que está com febre e calafrios é inútil a minha resposta dizendo que sinto muitíssimo, porque na altura em que a receber você terá se recuperado, ao passo que se eu escrever dos Weald você ainda estará um caco quando a receber e minhas condolências terão uma utilidade mínima, mas os meus sentimentos serão idênticos, seja na Pérsia ou nos Weald [...]

Considero a vida totalmente inebriante — a dor não menos que o prazer — na qual Virginia não desempenha um papel insignificante.

Carta de Vita

Mount Street, 66, Londres
13 de janeiro

Como você está hoje? Eu estou bem — Não.

Você está bem, minha querida? Não gosto que você esteja doente [...]

Foi agradável ontem — não foi? Vejo você na segunda-feira? E na terça? E aí não a vejo mais durante meses.

Carta de Virginia

Tavistock Square, 52
15 de janeiro

Vi Clive ontem, que pergunta se você e o Leonard e eu jantaríamos com ele na segunda-feira no Ivy? Se não puder (como receio), vá aos aposentos dele assim que puder — Iremos às 10.30, mas suponho que não me permitirão ficar até tarde.

Carta de Vita

Knole
17 de janeiro
Eu ia *jantar fora amanhã*, mas desisti com um tanto de cinismo, então posso jantar com você (com o Clive digo) no Ivy. Então perceba que, se minhas cartas são balbuciantes, minhas ações não são. São uma demonstração prática do meu desejo de estar com você [...]

Espero que a versão do Clive não difira significativamente da minha, caso contrário fica claro que ou um outro está violando o nono mandamento. E a sua resposta diferiu da minha? Infelizmente não [...]

Ah maldição, tem pessoas aqui e devo parar porque o correio vai cedo. Estou ansiando *por ver você*. Um dia vou escrever e lhe dizer todas as coisas que você significa para mim na minha cabeça. Devo?

Diário de Virginia

19 de janeiro
Vita tendo me deixado agora mesmo (faz vinte minutos), quais são meus sentimentos? De um nevoeiro turvo de novembro; as luzes ofuscadas e esmaecidas. Mas isso vai passar; então vou desejá-la, de maneira clara e evidente. E então não vou — e assim por diante. Deseja-se essa atmosfera — para mim tão calma e agradável. Ela não é sagaz; mas é farta e fecunda; verdadeira também. Explora tantas fontes de vida; repouso e variedade, a expressão foi dela própria, sentada no chão esta noite à luz da lamparina. Sinto uma falta de estímulo, de dias de feira, agora que Vita foi embora; e um certo tipo de páthos, comum a todas essas partidas; e ela tem uma jornada de quatro dias pela neve.

Carta de Vita

Acacia Road, 21, Balham[23]
20 de janeiro

Não, não é nada bom: o trem é sacolejante demais para me deixar fingir. Eu estou *no trem, e tem etiquetas extraordinárias na minha bagagem — então aqui está — e eu deixei Virginia parada na soleira da porta dela em um entardecer nevoento de Londres — e sabe Deus quando a verei de novo. Você disse uma coisa que me agradou tanto: a saber, que tentaria não estar na França quando eu voltasse. Isso me deu uma sensação real de ter importância na sua vida. Abençoada seja [...]*

Adeus, minha querida; e abençoada seja.

Carta de Vita

Postada em Trieste
21 de janeiro

Estou reduzida a uma coisa que deseja Virginia. Elaborei uma linda carta para você nas horas insones de pesadelo da madrugada, e ela se desvaneceu por completo: apenas sinto sua falta, de um jeito humano e desesperado bastante simples. Você, com todas as suas cartas nada balbuciantes, nunca escreveria uma frase tão elementar assim; talvez nem sequer sentisse isso. E ainda assim acredito que você vai notar uma pequena lacuna. Mas você a embrulharia em uma frase tão requintada que a coisa perderia um pouco da sua realidade. Ao passo que comigo é bastante direta: sinto sua falta ainda mais do que eu teria acreditado; e estava preparada para sentir um bocado a sua falta. Então esta carta de fato é apenas um uivo de dor. É incrível o quanto você se tornou essencial para mim. Suponho que você esteja acostumada com as pessoas dizendo essas coisas. Maldita seja, criatura mimada; não farei você me amar nem um tantinho a mais ao me revelar dessa maneira — Mas ah minha

---

[23] Um endereço de gozação.

querida, não consigo *ser astuciosa e distanciada com você: amo você demais para isso. De forma verdadeira demais. Você não tem a menor ideia do quanto consigo ser distanciada com pessoas que não amo. Transformei isso em arte. Mas você derrubou minhas defesas. E não me ressinto disso.*

No entanto não vou aborrecer você com mais nada.

Seguimos em frente, e o trem está sacolejante de novo. Terei de escrever das estações — que felizmente são muitas cruzando a planície da Lombardia.

Veneza. As estações são muitas, mas não barganhei para o Expresso do Oriente não parar nelas. E aqui estamos nós em Veneza por apenas dez minutos — um tempo lamentável para tentar escrever. Nem há tempo para comprar um selo italiano, então isso vai ter de sair de Trieste.

As cachoeiras da Suíça congelaram em cortinas sólidas e iridescentes de gelo, pendendo da rocha; tão adorável. E a Itália inteira está recoberta de neve.

Vamos começar de novo. Terei de esperar até Trieste amanhã de manhã. Por favor me perdoe por escrever uma carta tão deplorável.

Carta de Vita

No Mediterrâneo Oriental
23 de janeiro

Estamos em algum lugar da costa da Grécia, e é também bastante brutal: bem rústico, e o barco se sacudindo como uma banheira velha. Ele tem um convés grande demais, e consequentemente é instável. Há um bocado de coisas que queria lhe perguntar: se você não poderia inventar uma nova forma de escrita para passagens enfáticas; um novo sistema de pontuação; se você compartilha minha preferência pela parte superior do beliche em um vagão-leito (que considero atávica), e minha aversão a roçar a barriga dos homens franceses no caminho para o vagão-restaurante; e se algum dia você irá numa jornada comigo? [...] Você já viu Creta? Se não viu, deveria.

Minha querida, escreverei para você do Cairo. Isso é inútil, e preciso ir jantar.

PS *Escrevi uma carta desvairada para você de Trieste.*

Carta de Virginia

Tavistock Square, 52

26 de janeiro

Sua carta de Trieste chegou hoje de manhã — Mas por que você acha que não sinto, ou que construo frases? "Frases adoráveis" você diz, que roubam a realidade das coisas. É justo o contrário. Sempre, sempre tento dizer o que sinto. Você vai então acreditar que depois que você partiu na terça-feira — exatamente uma semana atrás — saí para os cortiços de Bloomsbury, para encontrar um realejo. Mas ele não me animou... E desde então nada de importante aconteceu — De alguma forma as coisas estão ofuscadas e esmaecidas. Eu tenho andado ofuscada; tenho sentido sua falta. Sinto a sua falta. Sentirei sua falta. E se não acredita nisso, você é uma coruja orelhuda e uma bundona. Frases adoráveis?

[...] Mas é claro (para retornar à sua carta) sempre soube do seu distanciamento. Só que disse a mim mesma, insisto na gentileza. Com esse objetivo em vista cheguei a Long Barn. Abra o botão de cima da sua camisa e verá, aninhado ali, um esquilinho vivaz, com os hábitos mais inquisitivos, mas uma criatura querida mesmo assim —

Carta de Virginia

Tavistock Square, 52

31 de janeiro

Devo escrever a carta que elaborei na cama hoje de manhã? Era toda ela sobre mim. Estava me perguntando se poderia explicar o quanto tenho estado infeliz nos últimos 4 dias, e por que tenho estado infeliz. Pensando nelas, uma pessoa pode escamotear as coisas, superar, explicar, desculpar. Escrevendo-as, elas se tornam mais apartadas e desproporcionais e portanto um pouquinho irreais — Só que descobri que tinha de escrever a palestra para o colégio feminino, e então tinha de parar de escrever *Ao farol*. Isso precipitou minha infelicidade; toda a minha vida pareceu instantaneamente frustrada: Era tudo areia e cascalho; e ainda assim eu disse, essa é a verdade, essa miséria de culpa, e a outra uma ilusão. [...]

Sim, sinto sua falta, sinto sua falta. Não ouso entrar em detalhes, porque você vai dizer que não sou direta, e que não sou capaz de sentir as coisas que as pessoas burras sentem. Você sabe que isso é uma coisa ridiculamente ridícula, minha querida Vita. No fim das contas, o que é uma frase adorável? Uma que absorveu tanta Verdade quanto é capaz de conter.

Carta de Virginia

Tavistock Square, 52
3 de fevereiro

Na sexta-feira (mas isso terá acontecido semanas atrás) iremos a Rodmell. Queridíssima, que bom ter você lá, dentro de um mês ou dois. Ganhei £20 inesperadamente ontem, e prometi gastá-las aperfeiçoando o lavabo por você. Mas Teerã está me entusiasmando demais. Acredito, neste momento, mais em Teerã que em Tavistock Square. Visualizo você, por alguma razão de casaco comprido e calças, como uma Imperatriz Abissínia, trotando por aquelas colinas estéreis. Mas de fato o que quero saber é como foi a viagem, os 4 dias pela neve, a caravana. Você me escreverá para contar? E a carta afetuosa — quando essa virá?

Carta de Vita

Luxor, Egito
29 de janeiro

Só consigo lidar com o Egito da maneira como Molly MacCarthy lidou com o Natal: alfabeticamente.[24] Amon, americanos, alabastro, árabes; brometos, búfalos, mendigos, Bronx; camelos, crocodilos, colossos, Cook's; burros, poeira, dahabiahs, dragomanos, dervixes, deserto; egípcios, Evian; fez, felá, falucas, moscas, pulgas; alemães, cabras, granito; hotéis, hieróglifos, poupas, Hórus, falcões; Ísis, imshi, irrigação, ignorância, jibbás; pipas, Kinemas, Kodaks; lavatórios, lótus, levantinos; múmias, lama, milionários; Núbia, Nilo; oftalmia, Osíris, obsidiana, obeliscos; palmeiras, pirâmides, papaquitos; pedreiras; Ramsés, ruínas; pores do sol, sarcófagos, flâmulas, soux, areia, picota, fedores, Esfinge; templos, turistas, bondes, Tut--ankh-amôn; Uganda; abutres, Virginia; bois de trabalho, verrugas; Xerses, Xenofonte; yaout; zonza de entusiasmo (eu mesma).

O que mais? Sinto terrivelmente sua falta, e afora isso estou furiosa o tempo inteiro pensando no que você conseguiria fazer deste país se ao menos pudesse estar aqui. Sabe, você deveria estar. Porém isso se parece muito com as suas próprias paródias das minhas possíveis cartas, então vou me abster de falar.

O que me enche de desânimo é a ideia de que não posso ter notícias suas até chegar a Bombaim, mais uma quinzena pelo menos. Quisera eu ter lhe dado um endereço no Cairo. Você pode estar doente ou algo assim. É uma sensação estranha estar tão excluída [...]

Você fica com inveja das roupas delicadas de seda e das queimaduras de sol? Não, sua desgraçada, você prefere sua velha Gloomsbury[25] enevoada e suas praças de Londres. O desejo de roubar Virginia me domina — roubá-la, levá-la embora, e colocá--la no sol entre os objetos mencionados alfabeticamente acima.

---

[24] A ortografia deste parágrafo não foi corrigida. Ela consta como na carta original de Vita. (Procurou-se manter certas peculiaridades na tradução. [N. T.])
[25] Vita faz um trocadilho com Bloomsbury, uma vez que *gloom* significa *melancolia* ou *escuridão*. [N. T.]

[...] *Enviei uma imagem em cartão-postal para você hoje, apenas como insulto. Desci às entranhas da terra e olhei para Tut--ankh-amôn. Para o sarcófago e a caixa externa de múmia dele, digo. É simplesmente de madeira dourada. O interno está no Cairo (eu o vi) e é feito de ouro maciço. Sabe, o Vale dos Reis é o lugar mais espantoso. Colinas acastanhadas e austeras, com uma trilha aberta entre elas; absolutamente nenhuma vida, nenhum pássaro, nenhum lagarto, só um milhafre carniceiro suspenso quilômetros acima; e Reis ainda por serem descobertos jazendo banhados em ouro. E solteironas inglesas com capacetes de proteção solar e óculos escuros. Mas então escapei das solteironas e subi até um lugar onde não havia ninguém, e olhei para o Vale lá embaixo de um lado, e para o Nilo do outro, um contraste e tanto em aridez e fertilidade; e entrei em um estado de arrebatamento.*

Veja, eu realmente tenho uma mente muito ordinária. (Você disse que gosta de saber o que se passa dentro dela, então lhe digo.) Se os seres humanos têm para você metade do interesse que objetos naturais têm para mim, então de fato entendo por que você gosta de viver em Londres. Não consigo explicar por que eles têm essa qualidade inebriante. Sou capaz de entender por que os seres humanos têm. Mas por que as montanhas amareladas, e o cão pária indiano ainda mais amarelado com quem dividi meu almoço? Mas aqui está. E — friso — me preocupo muito satisfatoriamente com as poucas pessoas que importam para mim. (Com Virginia? Ah minha nossa SIM, *com Virginia.) Por favor resolva este enigma para mim.*

Agora estou indo para Karnak. É lua cheia, e me apavora um bocado pensar em como será. Maldição *que você não esteja aqui.*

Carta de Virginia

Tavistock Square, 52
17 de fevereiro

Você é uma raposa astuta para escrever uma carta alfabética, e então achar que resolveu o problema do balbucio [...]

Tenho sido terrivelmente atormentada por parentes idosos. Três velhos cavalheiros, por volta dos 60 anos, descobriram que Vanessa está vivendo em pecado com Duncan Grant, e que escrevi *Mrs. Dalloway* — o que equivale a viver em pecado. O método deles para demonstrar seu desprezo é aparecer, perguntar a Vanessa se ela alguma vez vende uma fotografia, para mim se estive em um hospício recentemente. Aí insinuam como vivem em Berkeley Sqre ou no Athenaeum e jantam com — não sei com quem: e então se retiram. Isso deixaria você com raiva?

[...] Sabe que ontem fez quatro semanas que você partiu? Sim, penso em você com frequência, em vez de no meu romance; quero levar você a pé para os campos inundados no verão, pensei em vários milhões de coisas para lhe dizer. Diabólica você é, para sumir na Pérsia e me deixar aqui! [...] E, queridíssima Vita, estamos construindo dois lavabos, um deles pago por *Mrs. Dallow*ay, o outro por *O leitor comum*: ambos dedicados a você.

Carta de Vita

No Mar Vermelho
4 de fevereiro

Sinto como se quisesse escrever uma longa carta para você. Uma carta interminável. Páginas e páginas. Mas há coisas demais a dizer. Emoções demais, e Egito demais, e entusiasmo demais. E na verdade tudo se reduz à coisa perfeitamente simples de que queria que você estivesse aqui.

Veja que é tão fácil para você sentada em Tavistock Square olhar para dentro; mas acho muito difícil olhar para dentro quando também estou olhando para a costa do Sinai; e muito difícil olhar para a costa do Sinai quando também estou olhando para dentro e me deparando com a imagem de Virginia por toda parte.

Então essa combinação torna minha carta mais balbuciante do que o normal.

Você lida melhor com as coisas. Você tem uma mente mais bem organizada. Você tem um pequeno compartimento para a editora, e outro compartimento para Mary Hutchinson,[26] e outro para Vita, e outro para a Cachorra Grizzle, e outro para as Downs, e outro para a névoa de Londres, e outro para o Príncipe de Gales, e outro para o Farol — não, estou errada, o Farol está autorizado a irradiar seu brilho sobre o quinhão inteiro — e o único Denominador Comum é sua própria animação com qualquer compartimento em cujo interior escolha olhar no momento. Mas no meu caso eles todos se juntam em um tipo de sopa.

Carta de Vita

No Mar Vermelho
6 de fevereiro
Não me sobrou nenhum cérebro. Ele derreteu. Estou pegajosa da cabeça aos pés. Fiz amizade com um parse que é especialista em persa, e que determinou que devo me tornar proficiente no idioma antes de chegar a Bombaim. Então estou passando por um período desgraçado — grudada no trabalho com o afinco de um aluninho, e sem nenhum cérebro com o qual levar isso a cabo. Porém gosto do céu noturno, com as estrelas ficando maiores e maiores, e mais e mais estranhas, e do fósforo na água.

No restante do tempo leio Proust. Como as pessoas a bordo nunca ouviram falar em Proust, mas sabem o suficiente de francês para traduzir o título, me olham com certa desconfiança por conta dos vários volumes de Sodome et Gomorrhe *espalhados pelo convés.*

Mas por que ele usa dez páginas para dizer o que poderia ser dito em dez palavras?

---

[26] Mary Hutchinson, escritora e modelo, estava tendo um caso com Clive Bell.

[...] Ah minha querida Virginia. Existe mesmo uma Londres? E você está nela? Ou estou pensando em, e escrevendo para, um espectro? Não fique doente. Seja severa com les importuns. Como está o romance? Levada por esse vento quente, não consigo escrever uma palavra. Mas espero que meu pequeno celeiro esteja se abastecendo sob o Cruzeiro do Sul. Se não receber uma carta sua em Bombaim, vou morrer de desgosto —

Meu amor para o Leonard.

Carta de Virginia

Tavistock Square, 52
1º de março

Sim, minha queridíssima Towzer,[27] está tudo ótimo com Bloomsbury ser um biscoito podre, e eu um caruncho, e a Pérsia ser uma rosa e você uma mariposa-imperador — eu concordo totalmente: mas você está perdendo a primavera mais adorável que já existiu na Inglaterra. Fomos conduzidos por Oxfordshire de automóvel dois dias atrás [...] As pessoas que nos levaram foram o irmão de Leonard e a esposa dele. Apaixonei-me imediatamente, não por ele ou por ela, mas pelo fato de serem corretores da Bolsa, de nunca terem lido um livro (com exceção de Robert Hitchens) [...] Ah a vida é isso, fico dizendo a mim mesma; e o que é Bloomsbury, ou mesmo Long Barn, senão uma contorção, um nó temporário; e por que me apiedo e escarneço da raça humana, quando sua sorte é profundamente pacífica e feliz?

Uma adorável carta balbuciante sua chegou no sábado, escrita a bordo do navio. Extraio pouco a pouco um bocado de coisas das suas cartas. Elas podiam ser mais longas; podiam ser mais amorosas. Mas entendo seu lado — a vida é empolgante demais.

---

[27] Nome comum a ser dado a um cachorro. [N. E.]

Carta de Vita

No Oceano Índico
8 de fevereiro

O Oceano Índico é cinza, e não azul; um cinza opaco e denso. Os cigarros estão quase úmidos demais para acender. À noite o convés é iluminado por lâmpadas a arco voltaico, e as pessoas dançam; deve parecer muito estranho visto de outro navio no mar — toda essa gente rodopiando numa cintilação irreal, e a música inaudível. O banho da pessoa, de água do mar, está repleto de fósforo: faíscas azuis que se pode pegar na mão. A água verte da torneira em uma faixa de chama azul [...]

Mas à altura em que voltar para casa terei escrito um livro, que espero que me purifique da minha congestão de viagem, mesmo se não servir para nenhum outro propósito.[28] *No instante em que for liberado, vai verter de mim como o oceano da torneira da banheira — mas haverá faíscas azuis nele, ou só o cinza trivial do mar à luz do dia? (Aliás, descobri desde que iniciei esta carta que a pessoa pode desenhar imagens em si mesma com o fósforo; é como tomar banho em vaga-lumes; a pessoa desenha imagens com os próprios dedos em traços de chamas azuis que somem devagar.)*

De resto, a pessoa fica fugindo continuamente de seus semelhantes. De fato que coisa estranha são os seres humanos adultos e civilizados, com suas danças e suas máscaras [...]

Avançamos algumas centenas de quilômetros desde que iniciei esta carta, e o sol saiu bem tropical, e os clérigos colocaram os capacetes de proteção solar. Amanhã cruzarei a Índia sacolejando em um trem empoeirado.

Você esqueceu por completo desta pobre peregrina? Não esqueci de lhe dizer o que acho de você, mas acho que essa seria uma boa ocupação para o Golfo Pérsico. Nesse meio-tempo, penso em você absurdamente demais. Você dá um belíssimo pano de fundo de sorriso

---

[28] O livro de viagem de Vita, *Passenger to Teheran*, foi publicado pela Hogarth Press em novembro de 1926.

gentil e cínico para a turbulência do meu cérebro. Pergunto-me se encontrarei uma carta sua em Bombaim?

Carta de Vita

*Délhi
14 de fevereiro*
Bom, tive a Índia para mim por algumas horas, enquanto as estrelas empalideciam e o amanhecer se alastrava; e aí a confusão habitual começou, e encontrei o parse na alfândega com um aspecto muito bobo com uma guirlanda de flores brancas de cera em torno do pescoço, por cima de seu petit complet gris-perle, *como uma novilha sacrificial. E então fui buscar minhas cartas, mas não havia nenhuma sua, o que ensombreceu a Índia até eu lembrar que disse a você para escrever para Rocky Hill Flats — Fomos de automóvel até lá para o café da manhã, e embora os quartos fossem frescos e aconchegantes, com as janelas abertas para o mar, e punkahs agitando o ar, e enormes vasos de oleandro por todo lado, ainda assim não havia cartas.*

Como estive contando com essa carta por pelo menos três semanas, as frutas deliciosas que me serviram no café da manhã podiam ter sido punhados de poeira, pouco me importava. Mas aí subitamente um criado negro entrou com braçadas de correspondências. E é claro que havia uma explicação bastante simples, que sua carta havia viajado comigo no [SS] Rajputana [...]

Você vai concordar que era um cenário muito bonito para sua carta ser lida, que fora escrita no norte escuro — e apavorada até dizer chega em uma mala postal no porão de um navio? Pobrezinha, se eu soubesse que ela estava encolhida ali, a teria resgatado. Mas não; os selos do GPO são invioláveis (como Virginia) [...]

Fiquei terrivelmente contente quando li que você andou animada, escrevendo. E também terrivelmente com inveja. E ainda assim sinto, sabe, que se conseguisse realmente embarcar em alguma coisa eu ficaria animada com ela também. Mas é claro que não há nada como um romance para aquela coisa peculiar: tão boa quanto reger uma orquestra, ou modelar em argila. Uma sensação de realmente dar forma [...]

Os roedores que ficam nas árvores são muito fofinhos. Como esquilinhos verdes. Tentei pegar um, e ele me mordeu. Não como Virginia, que tem hábitos inquisitivos, mas é uma criatura querida, e de quem sinto uma saudade crônica e terrível. É uma queixa constante — sortes virginiana.

Carta de Vita

No mar no Golfo Pérsico
20 de fevereiro

Queria ter escrito um bocado, mas por alguma razão não escrevi; sempre há uma baleia ou um assassinato para ver (uma tartaruga ou uma teorba!), então escrevi poucas cartas — preciosas — e li um bocado de Proust e só. Mas agora terei de começar a tentar me recompor, e escrever alguns artigos. Não sei se fico abatida ou encorajada quando leio as obras de Virginia Woolf. Abatida porque nunca serei capaz de escrever dessa maneira, ou encorajada porque outra pessoa é capaz?

Carta de Vita

Baluchistão
23 de fevereiro

Em que sorriso divertido e fastidioso (como o de Grizzle) seus lábios se curvariam se você pudesse me ver neste instante. Em algum lugar na costa do Baluchistão, troncha, e novamente de pé depois de três dias de febre, literalmente empurrei os outros passageiros (cinco no total) nos braços uns dos outros para dançar ao som do meu gramofone. Eles estavam de fato aborrecidos demais para as palavras; algo tinha de ser feito quanto a isso; então puxei o gramofone de baixo do meu beliche, e agora estão todos tão esfuziantes quanto grilos [...]

Veja, estou tão contente de saber que não vou, no final das contas, morrer e ser enterrada no mar, envolta na bandeira do Reino Unido e decentemente preparada para afundar, que estou repleta do leite da gentileza humana para com os meus semelhantes. Se alguém tivesse me dito, pura e simplesmente, que recém-chegados estavam sujeitos à febre nessas paragens, eu não teria ficado deitada imaginando (1) difteria (2) disenteria (3) peste (4) febre escarlatina sozinha na minha cabine durante três dias, mas de acordo com minhas ideias por demais insulares, uma pessoa não dispara a 39 sem uma boa razão. Aqui, no entanto, aparentemente dispara, sim. Disse a mim mesma, "Talvez Virginia sinta um pouco de pena". De fato escrevi para você, acho, logo quando a coisa estava começando. Escrevi telegramas tão comoventes que quando me dei conta de que não tinha de mandá-los, fiquei muitíssimo desapontada [...] Eu me perguntei se isso faria meus livros venderem mais. Temo que não.

    E agora estou muitíssimo vivaz de novo, e até escrevi seis páginas do meu novo livro. É um tipo de coisa desconexa e discursiva. E penso nos seus adoráveis livros, e entro em desespero [...]

    O engraçado é que você é a única pessoa que já conheci de fato que é indiferente aos lados mais prosaicamente alegres da vida. E me pergunto se você perde ou ganha? Imagino que ganhe — você, Virginia — porque essa é sua constituição e porque tem uma boa reserva de animação dentro de si, embora eu não pense que isso seria uma vantagem para qualquer outra pessoa [...] (Você vai achar que estou eternamente tentando lhe tirar do pedestal, mas na verdade gosto mais de você lá em cima. Só seria divertido transplantar você, com pedestal e tudo, apenas uma vez...)

    Não, não quis dizer isso de verdade. O que eu realmente gostaria de fazer é levar você para algum lugar absurdamente romântico — sonhos vãos, infelizmente! Com Leonard e a editora — Além disso, por romântico quero dizer a Pérsia ou a China, não Tintagel ou Kergarnec. Ah que divertido seria, e os olhos de Virginia iam ficar mais e mais redondos, e dentro em pouco iam fluir como água de um sifão Sparklets, transformados em lindas bolhas.

Mas estou escrevendo bobagem, e de qualquer forma esta carta não pode ser postada até Bagdá. Então você vai receber duas juntas, o que vai ser uma chatice.

Boa noite, querida e remota Virginia.

Carta de Virginia

Tavistock Square, 52
16 de março

Tenho pretendido todos os dias escrever alguma coisa — tantos milhões de coisas me impelem a escrever para você a respeito — e nunca escrevi, e agora tenho apenas retalhos e lascas de tempo, maldição absoluta — Estamos um tanto apressados — Mas, queridíssima Vita, por que não tomar quinino e dormir debaixo de mosquiteiros? Eu poderia ter lhe falado da febre: me diga se você está firme e forte novamente (uma pergunta vã: o tempo deu uma volta completa desde que você teve febre na Costa do Baluchistão). Para meu alívio, Lady Sackville escreveu e me contou que você havia chegado: ela também me pede para ir vê-la, para falar de você, suponho. "Sei que você gosta muito da Vita"; mas não tive coragem, sem você.

No último sábado à noite encontrei uma carta sua na caixa: e então outra: Que sorte!, eu pensei; e então uma terceira; incrível!, eu pensei; e então uma quarta: Mas Vita está de brincadeira, pensei, desconfiando profundamente de você — Porém eram todas cartas genuínas. Soletrei cada palavra, quatro vezes, ouso dizer. Elas rendem mais na sucção; são muito curiosas nesse sentido. Será que gosto muito de você, como diz Ly[29] Sackville: você é, como uma boa escritora, alguém que escolhe as palavras com muito cuidado? (Ah veja só: seu livro de viagens. Podemos publicá-lo? Por favor diga que sim, no outono.) Gosto das suas cartas eu estava dizendo,

---
[29] Abreviação de "lady". [N. E.]

quando fui dominada pelo espasmo habitual da Hogarth Press. E escreveria um rascunho se pudesse, das minhas cartas; e então as ia ordenar e compactar; e dez anos atrás eu escrevia rascunhos, quando estava na minha época de escrever cartas, mas agora, nunca. De fato, essas são as primeiras cartas que escrevi desde que me casei.

Quanto a *mot juste*, você está bastante errada. Estilo é uma questão bastante simples, é tudo ritmo. Assim que você chega lá, não tem como usar as palavras erradas. Mas por outro lado aqui estou eu sentada depois de meia manhã, repleta de ideias, e visões, e assim por diante, e não consigo colocá-las para fora, pela ausência do ritmo certo. Bem isso é muito profundo, o que é o ritmo, e vai muito além das palavras. Uma visão, uma emoção, cria essa onda na mente, muito antes de criar palavras que se ajustem a ela; e na escrita (é a minha crença atual) a pessoa tem de recapturar aquilo, e pôr em funcionamento (o que aparentemente não tem nada a ver com palavras), e então, à medida que aquilo irrompe e se revira na mente, cria palavras que se ajustam: mas sem dúvida vou pensar diferente no ano que vem.

Demônio, você nunca me enviou sua fotografia. Anjo, você deseja saber de Grizzle: ela tem eczema e tosse. Às vezes espiamos o interior da garganta dela, e Leonard desloca um osso.

Sim, queridíssima Vita: sinto sua falta; penso em você: tenho um milhão de coisas, não tanto a dizer, mas a serem absorvidas por você.

Carta de Vita

Bagdá
28 de fevereiro
Ah, deixe-me ver, o que vi, fiz ou senti desde a última vez que escrevi? Estive tão deplorável no Golfo com a febre persistente; então desembarquei em Baçorá, e fui levada pelo cônsul, e mergulhada por

vinte e quatro horas na vida da família dele. Pessoas gentis, escoceses, vivendo em uma enorme casa sombria; da sra. Barry diz-se que uma vez quando as tribos se rebelaram e o consulado foi invadido por árabes ferozes dispostos a matar, a única preocupação dela era não ter tido tempo de recolher a roupa lavada. Isso sintetiza toda a atitude dela em relação à vida. Então fui posta a par de todas as fofocas locais, e o que não sei sobre as condutas de Molly Brown e Mirabelle Kernander é o que não vale a pena saber. Mas uma pessoa não é uma peregrina sem razão, e no dia seguinte tive de deixar essa nova casa gentil, com seus cachorros e tudo o mais [...] e partir de novo para cruzar o Iraque.

[...] Sinto muito por você por conta do chapéu, e dos colchões e da impossibilidade de privacidade; vivo permanentemente nesse estado; mas tome cuidado: vira uma mania. Envenenou minha vida. Briguei com pelo menos três pessoas por conta disso. Tenho sentimentos muito fortes em relação a isso. Cedo precisamente a esses pensamentos de desespero que você descreveu. Não tanto pelas lojas, de que gosto, mas pelo problema da privacidade. Divide a vida de uma pessoa em pequenos cubos como torrões de açúcar — não, nem isso, porque não têm a dignidade de um cubo; são só fatias, fragmentos — e então esperam que a pessoa escreva. Dizem à pessoa que ela passou dois dias sem ser perturbada, quando ela se sente uma pilha de trapos, uma cesta de papéis usados, um montinho de lixo.

Esgota bem menos os nervos viajar de Londres a Teerã que de Londres a Sevenoaks [...]

Estou encomendando O leitor comum *para minha anfitriã — Ela já tem* O quarto de Jacob. *A capa amarela dele me cumprimentou amigavelmente no café da manhã.*

Comprei uma cachorra. O jardim estava repleto de cachorros que eram potencialmente meus — todos vindos do deserto, levados na coleira por árabes. Essa é uma maravilha de elegância — patas afiladas e um pescoço não mais grosso que seu pulso. Então partimos juntas hoje à noite, a filhotinha [de saluki] e eu, para encarar a neve nos desfiladeiros altos.

Como um carvãozinho cálido no meu peito, aquece você dizer que sente a minha falta. Sinto ah tanto a sua falta. O quanto, você nunca vai acreditar ou saber. A todo momento do dia. É doloroso mas também um pouquinho prazeroso, se você entende o que quero dizer. Digo, que é bom ter um sentimento tão intenso e persistente em relação a alguém. É um sinal de vitalidade. (Não quis fazer um trocadilho.)

Carta de Vita

Teerã, Pérsia
9 de março
Você não tem ideia do quanto me agrada escrever o endereço acima. Descobri minha verdadeira função na vida: sou uma esnobe. Uma esnobe geográfica. Toda manhã quando acordo, com o sol se derramando no meu quarto branco estilo convento, fico deitada desnorteada por um minuto; e então bem devagar, como uma criança rolando um caramelo pela boca, digo a mim mesma, "Você está na Ásia Central."

[...] Agora não lhe falarei da Pérsia, e nada do lugar, cor e beleza, que você vai ter de valorizar — mas por favor valorize, porque isso se tornou uma parte de mim — enxertado em mim, me deixando permanentemente enriquecida. Você sorri? Bom, eu fiquei presa num rio, rastejei no meio de muralhas de neve, fui atacada por um bandido, fui alternadamente assada e congelada, viajei sozinha com dez homens (todos estranhos), dormi em lugares esquisitos, fiz refeições na beira da estrada, cruzei desfiladeiros altos, vi curdos e medos e caravanas, e riachos correndo, e cordeirinhos pretos saltando sob as flores, vi colinas de pórfiro manchadas com sulfato de cobre, montanhas nevadas em um grande círculo, planícies intermináveis, com rebanhos nas encostas. Camelos mortos bicados por abutres, um burro moribundo, um homem moribundo. Cheguei a cidades enlameadas ao anoitecer, fiquei com escoceses esquisitos e grosseiros, bebi vinho

persa. Usei um vestido de seda num dia, e uma pele de carneiro e chapéu de pelo no seguinte. Encontrei Harold, com cartas no bolso dele — duas cartas de Virginia, que li primeiro. Fui levada a uma festa, e apresentada a cerca de 500 ingleses, 500 diplomatas estrangeiros e 1.000 persas. Jantei com o Primeiro-Ministro, que tem uma barba negra. Comecei a balbuciar em persa. E hoje é meu aniversário.

Mas tudo isso, como você diz, não dá a mínima ideia. Como é possível que uma pessoa nunca consiga se comunicar? Só coisas imaginárias podem ser comunicadas, como ideias, ou o universo de um romance; mas não a experiência real [...] Gostaria de ver você diante da tarefa de comunicar a Pérsia. Como queria poder trazer você para cá; você e Leonard não poderiam vir na próxima primavera? Não, é claro que não virão; o quê, deixar a editora? Não creio que Isfahan e Persépolis sejam em absoluto uma tentação para você. Queria que a vida fosse três vezes mais longa, e que todo dia dela fosse de 48 horas em vez de 24.

Queria ter uma fotografia sua. (A minha por acaso chegou?) É um tormento não ser capaz de visualizar quando se quer. Por acaso consigo visualizar você surpreendentemente bem — mas sempre do modo como você ficou parada nos degraus da sua entrada naquela última noite, quando as lâmpadas estavam acesas e as árvores estavam repletas de neblina, e saí dirigindo.

Haverá um intervalo imenso entre as cartas que enviei de Bagdá e esta, e você vai pensar que esqueci; mas não esqueci. A mala postal só parte uma vez a cada quinze dias daqui. Isso em si torna a vida diferente. Uma pessoa passou a considerar as facilidades comuns da civilização algo natural; mas aqui a pessoa ouve por outro lado a gente comum falando ao estilo medieval, "Fulano ficou três semanas na estrada", ou "A neve caiu e Fulano não vai conseguir chegar", ou "Fulano está indo para Bagdá e pode levar cartas" [...]

É assim que você deve imaginar suas cartas chegando, e eu as carregando comigo para outro lugar para ler em paz, e dizendo "ah querida Virginia", *e sorrindo comigo mesma, e lendo tudo de novo. Ao passo que as minhas simplesmente chegam com o carteiro.*

Carta de Vita

Teerã
15 de março
Você percebe com isso que o automóvel enlameado chegou, e que tenho uma carta sua (com uma foto incluída, o que foi um insulto — um insulto a você, digo). Você se apaixonou por ser uma corretora da Bolsa. Bom [...] E eu estimulei você a pedir a Leonard para vir aos Mares do Sul; mas querida Virginia, essa não era em absoluto *a questão. A questão era que você deveria ir à Pérsia comigo; que eu* devia fazer *você flutuar até essas planícies castanhas; não que você ficasse matrimonialmente fora do meu alcance durante um ano. Ou você estava me provocando? Quanto aos Mares do Sul, tenho certeza de que você está exagerando; vulgares até dizer chega; e você não ia gostar de hibiscos. Ao passo que este país antigo [...] Este é o lugar para você. De fato, se você não vier pela gentileza, farei você vir pela força.*

25 de março
Sabe qual trabalhinho agradável está me ocupando agora? Arrumar o lugar para a coroação.[30] *Vou até lá e ponho um avental, e misturo tintas em tachos em um saguão enorme, e me pergunto como é "pontilhado" em persa [...] Por que as gramáticas só ensinam frases como "Apenas pela coragem da espada do vencedor", quando o que se quer dizer é "Traga outra lâmpada"?*

[...] Suas cartas são sempre um choque para mim, porque você bate o envelope à máquina, e elas parecem uma conta, e aí vejo sua escrita. Um sistema do qual até gosto, pelas várias punhaladas que me proporciona.

---
[30] O xá viria a ser coroado no dia 25 de abril.

Carta de Vita

Teerã
8 de abril

A Pérsia ficou magenta e roxa; avenidas de árvores-de-judas, bosques de lilases, torrentes de glicínias, hectares de flores de pessegueiro. Os plátanos e os choupos explodiram em verde [...] Porém concluí meu poema, que vai nesta mala. Há vários fragmentos da Ásia nele agora. Você aprovará, eu me pergunto?

[...] Ficarei tão feliz de me sentar no seu chão novamente.

Tenho que ir ver as joias da Coroa, o que interrompe inesperadamente minha carta, e não ouso arriscar que a mala não esteja fechada quando voltar [...]

PS Acabei de voltar do lugar, com ½ hora antes de a mala fechar. Estou cega. Cegada por diamantes.

Estive na caverna de Aladim.

Sacas de esmeraldas foram esvaziadas bem diante dos nossos olhos. Sacas de pérolas. Literalmente.

Voltamos sacudindo as pérolas dos sapatos. Cordas de esmeraldas brutas. Bainhas incrustadas com pedras preciosas. Enormes coroas hieráticas.

Tudo isso em um cômodo minúsculo, com persas encardidos bebendo xicrinhas de chá.

Não consigo escrever isso agora. Foi simplesmente as mil e uma noites, com o décor feito pelos Sitwell. Puro delírio. Ah, por que *você não está aqui?*

Carta de Virginia

Tavistock Square, 52
29 de março

Agora você precisa fingir que está interessada na sorte de sua amiga: mas tudo parecerá tão remoto e bobo para você: você se esqueceu de um jornal chamado *The Nation*; Leonard literalmente foi o editor uma época: e desde quarta-feira não é mais. Ele se demitiu. Graças a Deus. Que bênção — chega de ir ao escritório e ler provas e quebrar a cabeça pensando em quem pegar para escrever. Teremos de ganhar £500 por ano [...] mas este é o primeiro passo para a liberdade, e para viagens internacionais e para perambular pela Inglaterra em um automóvel; e nos sentimos 10 anos mais jovens, totalmente irresponsáveis, e por favor, queridíssima Vita, faça o Harold fazer a mesma coisa [...]

Não consigo imaginar o que lhe interessará saber, agora que está incrustada na Pérsia [...]

[Houve] uma festa horripilante na casa de Rose Macaulay, onde no meio do turbilhão de palavras sem sentido achei que o sr. O'Donovan tinha dito "Santo Graal", ao passo que tinha dito "Recanto do litoral", e eu perguntando "Onde está o Santo Graal?" recebi a resposta "Onde quer que esteja o mar". "Estou louca, pensei, ou será uma piada?" "O Santo Graal?", repeti. "O recanto do litoral", ele gritou, e seguimos em frente assim, em uma atmosfera tão repelente que se tornou, como o cheiro de queijo estragado, repulsivamente fascinante [...] até que Leonard pôs tudo abaixo, pegou o que tomou pelo guardanapo da sra. Gould e descobriu ser sua toalhinha absorvente, e as fundações dessa respeitabilidade literária de quinta categoria (todos os cavalheiros de coletes brancos, as damas com um corte chanel malsucedido) tremeram nas fundações. Fiquei dizendo, "Vita ia amar isso". Bem, ia?

Carta de Vita

Teerã
17 de abril
O que tenho feito? Fui a uma festa do chá persa. Mulheres deslumbrantes; olhos amendoados, lábios vermelhos, tagarelando como passarinhos, puxando os véus sobre si sempre que ouviam

um barulho. Totalmente bobinhas, mas ah tão adoráveis! Muito melhores que seus corretores da Bolsa. E uma sogra velha e monstruosa, pairando sobre elas como um falcão sobre um bando de pombas.

[...] Um fato curioso: quase todas as cartas parecem conter pelo menos uma *frase irritante, mas as suas nunca. Deixam a pessoa se sentindo mais inteligente, charmosa e desejável do que realmente é.*

Gostaria que você escrevesse suas 150 páginas que resumirão toda a literatura. Isso limparia a pilha de lixo da mente de muita gente, inclusive da minha. E, por favor, não desista da editora.

Minha mente é um tremendo monte de lixo; isso me aflige.

É uma carta tola esta, mas devo chegar uma semana depois dela. Enquanto isso sou (como dizemos aqui) seu sacrifício.

Carta de Virginia

Tavistock Square, 52
13 de abril

O quanto isso é estranho — o efeito da geografia na mente! Escrevo para você de um jeito diferente agora que está voltando. O páthos está derretendo. Achei patético quando você estava de partida; como se você estivesse afundando na borda. Agora que está emergindo, estou alegre de novo.

Carta de Virginia

Tavistock Square, 52
19 de maio

Todos estão ansiando por ver você. Grizzle em paroxismos. Almoço *aqui* à 1. Sexta-feira. Melhor ainda vir 12.30 ao porão e ter uma conversa preliminar [...] comigo no escritório — então 6 ou 7 horas lá em cima. (A menos que jante comigo na *quinta-feira*, quando por acaso vou estar sozinha.)

Diário de Virginia

20 de maio

Vita vem almoçar amanhã, o que será um divertimento e um prazer enormes. Minhas relações com ela me divertem: tão ardentes em janeiro — e agora o quê? Também gosto da presença e da beleza dela. Será que a amo? Mas o que é o amor? Ela "me amar" entusiasma e lisonjeia; e interessa. Que "amor" é esse? Ah e então ela gratifica minha eterna curiosidade: quem viu, o que fez — pois não tenho nenhuma opinião grandiosa a respeito da poesia dela. Eu devia estar lendo o poema dela hoje à noite.

Diário de Virginia

25 de maio

Então Vita veio: e registrei o choque do encontro depois da ausência; o quanto uma pessoa é tímida; o quanto fica desiludida com o corpo real; e ela estava mais maltrapilha, vindo direto com as roupas de viagem; e não tão bonita como às vezes, talvez; e então nos sentamos no sofá perto da janela conversando, ela um tanto silenciosa, eu falando, em parte para desviar a atenção dela de mim; e para impedi-la de pensar "Bem, isso é tudo?", como seria obrigada a pensar, tendo se declarado tão abertamente por escrito. Então cada uma registrou um certo desapontamento; e talvez adquiriu também alguma fibra de solidez adicional — Esta pode muito bem ser mais duradoura que a primeira rapsódia. Mas não consigo escrever. De repente o instinto da palavra me abandona.

Carta de Virginia

Tavistock Square, 52

7 de junho

Nenhuma grande notícia. Um pouco aborrecida — Queria uma carta. Queria um jardim. Queria Vita. Queria 15 filhotinhos de cachorro com os rabos cortados, 3 pombas e um pouquinho de conversa.

Carta de Vita para Harold

Long Barn
12 de junho

Os Woolf não virão hoje no fim das contas, porque Virginia começou com um dos ataques de dor de cabeça de novo, mas estou indo a Rodmell amanhã para passar duas noites; Leonard estará fora e ela não quer ficar sozinha. Seu repolho não tem muita vontade de ir, obrigada, e prefere ficar aqui. Cheguei à conclusão de que gostaria de ser bem excêntrica e distinta, e nunca ver ninguém exceto peregrinos devotos que tocam a campainha da porta da frente (que não toca), e permanecem uma hora falando de poesia, e então somem de novo. Mas a excentricidade é mais fácil de adquirir do que a distinção. A excentricidade, de fato, é de nascença. Estou bastante assustada com a rapidez do aumento dela; que não quero ver nem mesmo Virginia como um sintoma terrível, pois não apenas gosto muito dela, mas ela é a melhor companhia do mundo, e a mais estimulante.

Carta de Vita para Harold

Monk's House
13 de junho

Estou, como você pode ver, ficando na casa de Virginia. Ela está sentada na minha frente, bordando uma rosa, um leque de renda preta, uma caixa de fósforos e quatro cartas de baralho sobre um fundo de tela lilás, a partir de um desenho da irmã, e de tempos em tempos ela diz, "Você escreveu um bocado, agora vamos falar de cópula", então se esta carta for desconexa é culpa dela e não minha [...] Não consigo escrever direito esta carta, porque V. que é uma mulher tão ultrajante fica se levantando e lendo-a por cima do meu ombro. Ela diz que você tem de desistir da diplomacia e encontrar um emprego que pague de £600 para cima.

Carta de Vita para Harold

Monk's House
16 de junho

Jantei com Virginia e Leonard em uma das tavernas deles em Bloomsbury; e então fui sozinha com ela ao balé. Ela estava usando um vestido novo. Era bem estranho de fato, laranja e preto, com um chapéu para combinar — um tipo de cartola feita de palha com duas penas laranja como as asas de Mercúrio — mas ainda que fosse esquisito ficou estranhamente adequado, e agradou Virginia porque não havia absolutamente nenhuma dúvida quanto a qual era a parte da frente e qual era a de trás. Tínhamos ingressos de imprensa, e nos sentamos no primeiro balcão. Virginia inventou histórias sobre todas as pessoas na plateia.

Carta de Vita

Long Barn
17 de junho

Cara sra. Woolf

Devo dizer o quanto apreciei meu fim de semana com você [...]
Queria estar de volta a Rodmell. Queria que você estivesse vindo aqui. Seria de alguma serventia sugerir (veja que estou com um humor desalentado) que você devia vir? É bem agradável aqui, sabe; mas imagino que você esteja ocupada. Só que seria um refúgio agradável se você quisesse escapar de Londres, e eu a buscaria de automóvel. Verei você na sexta-feira? Uma maldita distância, também. Esta é uma carta balbuciante? Você me mimou demais em Rodmell. Eu estava terrivelmente feliz. Diga-me como você está.

Carta de Vita

Long Barn
17 de junho

Ha, ha! Veja o que encontrei. Só me envie de volta, por favor, porque é preciosa demais para se perder. Gosto do meu nome — digo, do nome do Harold — escrito errado.[31]

Devo, porém, abrir mão de ler sua obra no jantar, porque é perturbadora demais. Não consigo explicar, vou ter de explicar verbalmente algum dia. A menos que você seja capaz de adivinhar. O quanto você escreve bem, porém, confunde você. Quando leio você, sinto que ninguém jamais escreveu prosa em língua inglesa antes — a nocauteou, a colocou em seu devido lugar, a transformou em uma criada. Pergunto-me continuamente como você faz isso; como se alguém pudesse ver um ilusionista executar um truque várias e várias vezes e continuar sem entender. Só sabe que o truque sempre vai sair. Há um efeito estranho, próprio de alguns poucos escritores, não sei se você vai entender o que quero dizer, e se não entende é inútil fazer você entender: eles exercitam algum poder misterioso no livro, a fim de fazer determinadas palavras — talvez palavras bastante ordinárias — se lançarem da página como perdizes de um campo de nabo, ganhando um novo valor, uma nova surpresa.

Carta de Virginia

Tavistock Square, 52
18 de junho

Sim, escrevo desgraçadamente bem às vezes, mas não nos últimos dias, em que ando trabalhando duro em um artigo amaldiçoado, e vejo meu romance[32] brilhando como as Ilhas Afortunadas bem, bem longe sobre detritos deprimentes, e não consigo alcançar a terra firme.

---

[31] Vita havia descoberto uma das primeiras cartas de Virginia, que começava com "Cara sra. Nicholson".
[32] *Ao farol.*

Carta de Vita

Long Barn
20 de junho

Minha primeira visão de Clive foi de certa forma adequada: esbarrei nele quando ele emergia da retrete,[33] se abotoando. Mas foi cerimonioso em relação a isso, ignorando meu sorriso de boas-vindas e minha mão estendida — não, melhor, meus braços abertos — voltou correndo, foi ao banheiro, reapareceu, nem um pouquinho satisfeito de me ver: fiquei desnorteada, arrasada. No decorrer de 24 horas ele se recobrou e se tornou amigável de novo; tão amigável que de fato andamos em volta do fosso depois do jantar, em uma noite cálida e nevoenta, e conversamos, e ele abriu algumas fendas severas no meu pequeno forte de discrição. Veja que ele foi habilidoso o suficiente para me aborrecer com comentários sobre sua indiferença geral, ausência de reação etc., e disparei como uma truta até a isca. Ainda assim, não acho que a tenha comprometido seriamente, e Clive, de qualquer forma, ficou entretido.

Carta de Vita para Harold

Long Barn
20 de junho

Clive me segue por toda parte. Já fui para a cama com Virginia? Se não, estou inclinada a fazer isso em um futuro próximo? Se não, poderia por favor levar isso em conta? Pois já é hora de Virginia se apaixonar.

Carta de Virginia

Tavistock Square, 52
22 de junho

Acho que não vou na quinta-feira por esse motivo; preciso seguir em frente com a escrita; você me seduziria completamente [...]

---

[33] Uma espécie de lavabo. (No original, *rear*. [N. T.])

Além disso você virá depois da sua peça na quinta-feira para me ver a sós? Adiei com Sibyl[34] caso você possa. Chegue cedo na sexta... Claro, e se quiser conhecer Sibyl só precisa dizer. Você jantará rabanetes comigo a sós na cozinha?

Carta de Vita para Harold

Long Barn
28 de junho

Não, não estou metida em baralhadas[35] *[...] Virginia — não exatamente uma baralhada; ela é uma mulher ocupada e sensível. Mas ela me ama, e dormi com ela em Rodmell. Isso porém não constitui uma baralhada.*

Diário de Virginia

30 de junho

O dia de hoje, o último de junho, me encontra em profundo desespero porque Clive riu do meu chapéu novo, Vita se compadece de mim, e submerjo nas profundezas da melancolia. Isso aconteceu na casa de Clive ontem à noite após uma visita aos Sitwell com Vita. Ah minha nossa eu estava usando o chapéu sem pensar se era ruim ou bom; e era todo chamativo e descomplicado; e me sentei ao lado de Vita e ri e me entrosei. Quando saímos eram só 10.30 — uma noite suave e estrelada: ainda era muito cedo para ela ir. Então ela disse, "Vamos passar e buscar o Clive?", e eu estava então tão despreocupada, dirigindo pelo Parque, e enfim chegamos à Gordon Square e lá estava Nessa saltitando no escuro, usando o chapéu preto discreto. E então veio o Duncan, carregando um ovo. Vamos nós todos para a casa de Clive, eu disse; e eles concordaram. Bem, foi depois que eles vieram e estávamos

---

[34] Lady Sibyl Colefax, designer de interiores e socialite.
[35] Termo de Vita e Harold para aventuras amorosas.

todos sentados em círculo conversando que Clive disse de repente, ou melhor berrou, que chapéu deslumbrante você está usando! Então perguntou onde o consegui. Simulei um mistério, tentei mudar o rumo da conversa, não me deixaram, e me acossaram entre eles, como uma lebre; foi muito forçado, esquisito e humilhante. Então falei e ri demais. Duncan cerimonioso e ácido como nunca disse que era totalmente impossível fazer qualquer coisa com um chapéu como aquele. E Leonard ficou em silêncio, e voltei profundamente mortificada, tão infeliz quanto tenho estado nesses dez anos; e revolvi isso no sono e nos sonhos a noite toda; e o dia de hoje foi arruinado.

Carta de Vita para Harold

Long Barn
1º de julho

Bom, veja, fui ao espetáculo dos Sitwell com Virginia.[36] *Jantamos primeiro no Eiffel Tower, e falamos de literatura. Tão envolvente era o assunto, que estávamos bem atrasadas para a festa dos Sitwell. Tínhamos um ingresso de cortesia, e uma promessa de Edith (Sitwell) de que seríamos admitidas ao mencionar nossos nomes. Mencionamos nossos nomes, e fomos levadas a uma das últimas fileiras onde nem mesmo o megafone nos alcançava. Havia algumas poltronas vazias, e até estas abrimos caminho a cotoveladas no intervalo. Virginia me fez ir primeiro, mais ou menos como as tropas alemãs empurravam os civis belgas diante delas durante a guerra. Então suportei o peso e levei toda a culpa [...]*

Vi todo mundo que já cheguei a conhecer. Fiquei bastante impressionada com o número de pessoas que conhecia. Então quando havia arrastado Virginia dali — mas ela fica

---

[36] Uma performance do espetáculo de Edith Sitwell, *Façade*, na qual o poema era declamado de trás de um biombo por meio de megafones.

bêbada em multidões como eu e você com champanhe — voltamos a Bloomsbury. No caminho, em uma dessas praças escuras, alcançamos a sra. Bell.[37] *Paramos. Virginia chamou, "Nessa! Nessa!". Ela se aproximou de um jeito hesitante, e disse, "Duncan [Grant] está na taverna." Dirigimos até lá. Logo alcançamos Duncan, sem chapéu e carregando com muito cuidado um ovo cozido. Dirigimos até a casa de Clive. Lá estavam Leonard e [Maynard] Keynes. Logo chegaram a sra. Bell e Duncan. Clive chegou com vermute e mais ovos. A conversa ficou pessoal e sórdida. Achei divertido.*

Carta de Vita

Long Barn
16 de julho
Ontem à noite Pippin[38] chegou em casa depois da caçada e começou a ter convulsões. Com minha eficiência habitual, diagnostiquei estricnina, e a levei às pressas até Sevenoaks às 2 da manhã para o veterinário. Demos uma injeção de morfina, e ela passou imediata e maravilhosamente mal — foi realmente impressionante aquilo — e então a vida dela foi salva. Mas foi uma correria dramática [...]

Ah querida quero tanto ver você.

Carta de Vita para Harold

Long Barn
27 de julho
Virginia estava muito charmosa e divertida [...] Levei-a até Rodmell, o que foi agradável da minha parte, e Clive e Leonard chegaram de Londres com um dos filhos desgrenhados de Clive [Quentin Bell], e houve uma tempestade [...] Conversei com V. até

---
[37] Vanessa Bell, irmã de Virginia. Casada com Clive Bell.
[38] A cachorra de Vita.

muitíssimo tarde na noite passada [...] Disse a V. o quanto nos amávamos [...] Ah querido, ela é tão divertida, ela me faz rir! E tão sã, quando não está maluca. E tão tão[39] quanto a ficar maluca de novo. Que pesadelo deve ser.

Carta de Vita

Sherfield Court
4 de agosto

Se não tenho escrito para você, é porque tenho escrito por você — tirana, capitã do mato, como devo escrever 20.000 palavras em 10 dias, me diga? Fiz ouvidos moucos a todas as súplicas; vou jogar tênis? Vou dar uma volta de barco? Vou nadar? Não, não, não, eu digo, lembram-se da sra. Woolf? Bom, tenho que terminar um livro para ela publicar, então saiam daqui, queridos, e não se preocupem; e então de volta estou a Isfahan; e nesse meio-tempo Virginia senta-se nos campos alagados e pensa nas Hébridas. (O que, exatamente, é uma hébrida? Veja o Raymond Mortimer em "Defence of Homosexuality" [Defesa da homossexualidade].[40] Raymond Mortimer estava aqui passando o fim de semana; atravessou um mau período tendo de lidar com umas verdades difíceis sobre si mesmo; mas contente no geral.)

Bem isso é tudo, porque ainda tenho dois capítulos para escrever, e vários para concluir, e estou ficando desesperada com isso. Dottie[41] diz que sou uma chata. Digo a ela que a culpa é sua. Eu sou chata, eu sei, e ninguém exceto eu pode se aproximar da escrivaninha. Quanto às crianças, sua paixão pela sra. Woolf está em rápido declínio.

A minha, infelizmente, não.

---

[39] No sentido de *patética*. (No original, *and so how*. [N. T.])
[40] Um panfleto escrito para a Hogarth Press, que foi alertada por advogados a não o publicar.
[41] Dorothy Wellesley, Duquesa de Wellington, poeta e socialite, e amante de Vita.

Carta de Virginia

Tavistock Square, 52
8 de agosto

Sim, parece difícil que façamos você passar todos os dias ensolarados com o nariz na caneta. Mas pense na sua glória; e no nosso lucro, que está se tornando uma questão necessária agora que sua filhotinha destruiu, a dentadas, minha saia, comeu provas do L., e causou todo o estrago que poderia ser causado no carpete — Mas ela é um anjinho de luz. Leonard diz a sério que ela o faz acreditar em Deus [...] e isso depois de ela ter molhado o piso dele 8 vezes no mesmo dia.

Carta de Vita para Harold

Long Barn
17 de agosto

Querido, não há baralhada em lugar algum! Continuo lhe dizendo isso [...] Você menciona Virginia: é simplesmente risível. Amo Virginia, e quem não amaria? Mas de verdade, meu amor, o amor de uma pessoa por Virginia é algo bem diferente: uma coisa mental, uma coisa espiritual se você preferir, uma coisa intelectual, e ela inspira um sentimento de ternura, que se deve, acho, à divertida combinação de dureza e suavidade — a dureza da mente e o terror de enlouquecer de novo. Ela faz eu me sentir protetora. E também me ama, o que me lisonjeia e me agrada. E também — já que embarquei nisso de contar a você a respeito de Virginia, mas isso é totalmente cadeado privado[42] — estou morta de medo de despertar sentimentos físicos nela, por conta da loucura. Não sei que efeito isso teria, veja: é um fogo com o qual não tenho nenhum desejo de brincar. Tenho muita afeição verdadeira e respeito por ela. E também ela nunca ficou com ninguém com exceção de Leonard, tentativa que foi um fracasso terrível, e foi

---

[42] *Cadeado* era a senha de Vita e Harold para um segredo que deviam prometer guardar.

logo abandonada. Então tudo o que há é o desconhecido; e tive cachorros demais para não saber que cachorro que ladra também morde. Não quero aterrissar em um caso que pode sair do meu controle antes de eu saber onde estava.

[...] Mas querido, Virginia não é o tipo de pessoa na qual se pensa dessa maneira. Há algo incongruente e quase indecente na ideia. Eu fui para a cama com ela (duas vezes), mas isso foi tudo. Agora você sabe tudo o que há para saber, e espero que não o tenha chocado [...]

Por favor faça algum comentário a respeito disso tudo, e diga que compreende. Mas não diga que compreende a menos que realmente compreenda. Meu querido, você é a única pessoa para mim no mundo; aceite isso de uma vez por todas, seu cabeça-oca. Realmente fico zangada, quando estou fazendo das tripas coração por você; e isso me faz chorar.

Carta de Virginia

Tavistock Square, 52
19 de agosto

Você virá na quarta-feira? Para almoçar à 1? Leonard vai passar o dia em Londres. Você gostaria que eu chamasse Clive? Se sim, me avise. Durma bem.

Você ficará ainda mais desconfortável do que o normal.

E digo, por favor traga 2 garrafas de vinho (não sidra) que quero COMPRAR. *Não tenho como conseguir nenhuma.*

Carta de Vita

Long Barn
20 de agosto

Vou para a Normandia por uma semana, com os meninos, no dia 28, mas estou indo para Brighton na quarta-feira — poderia ver você? Como poderia ver você? Dormir na quarta-feira à noite?

Ou almoçar na quinta-feira? Temos de tomar uma decisão quanto a essas fotografias, e a outros detalhes. Estou lhe dando o título de Passenger to Teheran, *que acho que dá conta de tudo, 1) não é muito monótono, 2) não é muito romântico, 3) é explícito. De qualquer jeito não consigo pensar em nada melhor [...] É muito ruim. Sinto-me envergonhada; mas talvez venda.*

Carta de Virginia

Tavistock Square, 52
22 de agosto

Sim — será perfeito. Creio que estarei sozinha na quarta-feira — você não poderia vir cedo e desfrutar de um almoço improvisado?

O título parece ótimo — de longe o melhor. Estou ansiando, apesar de ter lido 3 manuscritos, por ler o seu — um grande testemunho para você: estou compungida por você ter tido de trabalhar tão duro. Sete horas por dia. Meu Deus.

Diário de Virginia

3 de setembro

De resto, Charleston, Tilton, *Ao farol*, Vita, expedições: o verão dominado por uma sensação de me banhar em ar puro e quente sem fim — um agosto como esse não cruzava meu caminho fazia anos.

Carta de Virginia

Monk's House
15 de setembro

Acabaram de enviar o segundo lote de provas que engoli de uma só vez. Sim — acho que é terrivelmente bom. Fico dizendo "Como gostaria de conhecer essa mulher", e então penso "Mas conheço", e então "Não, não conheço — não por completo a mulher que escreve isso." Não conheço a extensão das suas sutilezas [...] O livro inteiro é repleto de recantos e esquinas que gosto de explorar. Porém às vezes a pessoa deseja uma vela na mão — Esta é minha única crítica — você deixou (ouso dizer que na pressa) um ou dois lugares soltos e mal iluminados.

Carta de Vita

Long Barn
17 de setembro
Tão contente esta noite porque recebi sua carta [...] Estou feliz que você goste do livro. Realmente escrevi às pressas, sabe, então não surpreende que haja lugares mal iluminados e soltos. Também estou contente que você queira me conhecer: precisamos conseguir um amigo em comum para arranjar um encontro, cara sra. Woolf, quando eu estiver em Londres da próxima vez. No momento estou oprimida pela ideia de ter que dar uma palestra lá em Oxford — e não consigo pensar em mais nada, e o horror disso [...] Estou numa certa turbulência, 1) The Land saindo,[43] 2) ter que dar a palestra 3) Virginia gosta do meu livro. Essas três coisas trotam para cima e para baixo na minha cabeça, produzindo um som como o das rodas do trem.

Carta de Virginia

Tavistock Square, 52
12 de outubro
O sr. Barrington Gates (resenhista do *The Nation*) diz que talvez utilize uma coluna inteira para o *The Land*, já que na opinião dele o livro é "tão extraordinário" que não deveria ser

---
[43] O poema de Vita, *The Land*, foi publicado em 30 de setembro de 1926.

posto no mesmo saco com os outros [...] Então eis. Ele vai escrever uma coluna.

Carta de Vita para Harold

Long Barn
7 de novembro
Faz um dia tão adorável, tão quente que nós (Leonard, Virginia e eu) ficamos sentados ao sol perto da porta do salão a manhã inteira [...] Leonard é uma esquisita criatura sombria e solitária. Virginia, um anjo de presença de espírito e inteligência. Leonard volta a Londres esta noite e ela fica comigo até amanhã, o que me agrada mais do que qualquer coisa, porque ela então nunca para de falar, e eu sinto como se o limite da minha mente estivesse sendo prensado contra uma pedra de amolar. Porém não se preocupe, Hadji.[44] Está tudo certo.

Carta de Vita para Harold

Long Barn
9 de novembro
Ah querido, Virginia [...] Veja, Hadji, ela gosta muito, muito de mim, e diz que ficou tão infeliz quando fui para a Pérsia que isso a surpreendeu e aterrorizou. Não acho que ela esteja habituada a tormentas emocionais, ela vive demais no intelecto e na imaginação. A maior parte dos seres humanos encara as tormentas emocionais como algo natural. Felizmente ela é o tipo de pessoa sensível que as recolhe e diz "Isso é um absurdo." Então não me preocupo de fato. (Antes fico orgulhosa, de fato, por ter apanhado um peixe tão grande e prateado.) Vejo minha amizade com ela como um tesouro e um privilégio. Nunca me apaixonaria por ela, cadeado, *mas sou absolutamente dedicada a ela e se ela morresse eu me importaria demais, terrivelmente. Ou se enlouquecesse de novo.*

---

[44] O apelido carinhoso de Vita para Harold.

Carta de Virginia

Tavistock Square, 52
19 de novembro

Ah querida, Sibyl me deu dor de cabeça. Que chatice. Não consigo escrever, exceto para você. Estou deitada em uma cadeira. Não é ruim: mas digo a você, para ganhar sua simpatia: para fazer com que se torne protetora: para implorar a você que conceba um jeito pelo qual eu possa interromper essa tomada incessante da vida pelas pessoas: Sibyl [Colefax], Sir Arthur [Colefax], Dadie [George Rylands] — um atrás do outro. Por que jogo isso em *você*? Suponho que seja alguma necessidade psicológica: uma daquelas coisas íntimas em um relacionamento que se faz por instinto. Sou bastante covarde sobre essa dor nas costas: você seria heroica [...]

Mas você não entende, jumenta West, que você se cansará de mim um dia desses (sou bem mais velha), de modo que preciso tomar minhas pequenas precauções. É por essa razão que dou ênfase a "registrar" em vez de sentir. Mas a jumenta West sabe que quebrou mais barreiras do que qualquer um. E não existe algo obscuro em você? Há algo que não vibra em você: Pode ser proposital — você não permite: mas vejo isso com outras pessoas, assim como comigo: algo reservado, abafado — Deus sabe o que é... Está na sua escrita também, diga-se de passagem. A coisa que eu chamo de transparência central — às vezes abandona você nela também.

Carta de Vita para Harold

Long Barn
20 de novembro

Recebi uma carta de Virginia, que contém um dos seus ataques psicológicos demoníacos e astutos. Ela pergunta se há algo em mim que não vibra, "algo reservado, abafado [...] A coisa que eu chamo de 'transparência central' às vezes abandona você na sua escrita". Que mulher maldita, pôs o dedo na ferida. Há *algo abafado. O que é, Hadji? Algo que não ganha vida. Matuto e matuto, sentindo que estou tateando em um túnel escuro. Torna tudo o que escrevo um tantinho irreal; dá o efeito de ter sido elaborado pelo lado de fora.*

[...] Não há dúvida quanto a isto, à medida que a pessoa envelhece, ela pensa mais. Virginia se preocupa, você se preocupa, eu me preocupo [...] E ainda assim prefiro fazer isso e me tornar introspectiva e tagarelar sobre Londres, onde as vozes das pessoas se tornam mais e mais vazias de significado.

Carta de Vita

Long Barn
21 de novembro

Acho que você é uma bruxa, ou uma vidente em psicologia. Deve ser. Cresce meu respeito por você.

Veja bem, se quiser ir ao balé amanhã à noite (e Leonard), você me telefonará antes do meio-dia e me dirá? Só sugiro isso pois é a noite de estreia de l'Oiseau de feu, *e eu conseguiria ingressos. Eu gostaria de ir, mas só irei se você for.*

Anseio por ver você, e tenho estado nervosa todo o dia de ontem e hoje. Passei a maior parte do dia de ontem na cama motivo pelo qual eu disse que no fim de semana que vem seria melhor do que neste. Tenho estado uma pilha de nervos (comigo, não com você), e percorri muito chão. Se não fosse ver você amanhã de qualquer forma, tomaria providências para isso. Está recuperada de Sibyl? Furiosa com aquela mulher por lhe dar uma dor de cabeça. No geral estou em um acesso de raiva.

Vou até o porão às 2.30 mais ou menos. Graças aos céus por isso.

Diário de Virginia

23 de novembro

A fama cresce. Chances de conhecer aquela pessoa, fazer aquela coisa, se acumulam. A vida é como tenho dito desde os dez anos, horrivelmente interessante — se muito, mais rápida, mais ardente aos quarenta e quatro do que aos vinte e quatro — mais desesperada suponho, conforme o rio dispara para as cataratas do Niágara — minha nova visão da morte. "A única experiência que nunca descreverei", eu disse a Vita ontem. Ela estava sentada no chão vestindo o casaco de veludo e a camisa de seda vermelha listrada, eu atando suas pérolas em montinhos de ovos enormes e lustrosos. Ela tinha vindo me ver — então continuamos — um caso espirituoso, respeitável, acho, inocente (espiritualmente) e todos saem ganhando, acho; um tanto chato para Leonard, mas não o suficiente para o deixar preocupado. A verdade é que uma pessoa tem espaço para um bom número de relacionamentos. E então ela volta mais uma vez para a Pérsia.

Estou reescrevendo seis páginas do *Farol* diariamente. Minha opinião atual é que é de longe o melhor dos meus livros.

Carta de Vita para Harold

Long Barn
23 de novembro
Estou um pouco preocupada com Virginia, mas felizmente ela é uma pessoa ocupada e sensata e não se entrega a queixas inúteis. Ela é um anjo indiscutível para mim, e o valor de sua amizade não pode ser mensurado em ouro. Ah meu querido, que *inteligência! É incrível — que percepção, sensibilidade no melhor sentido, imaginação, poesia, cultura, tudo totalmente genuíno e real. Torço para que vocês se conheçam melhor. Espero por Deus que ela não fique infeliz demais quando eu for embora; ela me disse que ano passado ficou aterrorizada com a própria infelicidade e teme que agora vá ser pior. Querido, isso tudo parece muito presunçoso, mas não quero que tenha essa conotação, e é* cadeado *de qualquer forma. Ela está na crista da onda, o que afaga sua vaidade, mas tão* tão *como sempre: "Quero que você sinta orgulho de mim." Acho que ela vem aqui para passar o fim de semana já que Leonard tem de sair.*

Carta de Vita

Mount Street, 66
27 de novembro

Minha amada Virginia, estou preocupada com você — achei você cansada e deprimida. O que é? Você simplesmente estava cansada? Sinto-me uma estúpida por ter deixado você vir aqui. Era apenas a disenteria? Eu não devia ter deixado você vir. Você não sabe que não há nada que eu não faria para lhe poupar um instante de dor, incômodo, fadiga, irritação? E então vou lá e deixo você percorrer toda essa distância para me ver! Eu poderia me dar um chute — Por favor me perdoe: meu único consolo é que você veio de automóvel. Minha querida, vou tentar lhe recompensar pelo fim de semana passado. Eu lhe telefonaria e diria tudo isso em vez de escrever, mas o motivo pelo qual não faço isso é óbvio. Vou jantar e buscar você no sábado. Sinto muitíssimo a sua falta. Talvez veja você na segunda-feira? Telefonarei na segunda-feira às 2.30. Não consigo tirar você da cabeça esta noite; o canto do sofá onde você se sentou está assombrado para mim por sua presença, a casa inteira parece repleta de você —

Carta de Vita para Harold

Long Barn
30 de novembro

Estou sozinha. Está muito frio e úmido. Virginia vem passar o fim de semana. Querido, sei que Virginia vai morrer, e vai ser horrível demais. (Não digo aqui, durante o fim de semana; mas simplesmente morrer jovem.) Fui à Tavistock Square ontem, e ela se sentou no crepúsculo à luz do fogo, e eu me sentei no chão como sempre faço, e ela bagunçou meu cabelo como sempre faz, e ela falou de literatura e Mrs. Dalloway *e* Sir Henry Taylor *e disse que você ia se ressentir dela no próximo verão. Mas eu disse que Não, você não ia. Ah Hadji, que anjo ela é. Realmente a adoro. Não é "apaixonada" — só amor — devoção. A amizade dela me enriqueceu. Não creio* que eu já tenha amado tanto alguém, no sentido de amizade; de fato, é claro, sei que não amei. Ela sabe que você e eu nos adoramos. Eu disse isso a ela.

Carta de Vita

Ebury Street, 182
30 de novembro
Saber que você estava cansada ontem me deixou infeliz, querida. Leve minha bronca a sério! E não seja tão sociável — você vai ficar parecida com a Sibyl Colefax, e desenvolver um olhinho brilhante, à procura de novos convidados. Espero que não esteja pior hoje; gostaria de telefonar; mas não quero incomodar. Então escrevo [...]

Espero vocês dois na quinta-feira. Creio que você não poderia ficar por duas noites? Não, creio que não [...]

Bem, preciso começar. Seja boazinha, fique forte, se cuide. Odeio quando você fica cansada e abatida. Realmente me machuca. Abençoada seja, amor.

Carta de Virginia

Tavistock Square, 52
1º de dezembro
Que ótimo receber uma carta sua, querida Criatura — Não, ontem não foram as pessoas — tive os calafrios, porque fiquei encharcada em Rodmell — isso foi tudo — fui para a cama, tomei uma aspirina, peguei uma bolsa de água quente, tudo certo hoje, apenas incrivelmente sonolenta. Ainda assim concordo — as pessoas são o demônio [...]

Além do mais, você não pode falar — almoço no Woking, chá Virginia, coquetel Raymond, jantar Mary, ceia Kitchin — Ali estava eu quentinha na cama, e feliz de ouvir que foi um fracasso horrendo. E agora você foi para Brighton, que os céus lhe ajudem! Queria que você não tivesse isso pela frente, mas pudesse aparecer e conversar — Aqui estou eu sentada, ou melhor deitada diante da lareira a gás em perfeito silêncio.

Carta de Vita

Long Barn
1º de dezembro

Noite passada fui para a cama bem cedo e li Mrs. Dalloway. *Foi uma sensação muito curiosa: pensei que você estava no quarto — Mas só havia Pippin, tentando se entocar debaixo do meu cobertor, e os barulhos noturnos lá fora, que são tão familiares no quarto de alguém; e a casa estava toda em silêncio. Fiquei muito infeliz porque tinha tido uma discussão com minha mãe e muito feliz por causa de você; então era como ser duas pessoas diferentes ao mesmo tempo, e então para complicar isso havia a) a convicção de que você estava no quarto, e b) o contato com as várias pessoas que você havia criado. (Que coisa esquisita é a ficção.) Senti-me muito leve, como se estivesse caindo através da cama, como quando se tem febre. Hoje estou bastante sólida novamente, e minhas botas estão enlameadas; elas mantêm meus pés firmes no chão. E ainda assim não estou tão sólida quanto normalmente — não sou tão tola — porque há no fundo da minha mente o tempo inteiro (erguendo levemente o topo da minha cabeça) um brilho, um tipo de nebulosa, que só quando examino se enrijece em um formato; assim que penso em alguma outra coisa aquilo se dissolve novamente, permanecendo ali como o sol através da névoa, e tenho de alcançá-lo de novo, pegá-lo nas mãos e sentir seus contornos: e então se enrijece, "Virginia está vindo no sábado." Vou jantar em Knole esta noite, e conhecer um magnata do petróleo e sua esposa; mas isso estará lá o tempo inteiro, um fogo-fátuo que se deixa apanhar, "Virginia está vindo no sábado."*

Mas ela não vai vir, não vai! Algo vai acontecer. É claro que algo vai acontecer. Algo sempre acontece, quando alguém deseja muito ardentemente alguma coisa. Você vai pegar catapora, ou eu terei caxumba, ou a casa vai desabar no sábado de manhã. Nesse meio-tempo há três vacas olhando por cima da escada; estão esperando a ração. Há uma nebulosa na cabeça delas também, "Às quatro da tarde ganharemos ração." E para elas, bichos sortudos, nada acontecerá. Mas para mim há uma ampla gama de possibilidades humanas.

Se você nunca tentou não ter catapora, tente agora. Se nunca tentou não ter uma dor de cabeça por conta de Sibyl Colefax, tente agora. (Lembro, assustadoramente, que você disse que tomaria o chá com ela na sexta-feira.) Por favor tente com toda a força não deixar nada acontecer. Serei responsável por você depois que chegar — apenas chegue, por favor. (Vou avisá-la quanto aos trens amanhã.) Traga seu trabalho, não vou interromper. Quero tanto que seja feliz aqui. Queria, em certo sentido, que pudéssemos voltar o relógio em um ano. Gostaria de sobressaltar você de novo — mesmo que não soubesse então que você estava sobressaltada.

Carta de Virginia

Tavistock Square, 52
3 de dezembro

Não — não posso ir. Peguei eczema de Grizzle. Meu cabelo está saindo em tufos. Estou me coçando sem parar. Não seria seguro para você, ou, o que é mais importante, para os cachorrinhos. Pensarei em você: permita que isso nos sirva de consolo.

Tendo feito a piada — Sim, me aproximarei de Sevenoaks às 5.22.

É verdade que estou incrivelmente imunda; lavei a cabeça — o cabelo está solto — saia manchada, sapatos cheios de buracos — Tenha piedade de Virginia, arrastada esta tarde por Sibyl para conhecer Arnold Bennett, que me insultou por conta de uma coluna no *Standard* de ontem à noite.

Ah estou farta de tomar chá, jantar, ler, escrever e tudo, exceto de ver — bom *é* você, admito. Sim vai ser ótimo — vai sim: E você será muito gentil comigo?

Carta de Vita

Long Barn
8 de dezembro

Pinker e eu tentamos consolar uma à outra. Ela dorme na minha cama, e se agarra a mim como a única coisa relativamente familiar num mundo estranho e possivelmente hostil. Ela ficou contente de me ver quando voltei de Londres, mas ficou correndo ao redor e farejando em busca da sra. Woolf. Tive de explicar que a sra. Woolf mora em Londres, uma vida separada, um fato que era tão desagradável para mim quanto poderia ser para uma pequena spaniel, de modo que ela me adotou como substituta. Expliquei que todos sempre traem mais cedo ou mais tarde, e no geral passam alguém adiante para outra pessoa, e que a única coisa a fazer era extrair o melhor disso. Apresentei-a ao inseto, mas ele está um bocado assustado com ela porque ela põe a pata nele, então ele se afasta para sua residência legítima.

Portanto, no geral, é uma festa desconsolada em Long Barn.

Ah, mas foi um presente ter você aqui. Um presente imenso, ainda não superei. Queria poder pensar que você esteve metade feliz do que eu estive. Não que eu não me considere muito *legal, e muito boa para você, então veja que não há falsa modéstia da minha parte. Agora penso em Knole, assunto em relação ao qual estou preparada para me tornar bastante desagradável, simplesmente porque não acho que já tenha desejado tanto alguma coisa, e isso vai ser meu último presente antes de ir embora. Por um bom tempo. Você vai vir, não?*

Querida, você vai vir?

Carta de Virginia

Tavistock Square, 52
8 de dezembro

Queridíssima Vita,

(Bom, por que eu disse isso?) Sim, segunda-feira no início da tarde, 2.30. Por favor venha, e me banhe em serenidade de novo. Sim, eu estava total e completamente feliz [...]

Mas por que, querida sra. N., ilustre sra. N., insistir em Knole? Para me ver ridícula, o pó saindo, os grampos de cabelo caindo, e para não trocar nenhuma palavra privada entre nós?

Carta de Vita

Long Barn
11 de dezembro

Desastre ontem à noite: Pinker, num humor brincalhão, saltou na minha escrivaninha, virando o suporte de tinta, que verteu dois rios de tinta (um vermelho e outro azul) na parte de trás do sofá. Pippin ficou encharcada de tinta azul, a filhotinha de vermelha. Hoje Pippin parece um hematoma, a filhotinha um acidente. Você teria apreciado a cena. Espero que ela tenha voltado à cor normal no dia 1º de janeiro, quando você a terá de volta.

Ah, e você me telefonou. Gostei disso. Mas certamente você ia gostar de alimentar cervos com um balde? Posso lhe prometer alguns bons momentos em Knole — e quanto a não conversar em privado, por que, bobinha, ficaremos sozinhas o dia inteiro praticamente. Deixaremos o pó no lugar com [ilegível — papel danificado] e cadeados nos grampos.

Carta de Vita para Harold

Mount Street, 66
21 de dezembro

Meu bem, não há nada de errado. CADEADO. *Que "reservas" e "meias-verdades" você identificou nas minhas cartas? Não houve nada disso, lhe contei tudo dia a dia exatamente como se passou. Juro lhe contar ao primeiro sinal de "baralhada com Virginia". Meu queridíssimo, como você pode falar de reservas e meias-verdades quando lhe contei tudo a respeito do assunto? Até mesmo que dormi com ela, o que nunca precisaria ter lhe contado — mas quis que soubesse tudo o que aconteceu comigo enquanto você estava fora. (Se estivesse em casa eu talvez não lhe contasse.) Não há nada que eu não vá lhe contar que você queira saber. Sou absolutamente dedicada a ela, mas não estou apaixonada. Então é isso.*

Carta de Vita

Knole
25 de dezembro

Estou passando o Natal na cama com gripe. Bastante agradável. Estou quentinha — todo mundo chega parecendo azul de frio; uma atmosfera de jocosidade típica prevalece, estou certa disso, na sala de jantar — e estou dispensada dela. Pessoas gentis me trazem uvas. Tenho uma fotografia de Virginia — não uma fotografia muito boa — mas melhor do que nada. Estou deitada na cama, e olho o fogo no teto, e ouço um relógio bater, e penso em como vai ser delicioso quando você vier ficar aqui [...]

Sinto um bocado a sua falta, e estou contente por poder ansiar que você venha para cá ou senão ficaria de fato deprimida demais — Assim, fico deitada fazendo planos encantadores, toda acesa e radiante — a minha cama tem quase três metros de largura, e me sinto como *A Princesa e a Ervilha* — só que não há Ervilha. É uma cama de quatro colunas, coisa de que gosto. Venha ver por si mesma.

Carta de Virginia

Tavistock Square, 52
29 de dezembro

A única coisa é que não acho que Knole seja viável; pelo seguinte motivo: rasguei todas as minhas roupas nos espinhos do tojo, e não tenho como conseguir outras, e não poderia pedir ao seu mordomo para me aguardar, nem faria jus à dignidade das cartas se eu comesse atrás de um biombo, então não vejo como posso ir a Knole, toda esburacada, sem um grampo no cabelo ou uma meia no pé. Você ficaria envergonhada; diria coisas das quais se arrependeria.

Mas leia com cuidado o que vem a seguir. É o seguinte Estou indo para os Estados Unidos.

Bom isso é emocionante, não é?

30 de dezembro

O *Tribune*[45] me ofereceu passagens de graça, hospedagem em hotel e £120 para ir a Nova York por um mês na primavera e escrever 4 artigos. Eu disse que irei se conseguir arranjar tempo, e se não tiver muito trabalho [...]

Em parte estava brincando. Não me importo de ser deselegante, suja, maltrapilha, pertencer à classe média de nariz vermelho e todo o resto — é só uma questão de quando e como — quero ver você, eu quero — quero sim.

---

[45] *New York Herald Tribune*.

1927

Carta de Vita

Long Barn
2 de janeiro

Então você está indo para Rodmell na terça-feira. Muito bem: isso acarreta a consequência natural de eu aparecer amanhã (segunda-feira), e ir ao porão. Bem, nunca diga que não amo você. Quero terrivelmente ver você. Isso é tudo [...]

É hora de viver com Virginia ou voltar para a Ásia, e como não posso fazer a primeira coisa, preciso fazer a segunda. Estou me sentindo, veja, como uma pessoa que comeu doces demais [...]

Até amanhã, então, minha querida — e muito boazinha também. Você vai ser boazinha comigo, não vai? E vou ser boazinha com você. E vou organizar Knole. Farei você se decidir.

Carta de Vita

Long Barn
15 de janeiro

Você não tem ideia das intrigas que têm se desenrolado por aqui para garantir que você fique no quarto que eu queria que ficasse — como menti descaradamente, enfiei Olive [Rubens] em um quarto em que nunca ficou, tirei as roupas dela, corrompi a governanta, subornei *as empregadas. Você tem um efeito curioso de me deixar bastante inescrupulosa, de me transformar em uma espécie de Juggernaut*[46] *passando por obstáculos [...]*

Tenho uma adorável lua cheia (ou quase) para você — estava lá fora até agora olhando para o pátio; agora é meia-noite; gosto das ameias ao luar e da geada. Você vai ficar na terça-feira à noite, não vai? E a levarei de automóvel para Londres na quarta-feira de manhã. Lembre-se do tempo terrivelmente longo que vai se passar até eu ver você novamente [...]

Creio que eu consiga dar conta de existir até segunda-feira, mas não tenho certeza.

Diário de Virginia

23 de janeiro

Em Knole, Vita me levou pelos quase dois hectares de construção, que ela ama; pouquíssima beleza consciente para o meu gosto: quartos pequeninos dando para construções; nenhuma vista; e ainda assim uma ou duas coisas ficaram: Vita em seu vestido turco desfilando, acompanhada por menininhos, pela galeria, impelindo-os como um veleiro — uma espécie de grupelho da nobre vida inglesa: cães ladrando, crianças se aglomerando, tudo muito livre e imponente; e uma carroça trazendo madeira para ser cortada pela grande serra circular. Eles trouxeram madeira da área verde para reabastecer as enormes fogueiras assim durante séculos; e as ancestrais dela andaram da mesma forma pela neve com seus cães enormes saltando ao lado. Todos os séculos pareceram se iluminar, o passado expressivo, articulado; não emudecido e esquecido [...] Depois do chá, à procura das cartas de Dryden para me mostrar, ela deixou cair uma carta de amor de Lorde Dorset (do século dezessete) com uma mecha do seu cabelo macio com matiz

---

[46] Termo do inglês, surgido em meados do século XIX, para denotar força implacável. [N. T.]

dourado que segurei na mão por um momento. Tem-se a sensação de que elos geralmente submersos foram trazidos à luz.

Carta de Vita

Ebury Street, 182
28 de janeiro

Amada Virginia, uma última despedida antes de eu ir. Sinto-me dilacerada em mil pedaços — é sangrento — não consigo expressar o quanto odeio deixar você. Não sei como seguirei em frente sem você — na verdade sinto que não sou capaz — você se tornou tão essencial para mim. Abençoada seja por toda a felicidade que me trouxe. Vou escrever no trem. Abençoada seja, minha querida, minha adorável Virginia.

Sua Vita

Tantas eras até que eu tenha notícias suas também! Por favor escreva logo pelo correio — imediatamente na verdade — não suporto esperar muito por uma palavra sua. Por favor, por favor.

[A lápis] Ponha "amada" quando escrever —

Carta de Vita

Londres-Dover
28 de janeiro

Minha querida, está sacolejando tanto que mal consigo escrever, estamos cruzando meus bosques — (ver Passenger to Teheran, *cap. 2. passim). Tão estranho sentir todas as mesmas emoções repetidas depois de um intervalo de um ano — mas ah, é pior quando você está preocupada. Realmente praguejo e amaldiçoo o sofrimento — e ainda assim não ficaria sem isso por nada no mundo — me lembrarei de você parada com seu avental azul e acenando. Ah maldição, Virginia, queria não amar tanto você. Mas não, não queria; isso não é verdade. Estou contente por amar. Não sei o que lhe dizer exceto que meu coração se fez em pedacinhos dizendo adeus* a você — estou grata por ter tido, ontem, um verdadeiro presente dos Deuses — Ah minha querida você tem me feito *tão feliz*, e a abençoo por isso — e não devo me queixar agora — devo? Mas realmente me sinto infeliz — Você não vai conseguir ler esta carta — mandei-lhe um telegrama de Victoria —

Carta de Vita

Perto de Hanover
29 de janeiro

Minha querida

Esperava acordar menos deprimida esta manhã, mas não acordei [...] A monotonia horrível da Vestfália tornou tudo pior: cidades industriais, montes de escória, país insípido e alguns trechos de neve suja [...]

Por que você não está comigo? Ah, por quê? Quero você tão assustadoramente.

A única coisa que me dá um pouco de prazer é a roupa do Leigh.[47] Ele comprou um casaco curto de pele de carneiro, com o qual ele evidentemente acha que parece um pastor húngaro, mas os óculos de aro de tartaruga e uns calções de golfe bem espalhafatosos arruínam o efeito. Dottie por outro lado apareceu em um casaco de pele muito comprido, abaixo dos tornozelos, tão grosso a ponto de deixá-la um bocado redonda; ela *parece um grão-duque russo*. Estamos todos um tanto rabugentos; e discutimos a respeito de bagagem. Quero mais do que nunca viajar com você; isso se mostra agora o ápice do meu desejo, e entro em desespero me perguntando como isso será algum dia concretizado. Você acha que consegue? Ah minha adorável Virginia, é assustador o quanto sinto sua falta, e tudo o que todo mundo diz parece insípido e idiota.

Espero cada vez mais que você não vá para os Estados Unidos, tenho certeza de que será muito cansativo para você, e de

---

[47] Leigh Ashton, historiador da arte britânico.

qualquer forma tenho certeza de que você não ia gostar. Venha a Beirute em vez disso??

Então nos lançamos juntos pela Alemanha, e é muito maçante — É claro que não perdi meu entusiasmo por viajar? Não, não é isso; é simplesmente que quero estar com você e não com qualquer outra pessoa — Mas você ficará entediada se eu continuar dizendo isso, só que isso fica voltando e voltando até escorrer da minha caneta — Você se dá conta de que vou ter de esperar mais de quinze dias até poder ter notícias suas? Pobrezinha de mim. Não pensei nisso antes de partir, mas agora isso se agiganta de forma horrível. O que não pode acontecer com você no decorrer de quinze dias? Você pode ficar doente, se apaixonar, Deus sabe o quê.

Trabalharei duro, em parte para agradar a você, em parte para agradar a mim mesma, em parte para fazer o tempo passar e ter algo para mostrar. Guardo seu discurso repentino sobre literatura ontem pela manhã — para mim uma despedida, um pouco como Polônio com Laerte. É bem verdade que você me influenciou infinitamente mais intelectualmente do que qualquer outra pessoa, e só por isso amo você [...]

Sim, minha queridíssima Virginia, eu estava em uma encruzilhada quando a conheci, assim:

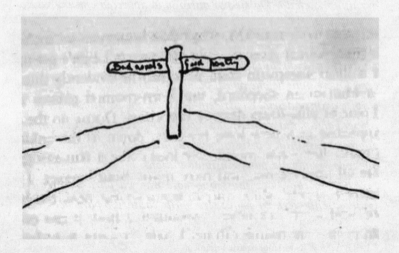

Você gosta que eu escreva bem, não é? E eu odeio escrever mal — e ter escrito tão mal no passado. Mas agora, como a Rainha Victoria, vou fazer direito.

Inferno! Queria que você estivesse aqui — As feras estão ficando impacientes. Envie-me qualquer coisa que escrever nos jornais, e envie "Sobre a leitura". Por favor. Espero que receba minhas cartas depressa e sempre. Diga-me se eu escrever com muita frequência. Amo você.

Carta de Vita

Moscou
31 de janeiro

Tentei escrever para você no trem, mas estava sacolejando tanto que desisti em desespero. Ah, minha cabeça está um turbilhão: pequenos trechos de neve na Alemanha, mais neve na Polônia, pura neve na Rússia. Bosques escuros de abetos carregados de neve; camponeses com peles de carneiro; trenós; rios verdes e glaucos imobilizados em gelo. Tudo muito bonito, de uma melancolia infinita. Imagine viver neste país, sentindo que você é apenas um pontinho preto em meio à brancura monótona que se estende até a China. E então Moscou, com os telhados dourados, verdes, vermelhos e azuis acima da neve; e a bandeira soviética escarlate, iluminada por baixo à noite como as colunas da Selfridges, flutuando sobre o Kremlin; e todo o tráfego indo e vindo sobre o rio congelado como se fosse uma estrada; e trenós por toda parte, e cocheiros enfiados na palha. Fui ver Lênin hoje à noite. Ele jaz embalsamado num túmulo escarlate logo abaixo da bandeira vermelha, e a multidão anda em volta de sua caixa de vidro em duplas. Uma mulher teve uma crise histérica logo atrás de mim; gritava como um animal; soluçava; gritava de novo; ninguém deu a mínima importância — E ah meu Deus, há um jantar para vinte e duas pessoas esta noite — e eu esbarrei em Denys Trefusis no saguão[48] — e ele

---

[48] Denys Trefusis, marido de Violet Trefusis (com quem Vita fugiu para a França em 1920).

vem para o jantar? E serei colocada em um lugar ao lado dele? E então vai haver um concerto — quando a única coisa que quero é cama e dormir. Quase lhe mandei um telegrama, mas pensei que você ia achar bobo; eu o tinha escrito, e então o rasguei. Você teria achado bobo? Ou ficado contente? E você sabe onde estou, me pergunto, ou perdeu as contas? São sete horas aqui, mas só cinco em Londres — então você está recebendo Sibyl para o chá neste momento, em vez de mim, e ela não vai se sentar no chão ou dizer minha adorável Virginia, e você não vai bagunçar o cabelo dela — e não vai ser nem de longe tão agradável. Espero que sinta a minha falta, ainda que dificilmente fosse capaz (mesmo em nome da vaidade) de desejar que sinta tanto a minha falta quanto sinto a sua, pois isso dói demais, mas o que espero é ter deixado algum tipo de espacinho em branco que não será preenchido até eu voltar. Guardo rancor de você por me estragar para a companhia de todas as outras pessoas, é muito ruim —

Ah céus, preciso me vestir para esse jantar triplamente infernal, quando tudo o que quero é continuar escrevendo para você. E como fico brava porque você não está aqui, e sofro por você o tempo inteiro — maldição — não melhora com a distância ou o tempo — e já consigo antecipar que não vai melhorar — Nem receberei uma palavra sua por muito tempo — ah maldição, maldição, maldição — Você ficaria contente se soubesse o quanto me importei —

Carta de Virginia

Tavistock Square, 52
31 de janeiro

Minha querida Amada,
    Foi ótimo receber seu telegrama e suas cartas — escreva tantas quanto puder. Isso dá à pessoa um estímulo. A única coisa boa que me aconteceu foi que no momento em que você partiu me envolvi numa série de telefonemas, bilhetes e cenas

com Clive e Mary,[49] todas bem sentimentais e que me deixaram tão irritada, tão acabada, tão exacerbada que só conseguia pensar em você como uma pessoa muito distante e linda e calma. Um farol em águas límpidas [...] Clive oferecendo jantares com champanhe para Mary. Achei divertido pensar em como algumas das acusações que Mary fez contra mim deixariam você irritada — Deus, se você estivesse aqui, quanta diversão nós teríamos.

Mas o melhor de tudo é que tenho me mantido muito ocupada o tempo todo: então tenho andado inquieta e dispersa; é como tomar soníferos: faço o melhor possível para deixar de pensar em você [...]

Sabe que é uma coisa ótima ser um eunuco como eu: não saber qual é o lado certo de uma saia: as mulheres confiam em um. Tolda-se a fúria do sexo; e então todos os veios e marmoreios, que, entre as mulheres, são tão fascinantes, se revelam. Aqui da minha caverna vejo um bocado de coisas que vocês beldades resplandecentes tornam invisível com a luz da própria glória.

Não: não vou para os Estados Unidos. Eles escrevem que vão me levar a jantares, mas não vão, aparentemente, pagar minhas estadias no hotel. Então o custo envolveria todos os meus ganhos, e acho que podemos desistir e ir para a Grécia.

Eu *não* peguei uma gripe, mas é como ter pegado uma gripe, me sentar aqui e escrever para você e tudo o mais aos trambolhões. Sinto-me distraída e sem rumo por alguma razão [...] E então você estando longe — fico à mercê das pessoas, dos humores, me sinto sozinha, como uma coisinha digna de pena que não consegue verbalizar seus desejos. Como você me desmoralizou. Já fui uma mulher íntegra e vigorosa. E então não estar escrevendo romances: esse jornalismo é um negócio tão minguado, e de esforço arrastado, e continuo abrindo a

---

[49] Clive Bell e Mary Hutchinson.

tampa e olhando o interior da minha mente para ver se algum peixe lento não está vindo à tona ali — algum livro novo. Não: nada por enquanto.

Carta de Virginia

Tavistock Square, 52
5 de fevereiro

Queridíssima Amada,

Nenhuma carta desde que você estava disparando pela neve na Vestfália — ou seja, nada desde segunda-feira. Espero que isso não signifique que você foi devorada por bandidos, destruída, feita em pedacinhos. Isso me deixa um tanto triste. Fica cada vez pior — você estar longe. Todos os soníferos e irritações desapareceram um a um, e estou me habituando a desejar você obstinada, triste e fielmente — espero que isso a agrade. É absurdamente desagradável para mim. Posso lhe garantir. Tinha uma espécie de ideia de que iria trapacear e meter a cabeça num buraco e não pensar em nada. Mas não vai funcionar — nem um pouquinho. Quero você neste sábado mais do que no anterior e assim vai continuar.

Fico sentada perto do aquecedor no meu quarto sórdido. Por que não consigo escrever a não ser em quartos sórdidos? Não creio que conseguiria escrever uma palavra em seu quarto em Long Barn. Móveis em que as pessoas consigam se sentar implicam pessoas, e quero solidão completa — isso está no fundo da minha mente, e então fico mais e mais sórdida. *A viagem* foi escrito em relativo esplendor — uma empregada, tapetes, fogo; *Ao farol* foi escrito — como você sabe. Então o próximo livro vai requerer um barracão. Isso se ajusta ao meu humor no momento. Já dei as costas às festas, me enfiei em um buraco úmido e sombrio, onde não faço nada além de ler e escrever. Essa é minha temporada de hibernação.

Carta de Virginia

Tavistock Square, 52
8 de fevereiro

Sim sim sim eu gosto de você. Tenho medo de escrever a palavra mais forte.

Sua Virginia

Carta de Vita

Teerã
9 de fevereiro
No instante em que tínhamos chegado começamos a falar em como voltar. Num instante nossa expedição pela montanha pareceu em perigo, mas agora se restabeleceu; em outro instante pareceu que devíamos retornar via Constantinopla e Atenas, de barco, neste caso concebi a ideia vertiginosa de encontrar você lá; mas agora isso foi descartado. Você teria concordado com esse plano (sempre supondo que vai para a Grécia e não para os Estados Unidos), teria subido a bordo em Pireu e me encontrado esperando por você no passadiço? Então teríamos retornado juntas pelos mares gregos, o que acho que teria perturbado por completo minha razão. A Grécia, com você — em maio.

Deus, as pessoas daqui! Ainda estão falando das mesmas coisas de quando fui embora, porém agora me têm como nova vítima, "Alors, chère amie, vous avez fait bon voyage?" "Etes-vous contente, chère madame, de vous retrouver a Teheran?" E devo me comportar tão lindamente, e responder a tudo isso como se fosse a coisa mais importante do mundo [...] Mas, querida amada Virginia, não consigo acreditar que fui feita para a carreira diplomática. Harold infelizmente parece pensar que ele foi. Esta é uma teoria que conto com você para eliminar.

Mas o que é realmente esquisito é que esteja sentada novamente à mesma mesa, com o sol se derramando através dos plátanos, escrevendo para você como costumava fazer no ano passado, e com aquela sensação indefesa de impotência, sendo viajar, como você

sabe, o mais pessoal dos prazeres. E seu escritório parece muito mais real, e você acenando nos degraus da entrada. Ah, como gostaria que você me explicasse a vida, assim eu poderia olhá-la de frente e olhá-la por inteiro, ou qualquer que seja a citação. Acho isso cada vez mais intrigante à medida que envelheço [...]
Como me deixa contente que você exista.

Diário de Virginia

12 de fevereiro

Mas estou me esquecendo, depois de três dias, do evento mais importante da minha vida depois do casamento — assim Clive o descreveu. O sr. Cizec cortou meu cabelo. Estou de cabelos curtos para o resto da vida. Não tendo mais, creio, nenhuma pretensão à beleza, a mera conveniência já torna a coisa desejável. Toda manhã eu vou e pego a escova e torço aquela velha mecha no dedo e prendo com grampos e então, com um sobressalto de alegria, não, não preciso. Metade dos terrores dos jantares desaparecem.

De resto — foi uma espécie de outono alegre e tropical, com um bocado de Vita e Knole e dias de ausência: estávamos quem sabe um pouco menos aferrados ao trabalho e à editora. Mas agora com Nessa longe, Clive longe, Duncan longe, Vita longe, começa o período intenso: estou escrevendo em um ótimo ritmo; significa ganhar todo o dinheiro que desejamos para a Grécia e um automóvel.

Carta de Virginia

Tavistock Square, 52
16 de fevereiro

Você percebe o quanto sou dedicada a você, do mesmo jeito? Não há nada que não faria por você, queridíssima Amada. É verdade, na outra noite tomei uma taça a mais. Porém é culpa sua — aquele vinho espanhol. Fiquei um pouquinho tonta. E então Bobo Mayor[50] é uma grande sedutora à sua maneira. Ela tem sangue cigano: é um tanto violenta e bastante colorida, sinuosa também, com um corpo flexível e mãos delgadas; todas as coisas de que gosto. Então, estando um pouquinho tonta por volta da meia-noite, deixei que fosse em frente.

Ela cortou meu cabelo. Estou com um corte chanel. Assim sendo — e vai ficar bom em um mês ou dois, o cabeleireiro diz — fadado a ser um pouco irregular no início — vamos falar das outras coisas. Acabou; estão na tina da cozinha: meus grampos de cabelo foram oferecidos como muletas em St. Andrew, Holborn, no altar-mor.

[...] Você bagunçará meu cabelo em maio, Amada: está tão curto quanto o traseiro de uma perdiz.

Carta de Virginia

Tavistock Square, 52
18 de fevereiro

Doçura amada,

Sim desejo você cada vez mais. Sei que você vai gostar de me imaginar infeliz. Bem, pode imaginar [...]

Ainda estamos falando, você vai gostar e saber, de amor e sodomia [...]

Então Morgan [E. M. Forster] diz que concluiu que uma pessoa passa 3 horas comendo, 6 dormindo, 4 trabalhando e 2 amando. Lytton [Strachey] diz 10 amando. Digo o dia inteiro amando. Digo que é ver as coisas através de um matiz roxo. Mas você nunca se apaixonou eles dizem.

---
[50] Beatrice Mayor (nascida Meinertzhagen), poeta, romancista e dramaturga.

Carta de Vita

Teerã
19 de fevereiro

Virginia, ouça. Nós vamos voltar pela Grécia. ("Nós" significa Harold e eu, já que Dottie está indo para casa antes.) Chegamos a Pireu na quinta-feira dia 28 de abril, e partimos de novo no mesmo dia para Trieste no Lloyd Triestino. *Bem, se você for para a Grécia, imagino que volte mais ou menos no mesmo período? Por que não transformar isso exatamente no mesmo período? Por que não transformar, de fato, no mesmo navio?*

Escrevo isso dessa maneira prática e meio burocrática, deixando para sua imaginação reconstruir o que significaria para mim se visse você subindo aquele passadiço; espero, também, que signifique algo para você — ainda que com uma pedra de gelo seja difícil saber com certeza. Harold disse que não há nada de que ele gostaria mais, então deixe de bobagem quanto a isso *— e não nos faça, ah suplico a você, não nos faça perder uma chance dessas por qualquer trapalhada ou desorganização da sua parte. É um bom rendez-vous, você há de convir: me encontrar em Atenas no dia 28 ao amanhecer.*

Carta de Virginia

Tavistock Square, 52
21 de fevereiro

Você vai ficar contente de ouvir que piora, piora cada vez mais. Hoje é o dia em que eu deveria sair trotando para comprar seu pão e ficar de olho nas suas pernas brancas — não as da viúva Cartwright — descendo os degraus do porão. Em vez disso você está nas alturas da Pérsia, cavalgando uma égua árabe, ouso dizer, rumo a algum jardim deserto e colhendo tulipas amarelas.

Meu consolo é o quê? Jantar com Ethel Sands [...] e corrigir arduamente dois conjuntos de provas. Minha nossa, como você vai detestar esse livro![51] Você vai, honestamente — Ah mas você não deve lê-lo. É um fantasma entre nós. Se é bom ou ruim, nada sei: estou atordoada, estou entediada, estou extremamente farta: continuo riscando vírgulas e colocando ponto e vírgula em estado de pétreo desânimo. Suponho que possa haver meio parágrafo em algum lugar que valha a pena ler: mas duvido.

Carta de Vita

Teerã
23 de fevereiro
Ontem chegou o correio russo; pelo menos chegou metade, já que os persas são incapazes de entregar o correio completo de uma só vez, e nos consideram os mais irracionais por esperar que o façam, de modo que ele chega a conta-gotas, fracionado às vezes ao longo de três dias; mas foi a metade certa que chegou ontem, pois continha uma carta (uma boa carta, uma carta de quem sente minha falta) sua [...] [52]

Sonhei muito vividamente, tendo lido sua carta, sobre como teria sido trazer você para cá. Você teria ficado muito cansada no caminho? Gosta de viajar? É o tipo de viajante que diz com frequência, "Ah veja só!"? Ou acha que as coisas estão ali e pronto? Do que mais ia gostar aqui? Você se entretém tanto com as pessoas — apenas como seres humanos — que não resta energia para os lugares? Como seria ter você sentada no quarto agora? As pessoas se tornam tão diferentes no instante em que são retiradas do próprio entorno — não importa o quanto as conheça bem, você descobre que não as conhece a ponto de ser capaz de prever como vão reagir [...] Nunca me permiti me entregar a essas especulações a seu respeito no ano passado — era muito doloroso e me fazia ansiar demais por você — e por que me diga eu me entrego este ano? Bem, por duas

---
[51] *Ao farol.*
[52] A carta de Virginia de 5 de fevereiro de 1927.

razões, 1) há a chance de encontrar você em Atenas, e 2) há aquele seu plano da Itália em outubro [...]

Ainda não encontrei um casaco para você, embora tenha procurado. Acredito que Isfahan será o melhor lugar, e é mais divertido ter um de lá. Ou de Xiraz [...]

Sim, estou contente que você sinta minha falta, mesmo que isso seja "absurdamente desagradável". Pela sua primeira carta achei que você não sentisse nem um pouco minha falta, e fiquei triste com isso. Agora estou toda satisfeita de novo. A pessoa não é egoísta? Mas passo por isso também, sabe — isso de sentir sua falta, e de querer você — então sei exatamente o quanto isso é absurdamente desagradável, e provavelmente sei melhor do que você.

Carta de Vita

Teerã
4 de março

Tenho um jogo com o qual me entretenho totalmente sozinha. Consiste em encontrar, e reunir, os fragmentos dispersos do mundo de Virginia. Veja, este mundo certa vez foi inteiro e completo, e então um dia algum cataclismo interno o explodiu em pedacinhos, como o planeta que explodiu no que agora são os asteroides. (Há um pequeno asteroide, chamado Ceres, acho, um de seis quilômetros de comprimento, do mesmo tamanho do principado de Mônaco, no qual pensei várias vezes que gostaria de morar, girando num estado de solidão em volta do sol. Seria ainda melhor do que minha ilha nos Mares do Sul. Você sabia que eu tinha uma ilha nos Mares do Sul? Há uma bananeira nela. Mas tenho de lhe falar mais do mundo de Virginia, e deixe os Mares do Sul para lá.)

Bem, o mundo de Virginia era, então, inteiro e completo, de modo que é bastante fácil identificar os fragmentos quando a pessoa se depara com eles. Um fragmento foi impelido até as cavernas em Cheddar, como você sabe, e outro fragmento foi lançado no palácio do xá em Teerã. Esse fragmento era feito inteiramente de *espelho. Partes dele voaram e se achataram contra o teto de um salão; partes dele se dispuseram em torno das paredes em forma de rodapé. A parte do teto, é claro, refletia tudo de cabeça para baixo; não apenas o salão, o tapete e a mobília, mas também os dignitários que estavam andando pelo chão ou sentados nas cadeiras; até mesmo o próprio Rei dos Reis; todos eram fielmente refletidos, de cabeça para baixo, encurtados, atarracados, absurdos. A parte do rodapé também se divertiu muito. Refletia as pernas das pessoas até a metade das panturrilhas quando passavam por ali — pés grandes, pés pequenos, pés achatados, pés arqueados, pernas finas, pernas gordas. Mas não ia ficar satisfeita em fazer apenas isso — não ela. Ela veio, lembre-se, do mundo de Virginia, e portanto era travessa, rude, irreverente, zombando tanto de grão-vizires quanto de damas europeias. Então se arranjou de modo a refletir o chão subindo ou descendo, ou simplesmente numa inclinação, de modo que os pés subiam um penhasco ou desciam um precipício de carpete ou se agarravam nas laterais como uma mosca, por toda a extensão do salão, até o Trono do Pavão que fica no fundo, e virando a esquina para a Cama da Esposa de Fath 'Ali Shah, que é incrustada de joias, e que tem em sua cabeceira um dispositivo parecido com um relógio, com ponteiros de joias, e o tique-taque mais alto que você já ouviu — uma verdadeira piada de tique-taque — projetada para evitar que os ocupantes adormeçam em momentos inoportunos. Um excelente dispositivo, pensei, e que traria vantagens se fosse adotado pelos srs. Heal.*

Então houve outros fragmentos de espelho do mundo dilacerado de Virginia, que se arranjaram em um padrão facetado em uma alcova, de modo a refletir apenas uma parte de rosto a cada momento — um nariz, um olho, um queixo — infinitamente repetida quando alguém olhava para cima.

Uma grande diversão essa, e me entretive muito naquela tarde.

De fato há um bocado de coisas com as quais a pessoa pode se divertir. Há, por exemplo, a história do clérigo que recentemente foi despojado de tudo o que possuía por ladrões na estrada, com exceção de uma peça de roupa, que permitiram que ele conservasse diante do apelo de que não seria adequado um homem de Deus entrar em Xiraz (para onde ele estava viajando) completamente nu. Essa única peça de roupa, porém, calhava de ser uma casaca. O clérigo, depois de certa perplexidade, resolveu a dificuldade pondo-a ao contrário, e fez sua entrada em Xiraz nesses trajes.

Sim, há muita coisa com a qual a pessoa pode se divertir um tantinho, porém anseio por Virginia e, para piorar tudo, (1) o correio russo está agora enlouquecido há duas semanas, e (2) nossa mala, que deveria ter chegado ontem, perdeu o avião e só chegará aqui dentro de quinze dias inteiros. Isso significa que não recebo cartas. Que por muito tempo não saberei se você definitivamente está indo para a Grécia. Que nem mesmo saberei se me esqueceu ou não. Que não saberei se está bem. Tudo isso é abominável [...]

Como seria bom, não é, sair um pouquinho da rotina dos próprios pensamentos; alterar toda a forma da mente; adentrar subitamente uma paisagem mental tão diferente quanto a paisagem da Ásia Central é daquela de Kent.

Nesse meio-tempo ficaria feliz se pudesse receber outra carta sua, mas não tenho esperança de receber uma durante pelo menos uma semana. Malditos serviços postais incompetentes. É desesperador pensar que nossas malas postais jazem em algum lugar numa pilha, não sendo de qualquer utilidade para ninguém, quando as queremos tanto. Ou pelo menos eu quero.

Carta de Vita

Teerã
11 de março
Os serviços postais estão todos desregulados e enlouquecidos; pinga um Daily Mail *desgarrado, e então um romance de detetive para Harold, e então uma carta para mim postada no dia 30 de jan., mas não vem nenhum grande maço satisfatório de cartas como deveria vir. Quanto à nossa mala perdida do Ministério das*

Relações Exteriores, ainda não apareceu. E não tenho notícias da minha mãe há quatro semanas! Então sabe-se lá quando esta carta chegará a você.

Mas, pelo menos, em meio ao pinga-pinga do correio russo, há uma carta sua de 16 de fevereiro. Deduzo de evidências internas que uma está faltando — virá na mala na semana que vem, espero.[53]

Mas você realmente está de cabelo chanel? É verdade? Ah querida, se eu gosto disso? Acho que preferia os grampos despencando, aquela cascatinha alegre que costumava tilintar no seu prato. Mas Mary [Hutchinson] diz que você ficou bem de cabelo chanel, não? E Mary deve saber. Isso faz você surgir totalmente errada na minha cabeça, e a fotografia sua em Knole não corresponde mais à verdade, o que me aborrece [...]

Você sabia que meu tempo em Teerã está chegando ao fim? Toda noite, enquanto ando pelo complexo e ergo os olhos para as estrelas em meio aos plátanos, me pergunto se algum dia verei Teerã de novo. Todo mundo me pergunta se vamos voltar. Digo, "Até onde eu sei." Mas isso é só discrição oficial: não consigo acreditar que as espadas e as meias de seda vão exercer seu encanto por muito mais tempo. Nesse meio-tempo, permaneço sabiamente em silêncio, observando uma luta sendo travada em Harold e sabendo que uma palavra mal colocada muitas vezes faz as pessoas voltarem atrás [...]

Venho comprando, em grandes quantidades, as mais adoráveis cerâmicas persas: tigelas e fragmentos, verdes opacos e azuis lustrosos, sobre os quais padrões, figuras, camelos, ciprestes e escritas se dispõem de forma elusiva e fragmentária. Como vou levar todos para casa Deus é quem sabe. No momento ficam em volta do quarto, criando uma vida esmaecida e romântica de séculos esquecidos. É como olhar para uma piscina e ver, bem lá no fundo, um reflexo tênue. Elaboro todo tipo de histórias a respeito deles [...]

Ah Deus, queria estar indo para a Grécia com você, Leonard é um sortudo, um sortudo. Por favor deseje que eu estivesse aí.

---

[53] As cartas de Virginia de 16, 18 e 21 de fevereiro chegariam nessa altura.

Por favor sinta minha falta. Você diz que sente. Fico infinitamente feliz de imaginar que sente, embora não consiga imaginar por que sente, com a vida emocionante que leva — os aposentos de Clive, e falar de livros e amor, e então a editora, e a livraria, e poetas de olhos arregalados se apressando com manuscritos e todo o resto.

Porém estou indo para Xiraz, é verdade. Seria o paraíso se não quisesse tanto Virginia. Porém, da próxima vez que viajar para o exterior será, deverá ser, terá de ser, com você.

PS Realmente acho admirável como mantenho meus compromissos. Disse que estaria de volta no dia 10 de maio, e aqui estou, chegando em Londres às 11.50 do dia nove, com dez minutos de folga. É como o sujeito de Júlio Verne que deu a volta ao mundo em oitenta dias, e que se esqueceu de desligar o gás do apartamento.

Diário de Virginia

14 de março

Irritada por não ter recebido notícias da Vita nessa remessa nem na da semana passada, irritada num sentido sentimental, e em parte por vaidade.

Carta de Vita

Teerã
20 de março

Correio vai em meia hora — muita pressa — amada Virginia — então isso é só para lhe dizer que agora não vamos para Atenas de forma alguma — não conseguimos pegar o navio italiano — mas vamos direto para Marselha — chegando a Londres na noite de 5 de maio — alguns dias mais cedo em relação ao outro plano [...]

A mala aqui — recebi duas cartas suas — mas tarde demais para responder nessa remessa. Mandarei uma longa carta na mala do sábado — Deus, aqui está o homem para pegar as cartas.

Carta de Virginia

Tavistock Square, 52
23 de março

Você está bem? Gostou do passeio? [...] Daria tudo para saber. Mas o pior é que estou escrevendo antes de você sair de Teerã, acho. O que finjo que é passado está no futuro. E ainda assim para você, que está lendo isso, aquilo já ficou para trás. Tudo muito confuso, e rezo a Deus para nunca mais ter de escrever para você na Pérsia.

Como você riria ao me ver estirada e comatosa me recuperando de dois dias de febre alta — tudo devido às vacinas, e aos meus princípios — sei que mereço. Insisti com você de forma tão leviana — a pouca pena que tive de você — e agora você vai rir de mim. Como gostaria que você entrasse no quarto neste momento, e risse o quanto quisesse.

Por que penso em você tão incessantemente, por que a vejo com tanta clareza no momento em que sinto o menor desconforto? Um elemento estranho na nossa amizade. Como uma criança, acho que, se você estivesse aqui, eu ficaria feliz.

Carta de Vita

Persépolis
30 de março
Dirigi um automóvel por quase mil e seiscentos quilômetros de Pérsia na última semana. Estou suja, queimada de sol, bem. Acordamos com os primeiros raios de sol toda manhã e vamos para a cama (no chão) às 8.30. Dormimos em cabanas em ruínas; fizemos fogueiras com madeira de romã e esterco seco de camelo; cozinhamos ovos; perdemos toda a noção de civilização; voltamos ao estado primitivo em que se pensa apenas em comida, água e sono. Mas não pense que não temos nada a não ser água para beber; não, de fato; carregamos metade de um garrafão cheio de vinho Shiraz, e, embora possamos nos livrar das camas (o que fizemos no primeiro dia, quando nosso carrinho de

bagagens Ford quebrou e enchemos a rua de um vilarejo persa com camisas e bules de chá), o garrafão nós não descartamos. Acordamos ao amanhecer, viajamos de automóvel o dia todo cruzando planícies e desfiladeiros, pisando fundo, e quando a noite cai despontamos em um lugar ou outro, montamos o pequeno acampamento reduzido e adormecemos. Uma vida muito boa, Virginia. E agora (pois me desloquei desde o início desta carta em Persépolis) vi Xiraz, um lugar absurdamente romântico, e passei de novo por Sivand, e dormi lá, um vale cheio de flores de pessegueiro e crianças negras, e voltei para Isfahan, onde o correio nos esperava, e uma carta sua. (Mas antes de eu respondê-la, não imagine, por favor, que esta vida de flanar livre e desimpedida pela Pérsia seja em algum sentido uma vida romântica; não é; a noção de que alguém escapa do materialismo é uma noção equivocada; ao contrário, a preocupação da manhã à noite é: Cozinhamos os ovos por tempo suficiente? Sobrou bromo o suficiente? Quem lavou os pratos hoje de manhã, porque eu é que não fui? Quem guardou o abridor de latas, porque se ninguém guardou, ele foi perdido? Longe de encontrar uma libertação do espírito, a pessoa se torna escrava do prático —

Mas enfim, minha querida, encontrei uma carta sua. Lá estava (agora desempacotei o tinteiro e reabasteci a caneta). Chegamos ao final do desfiladeiro e descemos por Isfahan com suas cúpulas azuis, e lá no Consulado estava nossa mala postal cheia de cartas. Você não estava mais indo para a Grécia, mas para Roma. Você não vai gostar de Roma, com suas linhas de bonde ruidosas, mas vai gostar de Campagna. Por favor, saia em Campagna tanto quanto possível, e deixe as frases coincidirem com as nuvens lá, e pense em mim. Acabei de jantar com um jovem persa — ele está apaixonado por mim — uma criatura tão boa — o conheci ano passado — canta poesia persa tão lindamente — Esta carta é interrompida o tempo todo, mas amo você, Virginia — então pronto — e suas cartas tornam tudo pior — Está satisfeita? Quero voltar para casa, para você — Por favor, quando estiver no sul, pense em mim, e no quanto seria divertido, no quanto será divertido, se você for fiel a *seu plano de ir para o exterior comigo em outubro — sol e cafés o dia inteiro e ? a noite inteira. Minha querida [...] por favor, faça esse plano dar certo.*

Vivo por ele [...]

Que garatujas. À luz de velas. O automóvel parte às 4 amanhã de manhã para Teerã. Estou em um estado de animação estranho — em grande parte por conta da sua carta — sempre fico devastada quando recebo notícias suas. Deus, amo você. Você diz que não faço elogios. Achei graça. Quando acordo no amanhecer da Pérsia, digo a mim mesma, "Virginia... Virginia..."

O leitor comum *estava no meu quarto em Xiraz — isso me deixou chocada.*

Veja [...] você irá a Long Barn, não irá? Assim que eu voltar? Se eu prometer voltar sã e salva? Vou ser mais carinhosa com você do que jamais fui na minha vida —

Carta de Virginia

Cassis, França
5 de abril

Eu estava bastante abalada — Clive recebeu uma longa carta de Harold, e eu nenhuma sua. Por alguma razão inescrutável, depois de 4 dias chegaram duas suas e uma de Dottie. Isso amenizou minha raiva, que ameaçava transformar nossa jornada em uma peregrinação de desespero hostil e amarga. Eu estava muito infeliz [...]

Por favor querida amada volte em segurança. Teremos um verão alegre: uma noite quem sabe em Long Barn: outra em Rodmell: Escreveremos algumas belas linhas de prosa e poesia: passearemos pelo Haymarket. Não jantaremos em Argyll House. Roncaremos.

1. Virginia está completamente arruinada pelo cabelo chanel.

2. Virginia está completamente embelezada pelo cabelo chanel.
3. O chanel de Virginia é totalmente imperceptível.

Estas são as três escolas de pensamento no que diz respeito a esse assunto importante.

Comprei uma mecha de cabelo ondulado, que prendo com um gancho. Ela cai na sopa, e é pescada com um garfo.

Você está bem?

Carta de Vita

Long Barn
5 de maio

É maravilhoso *estar realmente na Inglaterra. Passei por Cassis ontem! Ansiando por ver Clive.*

Querida, querida Virginia, ainda não acredito totalmente que vou vê-la amanhã.

Carta de Vita

Long Barn
10 de maio

Por mais que ame Clive (e tenho uma afeição verdadeira pelo camaradinha fanfarrão) prefiro ficar a sós com você. Estava irritada e de mau humor [...]

Ah, querida! É bacana estar de volta, e ver você. Porém maldito Clive. Velho e querido Clive.

Acabei de comprar duas cabras. Elas me fazem lembrar da Pérsia.

Diário de Virginia

11 de maio

Vita voltou; igual, embora eu ouse dizer que as relações de uma pessoa mudem de um dia para o outro.

Carta de Vita

Long Barn
12 de maio

O relógio parece ter voltado um ano, pois estou sentada sozinha depois do jantar. Harold está em Londres, mas tão arraigado é o hábito em mim que penso que ele está na Pérsia. Mas tudo está reduzido a uma névoa por conta do seu livro do qual acabei de ler as últimas palavras, e que é a única coisa que parece real. Só posso dizer que estou deslumbrada e enfeitiçada. Como você fez isso? Como andou por aquele fio de navalha sem cair? Por que disse algo tão bobo quanto que eu "não ia gostar dele"? Porém você não pode ter falado sério.

Querida, o livro me deixou com medo de você. Com medo de sua penetração e encanto e genialidade.

O jantar é talvez a parte de que gosto mais. E então a casa abandonada, e a passagem do tempo, que deve ter sido tão difícil de conduzir e com a qual você teve sucesso absoluto. E trechos estranhos, como o xale em cima do crânio, e uma frase sobre a unidade das coisas na página 101 — ah, e centenas de frases, espalhadas aqui e ali, que são tão você (a Virginia de carne e osso aquecendo o chá com leite no fogão) que é estranho vê-las impressas. E é claro o relacionamento do sr. e da sra. Ramsay. E a sombra dela na janela. Mas eu poderia continuar indefinidamente.

Minha querida, que livro adorável! Amo-a mais por conta dele. Ainda não consigo entender como o escreveu. Isso realmente me desconcerta, mesmo vindo de você. É como se você fizesse malabarismo com as estrelas coloridas de fogos de artifício e as mantivesse todas acesas, todas voando.

É claro que é totalmente ridículo chamá-lo de romance.

Pergunto-me se sabe como você mesma é parecida com a sra. Ramsay? Mas talvez seja porque ela é sua mãe.

Realmente amo-a mais do que antes, por conta dele. Você sempre disse que eu era esnobe, e talvez isso seja uma espécie de esnobismo. Mas amo. Só que, se o tivesse lido antes de conhecê-la, ficaria assustada com você. Do jeito como as coisas são, isso a torna mais preciosa, mais do que uma feiticeira.

Não creio que esta seja uma carta muito esclarecedora, mas deixo isso para seus amigos inteligentes! Ela simplesmente está sendo escrita sob um feitiço — não consigo me libertar.

Fui rapidinho a Hertfordshire hoje; voltei rapidinho; e li após o jantar. Estava extremamente comovida, quando entrou Louise carregando um enorme peixe morto numa travessa. Eles tinham tapado o buraco com grama, no lugar em que havia mordido a isca. Ele olhou para mim com um olhar frio e morto. Mas isso não foi capaz de me fazer recobrar a sensatez.

Agora devo ir para a cama, mas lá haverá mais sonhos que sono. Tudo culpa sua. Abençoada seja, minha adorável Virginia.

Carta de Virginia

Tavistock Square, 52
13 de maio

Que mulher generosa você é! Sua carta acabou de chegar, e preciso respondê-la, ainda que em meio ao caos [...] Porém fui honesta pensando que você não gostaria de *Ao farol*: muito psicológico; muitos relacionamentos pessoais, acho [...] O jantar, melhor coisa que já escrevi: a única coisa que acho que justifica minhas falhas como escritora: Essa maldita "técnica". Porque não acho que uma pessoa conseguiria alcançar essas emoções específicas de qualquer outro jeito. Estava receosa quanto à Passagem do Tempo. Foi escrito no pessimismo da Greve:[54] então o reescrevi: então o achei inviável como prosa — pensei que você poderia tê-lo escrito como poesia. Não sei se sou como a sra. Ramsay: como minha mãe morreu quando eu tinha 13 anos, provavelmente é uma visão infantil a respeito dela: mas me dá um certo prazer sentimental pensar que você gosta dela. Ela tem me assombrado: mas, no fim das contas, aquele velho miserável do meu pai também: Você acha senti-

---

[54] Em 1926, ano em que Virginia escreveu *Ao farol*, ocorreu uma greve geral no Reino Unido, na qual mais de um milhão de trabalhadores pararam suas atividades. [N. T.]

mental? Acha irreverente em relação ao meu pai? Eu gostaria de saber. Era mais parecida com ele do que com ela, acho; e por isso mais crítica: mas ele era um homem adorável, e de certa forma tremendo.

[...] Estou bastante preocupada com meu artigo; pode não servir; pode ser chato. Pergunte a Harold se alguém pode dizer que Deus não existe para alunos de graduação de Oxford? [...]

Então, queridíssima, trem, quarta-feira, para vir para o jantar. Corri até uma loja de prostitutas em Leicester Square e comprei um casaco.

Carta de Vita

Long Barn
14 de maio

Harold diz para você ser tão rude a respeito de Deus quanto seria em Cambridge.

Carta de Virginia

Tavistock Square, 52
15 de maio

Certo, queridíssima jumenta. Estarei do lado de fora do lugar onde se compra ingressos em Paddington às 4.35 na quarta-feira, carregando uma bolsa ajeitadinha, de resto um tanto maltrapilha, mas distinta.

Carta de Vita

Long Barn
20 de maio

Minha querida, ainda estou sob o feitiço de ter estado com você.

Isso é para lhe dizer que vou almoçar com aquela Lésbica velha[55] na terça-feira, mas disse a ela que preciso estar de volta a Londres às ¼ para as 5. Então não cancele com Logan [Pearsall Smith] e o restante. Não faz mal se eu chegar quando ainda estiverem aí, faz? Só não deixe de atender a campainha!

Queria que você visse meu jardim. Está realmente bonito, e terá se extinguido se você não vier até a próxima semana.

Carta de Virginia

Monk's House
22 de maio

Sim, querida, venha na terça-feira. Apenas fique mais tempo do que eles, o que quer que aconteça. Não gosto de ver você por entre as pernas e por cima das cabeças de Logans e Hendersons. Acho que demonstraria tato da sua parte convidar L. para ir a Long Barn em pessoa. Ele provavelmente acha que você não o quer etc.: sendo um homem modesto.

Carta de Vita

Long Barn
26 de maio

Ah querida, você realmente está melhor? Sei que estava se sentindo mal, mas achei que fosse o excesso de pessoas [...]

Fique duas noites. Você sabe o quanto quero que fique.

Carta de Virginia

Tavistock Square, 52
29 de maio

Você é a única pessoa que quero ver quando tenho dor de cabeça — isso é um elogio — Mas está passando depressa.

Escreva, querida amada, uma bela carta para mim.

---

[55] Ethel Smyth.

Carta de Vita

>Long Barn
>30 de maio

Minha pobre querida — detesto essas malditas dores de cabeça que você tem. Queria que você fosse robusta. Também queria que você se preservasse um pouquinho mais. Detesto pensar em você doente, ou com dor [...]

Estou terrivelmente animada com você vindo aqui. Espero que não chova. Acho que você nunca viu Long Barn no verão, desde a primeira vez que veio — e Leonard certamente nunca viu.

Querida, fique, fique bem.

Carta de Vita

>Long Barn
>31 de maio

Minha querida, nem preciso dizer que fico arrasada sabendo que você está doente. Temi o pior no instante em que vi a escrita de Leonard no envelope. Ah, Virginia, faria qualquer coisa para você melhorar. Pedi a Deus que, se você tivesse de ficar doente, que isso tivesse acontecido aqui, e então você seria obrigada a ficar, e eu poderia cuidar de você. Mas isso é egoísta de fato, porque suponho que você se sentiria infeliz longe da própria casa.

Leonard pergunta se eu irei vê-la mais para o final da semana, então você não deve estar tão mal. Claro que irei a hora que você quiser. Estarei aqui a semana toda, então você só precisa pedir a Leonard que me envie um cartão-postal — ou telefone.

Mando algumas flores. Receio que não parecerão tão frescas quando chegarem até você como estavam quando saíram daqui. Coloque pouco menos de um grama de aspirina, em pó, na água para reanimá-las.

Você está na cama? Sim, suponho que sim. Com uma cabeça doendo. Capaz de ler? Cartas são permitidas? Estou pedindo a Leonard para me dizer como você está. Eu me preocupo muito *com você, e acima de tudo não consigo suportar a ideia de que esteja sofrendo.*

Carta de Vita

Long Barn
1º de junho

Achei que você gostaria dos elogios abaixo para animá-la em sua reclusão, embora sejam apenas do meu pobre e desprezado amigo Hugh.[56]

"Estou na metade de Ao farol, *poupando-o para que dure. Por que ela não publica um livro todo dia? E que divertido estar presente no nascimento de livros tão importantes quanto os de Jane Austen. Ela é um gênio e eu carregaria mil cães trocando de pelo até os portões do Inferno por ela se ela quisesse! Você é sortuda de tê-la como amiga." (Sou?)*

Querida, sei que você está escorregando dos travesseiros e incapaz de alcançar o telefone, sendo talvez um gênio como diz Hugh para a escrita de livros, mas tendo menos talento do que qualquer pessoa que já conheci para se sentir confortável. Espero que possa receber cartas, especialmente aquelas que não precisam de resposta alguma. Assim como a minha. Eu me preocupo terrivelmente com você, e mamãe mandou uma caixa de chocolates (para você e Leonard) achando que viriam aqui amanhã. Então vou guardá-la até que venham. Vou tentar não comê-los porém não prometo.

Escrevi dois poemas hoje de manhã (ambos ruins) e um pouquinho do meu livro; então as coisas estão fluindo, por menos que seja.

Ah minha querida, espero que você esteja melhorando.

Carta de Virginia

Tavistock Square, 52
5 de junho

É estranho como ficar doente até mesmo assim divide alguém em várias pessoas diferentes. Aqui está meu cérebro agora

---

[56] Hugh Walpole, o romancista inglês.

bastante claro, mas inteiramente crítico. Consegue ler; consegue compreender; mas se lhe pedir para escrever um livro ele simplesmente arqueja. Como alguém escreve um livro? Não consigo conceber. É infinitamente modesto portanto — meu cérebro neste instante. Há Vita, ele diz, capaz de escrever livros: Então meu corpo — é outra pessoa [...]

A Seafarers Educational Society comprou 2 exemplares de *Ao farol*. É um pensamento horrível esse de que a marinha mercante aprenderá navegação comigo: ou o uso correto de sirenes de nevoeiro e cilindros.

Carta de Vita

Long Barn
6 de junho

É uma ótima piada a respeito de Ao farol *e o Sindicato dos Marinheiros. Enviarei uma cópia de apresentação para o Lifeboat Fund [...]*

Olhe aqui: insisto que você tenha um sofá. Se não comprar um para você, eu terei de comprar, e isso vai deixá-la furiosa. Então se não aparecer um ligeirinho no seu quarto, darei um ultimato. Agora seja sensível e preste atenção. É ridículo para alguém que colapsa de tempos em tempos em duas cadeiras sob uma manta dourada não ter um sofá.

Como você vai gostar de estar em Rodmell! Minha nossa, que homem sortudo é Leonard. Porém gostaria que você estivesse vindo para cá em vez disso.

Carta de Vita

Long Barn
8 de junho

O que conta é que você não deve se doar demais para as pessoas; e insisto nisso, mesmo quando eu própria faço parte das pessoas.

Então acha melhor eu ir na sexta-feira? Ou promete me enxotar feito uma galinha dos degraus da sua entrada caso se sinta um pouco cansada quando eu chegar por volta das 4 na sexta-feira? Se quiser me impedir, um cartão-postal para mim no White Lodge será o suficiente. Uma decepção, mas não uma ofensa. Receio que você tenha estado pior do que admite. Não, de fato não acho você uma coisinha mimada — quisera Deus que fosse mais mimada. Mas imagino que eu possa resolver o problema de levar o sofá escada acima.

Você consegue dar uma caminhadinha pelos campos alagados? Com Pinker?

Talvez possa ir até você com Raymond depois de jantar com ele — mas não: você não deve ver pessoas ou ficar agitada. Sobretudo porque janta com Clive no dia seguinte. Querido Clive, me escreveu uma carta tão gentil; e que anjo me convidar para jantar na mesma noite que você. Gosto disso, porque foi onde e como a vi pela primeira vez. Embora sem dúvida a intenção dele seja maldosa, ainda assim lhe sou grata e isso me dá algo pelo que esperar.

Carta de Vita

Sherfield Court
11 de junho
Sabe o que eu devia fazer, se você não fosse uma pessoa com quem se deve ser muito rigorosa? Devia roubar meu próprio automóvel da garagem às 10 horas amanhã à noite, chegar a Rodmell pelas 11.5 (sim, querida: bati um recorde na sexta-feira, indo de Lewes até Long Barn em uma hora e 7 minutos), jogar pedrinhas na sua janela, então você ia descer e me deixar entrar; ficaria com você até 5 horas e estaria em casa 6.30. Mas, você sendo você, não posso; mais coisas para lamentar.

Você leu meu livro? Challenge, *digo?*[57] *Talvez eu tenha gastado toda a minha energia naquela época. No entanto, não sinto*

---

[57] Challenge, o romance de Vita, foi publicado apenas nos Estados Unidos em 1923, e conta a história minimamente alterada de seu caso com Violet Trefusis: a personagem baseada em Violet se chama Eve.

que o impulso tenha me abandonado; não, por Deus; e para uma Virginia diferente eu dispararia até Sussex à noite. Apenas que; com a idade, a sobriedade e a intensificação da consideração, eu me abstenho. Mas a tentação é grande.

Carta de Virginia

Tavistock Square, 52
14 de junho

Veja, estava lendo *Challenge* e pensei que sua carta era um desafio, "se você não fosse tão idosa e valetudinária" foi o que você disse na verdade "estaríamos passando o dia juntas" ao que telegrafei "venha então" o que naturalmente ficou sem resposta e ainda bem ouso dizer já que sou idosa e valetudinária — não há por que disfarçar o fato. Nem mesmo a leitura do *Challenge* vai alterar isso. Ela é bastante desejável, concordo: bastante. (Eve.)

Carta de Vita

Long Barn
14 de junho
"Oportunidade perdida" — maldição. Ficamos jogando tênis em Sherfield e não cheguei em casa antes do anoitecer [...]

Não tenho nada a dizer, exceto que gostaria que você estivesse aqui. Podia facilmente ter ido buscar você esta manhã [...] mas acho que você teria falado mais do que seria bom para você.

Diário de Virginia

18 de junho

Este é um diário terrivelmente fino por algum motivo: metade do ano já se passou e deixou só essas poucas folhinhas. Talvez esteja escrevendo demais pela manhã para escrever aqui também. Três semanas varridas pela dor de cabeça. Passamos uma semana em Rodmell, da qual me lembro de vários vislumbres, e do conforto imenso de ficar lá deitada banhada em paz [...]

Vimos Vita receber o [Prêmio] Hawthornden. Um espetáculo horrível, pensei: não apenas dos nobres na tribuna — Squire, Drinkwater, Binyon: de todos nós: todos nós, escritores tagarelas. Minha nossa! Como todos parecíamos insignificantes! Como podemos fingir que somos interessantes, que nossas obras importam? Tudo o que envolve a escrita se tornou infinitamente desagradável. Mas pode haver um rio de tinta neles que importa mais do que sua aparência — tão bem-vestidos, moderados e decorosos — sugeria. Senti que não havia uma cabeça inteiramente adulta entre nós. Na verdade, era o caldo da classe média maçante das letras que se encontrava; não a aristocracia.

Diário de Virginia

22 de junho

Harold Nicolson e Duncan jantaram conosco, e Nessa chegou depois, muito quieta, inescrutável e, quem sabe, crítica. Como uma família, desconfiamos de qualquer pessoa de fora do nosso círculo, acho. Além disso decidimos definitivamente que fulano de tal não tem as virtudes necessárias. Ouso dizer que Harold não as tem; ao mesmo tempo, há um bocado de coisas nele de que gosto: ele é rápido e precipitado e impulsivo; não é no nosso sentido muito inteligente; inquieto; parecendo jovem; transitando de diplomata para intelectual; não combina com Vita; mas é honesto e cordial. L. diz que ele é muito comum. Gostei do meu pequeno dueto com ele. Ele usa camisa e gravata verdes ou azuis; está queimado de sol; é gordinho; janota; vivaz. Falou de política, mas era inconsistente comparado com Leonard — pensei. Disse que era com L. e comigo que se sentia completamente à vontade. Contou histórias que soaram bastante vazias nos cômodos simples de Bloomsbury.

Carta de Vita

Long Barn
23 de junho

Querida Virginia, sinto muito por hoje. Queria convidar você e Leonard para sua visita adiada e ia sugerir o fim de semana depois do eclipse, ou qualquer dia da semana depois disso. Você me avisará em algum momento se podem e se virão?

Harold amou a noite com você. Estou feliz que você o achou simpático. Ele é simpático. Ele quer tanto que vocês venham para cá. Você pode descansar o quanto desejar — ficar na cama o dia inteiro se desejar!

Diário de Virginia

23 de junho

Nunca passei um verão tão silencioso em Londres. Estabeleci meu padrão como inválida, e ninguém me incomoda. Ninguém me pede para fazer nada. O silêncio me traz manhãs amenas, livres e ligeiras, nas quais deixo para trás um bom volume de trabalho, e lanço meu cérebro no ar quando dou uma caminhada.

O livro de Vita [*The Land*] verbera e reverbera na imprensa. Um poema feito para as premiações — esse é meu parecer em relação a ele — pois com alguns resquícios de inveja, ou talvez seja senso crítico, não consigo levar a sério o debate sobre poesia ou mesmo boa poesia.

Diário de Virginia

4 de julho

Cheguei de Long Barn. Tamanha opulência e liberdade, flores todas desabrochadas, mordomo, prataria, cães, biscoitos, vinho, água quente, lareiras acesas, armários italianos, tapetes persas, livros — era essa a impressão que dava: a de entrar num mar animado e agitado, com ondas bem altas. E ainda assim talvez eu goste mais deste quarto: mais esforço e vida nele, para a minha mente. Vita bastante opulenta, em seu casaco marrom de veludo, colar de pérolas e bochechas levemente peludas (são idênticas a peixinhos-da-horta). Gostei de Harold também. É um homem espontâneo e infantil; tem uma mente que salta quando ele a deixa cair; um ar de imaturidade. Deveria julgá-lo com muita generosidade e gentileza de espírito. Vita muito livre e leve, sempre me dando grande prazer de assistir, e evocando alguma imagem de um navio enfrentando o mar, nobre e magnificamente, com todas as velas erguidas, e a luz dourada do sol incidindo nelas.

Carta de Vita

Long Barn
4 de julho

Veja com que prontidão estou escrevendo para você agora.[58] *A verdade é que senti terrivelmente sua falta hoje à noite. Virou verão de repente; jantamos no terraço pela primeira vez este ano; havia bolsões de ar quente; desejei ardentemente que esta noite fosse a última; me senti sozinha nos degraus olhando a lua crescente se arrastar por detrás dos choupos; tudo estava suspenso e perfumado e suave e romântico; uma mariposa passou de raspão pelos meus olhos. Está tudo muito bem, sabe, mas esses fragmentos de felicidade são extremamente exasperantes. — E por que você tem essa arte de guardar tanto de si mesma na manga? Para me fazer suspeitar que depois de vinte anos ainda haveria algo a ser desdobrado — alguma última camada não desenrolada.*

Gosto de deixar você com ciúme; minha querida (e vou continuar a fazer isso), mas é ridículo que você se sinta assim.[59]

---
[58] Depois de Vita, Harold, Virginia, Leonard, Edward Sackville-West e Quentin Bell viajarem para ver o eclipse no dia 29 de junho, o grupo inteiro retornou a Londres, com exceção de Vita, que ganhou a companhia de Dorothy Wellesley. Juntas, as duas foram a Haworth e não voltaram até dia 1º de julho. Virginia confessou que sentiu ciúme desse passeio paralelo.
[59] Colada no verso há a ilustração de um golfinho, um dos animais que Virginia associava a Vita, com o seguinte texto: "Golfinho (*Delphinus delphis*) é um animal ágil dando piruetas divertidas".

Carta de Virginia

Tavistock Square, 52
4 de julho

Sim você é um animal ágil — nenhuma dúvida quanto a isso [...] Apenas seja um golfinho cuidadoso em suas piruetas, ou encontrará as reentrâncias macias de Virginia forradas com ganchos [...]

Amada, você poderia lembrar de trazer meu impermeável (cor-de-rosa) e minhas luvas (carmesim)? Atirei-os no saguão acho.

Carta de Vita

Long Barn
6 de julho

Ligeiramente tonta — minha mãe me manteve acordada até 6 da manhã hoje — uma sessão noturna completa. Um tantinho bêbada — Harold, consternado pela minha aparência, me encheu de vinho do Porto — homem sensato. Ligeiramente exausta no geral — uma combinação da maldita disenteria e da sessão noturna. De fato minha mãe é uma personagem trágica. — Mas havia uma carta sua esperando por mim; o que compensou muita coisa. Estou perdoada? E você é discreta?

Mandei sua capa de chuva (cor-de-rosa) e suas luvas (carmesim) hoje.

Carta de Virginia

Tavistock Square, 52
8 de julho

Sim, venha o mais cedo que puder na terça-feira. Agora me disseram que me comprometi a ir com Nessa [Bell], Duncan [Grant] e Clive [Bell] para Hampton Court na terça-feira. Se eu for, você tem de ir — vamos jantar; vamos ficar no terraço. Da minha parte, preferiria a solidão. Da sua, você preferiria ostras. Vita má, Vita perversa e má. O que aconteceu com sua bela intenção em relação à promiscuidade?

Acabei de escrever, ou de reescrever, um pequeno conto sobre Safismo para os norte-americanos.

Carta de Vita

Long Barn
8 de julho
Virginia, por mais que ame você (e é mais do que gostaria para sua paz de espírito), não poderia ir a Hampton Court com você com esse grupo. Primeiro porque, não sendo Eddy,[60] não gosto da ideia de me intrometer onde não me querem, e então — ah, mil outras coisas [...] Estou indo a Londres apenas na terça-feira, para ver Virginia e para ver Virginia a sós [...]

Querida, escreva um bilhetinho para mim e diga que não vai me levar a Hampton Court. Eu não suportaria isso — vou disparar a todo galope se você fizer isso.

Carta de Virginia

Tavistock Square, 52
18 de julho
Minha querida sra. Nicolson,

Não consigo expressar o quanto me diverti no domingo. Foi tão bondoso da sua parte e de seu marido permitirem que eu fosse. E que jardim adorável! Não consigo imaginar como você suporta deixá-lo. Porém *tudo* estava tão delicioso. Londres parecia mais comum do que nunca depois de sua deliciosa Long Barn. E ainda tenho algumas de suas flores adoráveis para me lembrar dos momentos felizes que passei com você,

---
[60] Edward Sackville-West, primo de Vita.

e com seu marido, ao qual por favor transmita minhas melhores lembranças e agradecimentos, e com muito amor aos dois, sua fiel criada.

Pronto, seu velho saca-rolhas desconjuntado, é desse tipo de coisa que você gosta? Suponho que sim.

O que acho que vai ser bem agradável da próxima vez é o boto no meu banho — azul como o aço, gelada e de coração amoroso. Alguns preferem golfinhos — eu não. Conheço um golfinho, da espécie mediterrânea, devasta um leito cheio de ostras. Uma espécie de bicho lascivo que [...]

Queridíssima amada, não vá para o Egito por favor. Fique na Inglaterra. Ame Virginia. Tome-a nos braços.

Diário de Virginia

23 de julho

Tem sido, no geral, um verão renovador e metódico. Não estou com tanta sede de conversa como de costume. Minha doença em maio foi uma coisa boa em certos aspectos; pois consegui remanejar a vida em sociedade em um estágio inicial e contornei a dor de cabeça, evitando um colapso completo. Gostei do Eclipse; gostei de Long Barn (aonde fui duas vezes); gostei de me sentar com Vita em Kew por três ou quatro horas sob um céu nublado, e de jantar com ela: ela me revigora e me consola.

Carta de Virginia

Tavistock Square, 52
24 de julho

Queridíssima Criatura,

(Aliás, por que é que você sempre se dirige a mim nas cartas direta e reta — nem sequer Minha querida Virginia, ao passo que sempre invento para você as frases mais adoráveis?)

Que agradável da minha parte escrever para você, quando você não está escrevendo para mim [...]

Mas ouça: o que devo fazer em relação ao pó agora? Ethel[61] vai ficar possessa se eu não empoar meu nariz. Uma vez você me empoou com um que não tinha cheiro. Diga-me depressa o que comprar e onde. Vou encarar o pó. Mas não o rouge [...]

Você ficará feliz de saber que vendi 4.000 de F.[62] nos Estados Unidos em um mês: então eles acham que devo vender 8.000 antes do final do ano. E devo ganhar £800 (isso com sorte).

Carta de Vita

Long Barn
25 de julho

Nunca inicio minhas cartas, não é, amada Virginia? Mas como Clive (que é ou pensa que é uma autoridade em tais assuntos) lhe dirá, esse é o jeito mais comprometedor de todos de iniciar.

Bem, lhe enviei uma caixinha de pó, o mesmo com o qual lhe empoei antes. Você tem de reconhecer meus esforços com Ethel, e sem o pó ou com o tipo errado de pó você certamente não reconheceria meus esforços. Então telefonei para o boticário e lhe disse que deveria ser enviado logo. Quase lhe disse para colocar uma caixinha de rouge, um frasco de base branca, um naco de rímel preto e um batom escarlate. Digo, posso maquiar você um dia? Eu ia gostar.

Deus, queria ir com você, em vez de encontrar uma horda de meninos[63] *em Paddington e tentar colocar excesso de bagagem no automóvel [...]*

---
[61] Ethel Sands, a pintora norte-americana, a quem Virginia foi visitar em sua casa na Normandia.
[62] *Ao farol.*
[63] Seus filhos Ben e Nigel estavam de volta do colégio.

Fui a Canterbury ontem, e a Wye porque queria ver onde a incomparável Astrea nasceu.[64] *Hoje eu a matei, o que significa que concluí ¾ do livro. Não vai ser tão popular quanto* Ao farol, *com 4 ou possivelmente 8 mil cópias nos Estados Unidos. Quantas pérolas aos porcos! Fico ressentida que o leiam. Você não fica, porém é uma escritora puramente mercenária, como Michael Arlen,*[65] *e não se preocupa com nada além dos lucros.*

Aí está.

Escreverei para você na casa de Ethel, só para me manter fresquinha e crocante na sua cabeça.

Carta de Vita

Long Barn
27 de julho

Hoje estava dirigindo pela Oxford Street e vi uma mulher abrigada segurando um exemplar de Ao farol. *Era uma mulher desconhecida — do interior, creio, e tinha acabado de visitar a Mudie's ou a Times — e quando o policial me deteve com a luva branca vi seu nome me encarando, Virginia Woolf, contra os ônibus vermelhos que passavam, na caligrafia floreada de Vanessa. Então enquanto estava ali (com o pé pressionando a embreagem e a mão no freio, o que você vai apreciar), tive uma visão vívida e vertiginosa sua: você no seu porão, escrevendo; você no seu barracão em Rodmell, escrevendo; escrevendo aquelas palavras que aquela mulher estava levando para casa para ler. Como conseguiu o livro? Havia entrado confiante, de propósito, e dito "Quero* Ao farol" *ou vagado à toa até o balcão e dito "Quero um romance, por favor, para ler no trem — um romance novo — qualquer um serve"? De qualquer forma ali estava, um dos oito mil, nas mãos do Público.*

Você está nas mãos de Ethel (metaforicamente, espero) a essa altura, sendo levada em passeios de automóvel pela Normandia [...]

---

[64] Vita estava escrevendo um pequeno livro sobre a autora Aphra Behn (1640-1689).
[65] Mais conhecido por seu romance de 1924, *The Green Hat*.

Vai ganhar toranja gelada quando for chamada. Mas não haverá peixes-anjo no seu banheiro, nem muitas das outras delícias que encontra em Long Barn. Por favor, descubra para mim exatamente do que é que uma pessoa gosta em Ethel. É o senso civilizatório e a prataria do chá? Ethel, em analogia, é certamente uma mesa de chá. Mas há um arranhão também.

Busquei os meninos, e a casa passou de uma morada de paz a barulhenta. Como se pode escrever? A porta se escancara o tempo inteiro — "Onde está minha rede?" "Podemos jogar tênis?" "O que podemos fazer agora?". Nigel, porém, que sempre gosta de ter as situações bem definidas, comenta no café da manhã, "Como é bom ter uma família reunida". Eu que detesto famílias deploro esse sentimento doméstico no meu filho mais novo.

Minha querida, gosto da solidão, é dela que gosto — agora você acha que meu poema sobre esse assunto vai sofrer ou melhorar por eu ter sido privada dela à força? Não sei quando escreverei o pobrezinho. Ele se revolve sonolento no meu cérebro e ocasionalmente põe um ovinho em forma de verso. Além disso, a maioria das pessoas é tão gregária que ele não encontrará eco em nenhum coração mais próximo do que o de um eremita no Tibete.

Minha querida, volte logo, não gosto de sentir que você não está na Inglaterra. (Isso vindo de mim, partindo às pressas para a Pérsia.) Vou a Rodmell quando você estiver sozinha lá. Não no dia 6 porque é o aniversário de Ben. Mas logo, por favor.

Carta de Vita

Long Barn
1º de agosto
Minha querida, estou tão chateada por você dizer que não recebeu nenhuma carta minha. Escrevi uma longa carta para você e a postei pessoalmente na quinta-feira passada. Ela chegou até você?

[...] Quando a verei?

Carta de Virginia

Monk's House
3 de agosto

Sim, criatura querida, sua carta me foi entregue justo quando saíamos de Auppegard, e me levou, acho, a esquecer meu caixote, de modo que o requintado mordomo teve de ir de carro até Dieppe no nosso encalço. Sim, querida, era uma bela carta. Sauqueville num é um lugar muito grandioso, mais do mesmo. Procurei vestígios seus [...]

Devo ficar sozinha na noite de quinta-feira. Você poderia ficar duas noites? Não quero que pareça que a mantenho em segredo, porém me agrada infinitamente mais explorar secretamente os recessos [...]

Meu Deus, como você teria rido ontem! Saída para sua primeira voltinha no Singer: a maldita coisa não dava partida. O acelerador completamente morto — o motor de arranque emperrado. Todo o vilarejo foi assistir — Leonard quase soluçou de raiva. No fim tivemos de ir buscar um homem de Lewes de bicicleta. Ele disse que eram os magnetos — você saberia disso?

Carta de Vita

Long Barn
4 de agosto

NÃO DESTINADA À PUBLICAÇÃO

Roshan-i-chasm-i-man,[66]

(Você não vai saber o que isso significa, mas disse que nunca inicio minhas cartas, então tentei me obrigar.)

[...] De qualquer forma seria difícil para mim ficar duas noites, porém se você estivesse sozinha eu certamente ficaria.

Você está bem? Cabisbaixa? Sobrealimentada? Não gosta mais de mim? Algo errado, sinto pela sua carta; mas ainda assim

---

[66] Saudação amorosa persa.

estou confiante de que a essa altura (i.e. meia-noite) na semana que vem estará tudo bem. Irei depois do almoço, lá pelas 5, posso? Você não pode imaginar o quanto quero vê-la. Os intervalos de tempo são intermináveis.

Realmente ficaria *as 2 noites se pudesse, ao menos para não parecer deliberado — para o seu bem, se não pelo meu.*

Carta de Virginia

Tavistock Square, 52
7 de agosto

Musha-i-djabah-dal-imam

O que depois de interpretado significa, Querida-West--que-jumenta-você-é, todas as minhas cartas no futuro serão endereçadas à Pippin, já que está claro que você não consegue lê-las. "Algo errado sinto pela sua carta." — O que quer dizer? Foi a carta mais gentil, amorosa e terna do mundo: talvez um pouco irritada por não vê-la, mas no fim das contas é disso que você gosta, não? Ou você descobriu, com a maravilhosa intuição de poeta, o que tentei esconder de você? Que sou amada, por um homem; um homem de nariz aquilino, com uma bela propriedade, uma esposa com um título e mobília de acordo.[67] O pedido foi feito um dia antes de eu partir, e tenho uma carta confirmando. O que deseja que eu faça? Fiquei tão sem ação que corei como uma menina de 15 anos.

Carta de Vita

Long Barn
8 de agosto
Estava indo para Sevenoaks buscar os meninos quando vi a bicicleta escarlate do carteiro inclinada contra a caixa de correspondência do

---

[67] O homem era Philip Morrell, marido de Ottoline, que havia reiniciado seus avanços indesejados.

vilarejo. Aquilo significava que a correspondência da tarde havia chegado. Parei; fui lá; e disse, "Tem cartas para Long Barn?". Tinha. Entre elas havia um envelope datilografado que continha uma carta sua. Senti que corava de raiva enquanto a lia — não estou exagerando. Não sabia que tinha tanto ciúme de você. Quem é seu maldito homem de nariz aquilino? Olhe aqui, realmente me importo. Mas se chegar a esse ponto, tenho em minha escrivaninha uma carta do mesmo tipo — que não respondi. O tipo de resposta que enviarei depende de você. Realmente não estou brincando. Se não tiver cuidado, vai me enredar em um caso que vai me entediar terrivelmente. Por outro lado, se for boazinha, despacharei meu correspondente. Mas não serei tratada de forma leviana. Realmente estou falando sério.

De resto:

1. Levarei minha câmera, só que minha taxa é £1 por fotografia, não 2/6.
2. Não levarei Pippin, acho, porque ela pode ficar enjoada no automóvel.
3. Irei às 4 na quinta-feira.
4. Ficarei até sexta-feira.
5. Gostaria de almoçar em Charleston se você prometer sair logo depois do almoço para eu poder tê-la só para mim de novo.
6. Certamente vou fazer meu melhor para agradar você.

Fico com tanta raiva por sua causa.

Carta de Vita

Long Barn
16 de agosto

Finalizei com a sra. Behn — e agora só tenho de despachá-la. Isso em meio a milhares de pessoas que chegavam a Long Barn a toda hora do dia e da noite [...] Os meninos mergulhando na piscina,

Harold escrevendo a história da biografia para você, e muito tênis. Assim é minha vida — e discussões sobre feminismo, e homens e mulheres, e um bocado de Alella[68] *— que aumenta a perspicácia ainda que prejudique a compleição física — e Raymond dizendo "e então Virginia é claro que é inquestionavelmente a melhor escritora viva de prosa em língua inglesa".*

Mas nesse meio-tempo nem sinal de vida de você — não é estranho, essas conexões repentinas, espasmódicas e violentas entre nós, e então esses dias de completo silêncio que se sucedem?

Carta de Vita

Long Barn
20 de agosto
Raymond diz que escrevo em um inglês ruim. Deixei-o ler minha Aphra Behn, e ele me reduziu a pó. Penso que você irá concordar. Sairá em outubro — tarde demais para você resenhar para os Estados Unidos, acho. Será um livro fácil e gratificante de resenhar — bem histórico — pitoresco [...]

Tendo de fato posto Aphra no correio, me sinto livre como uma cotovia. Livre para ler, livre para jardinar, livre para pensar, livre para ser agradável com meus filhos. Uma sensação delirante — mas novas energias já fluem em mim, 24 horas depois de Aphra ser concluída. Deus me livre dessa energia; mas graças a Deus por ela — essas são minhas emoções alternadas. Não consigo ficar alegremente à toa, às vezes queria conseguir...

Envio uma fotografia extra,[69] *que estava comigo na Pérsia e que vivia presa no meu espelho lá, e uma que tirei aqui no outro dia. Você pode me devolver a da Pérsia, por favor? É preciosa e não sei onde está o negativo. As outras não importam já que tenho os negativos.*

Escreva para mim?

---
[68] Vinho espanhol.
[69] De Virginia.

Carta de Vita

Long Barn
30 de agosto
Não foi muito agradável, não, não foi, deixar você parada no portão no sábado com Tray[70] e Leonard. Sorte de Tray. Sorte de Leonard [...]
Minha nossa, queria ter você em casa sempre. Você leu Oroonoko?[71] Gosta do livro? Gosta de mim? Você sentiria minha falta se eu sumisse? Você tem andado depressiva? Ainda acha que é uma escritora ruim? Gostou de Harold no outro dia?
Ovelhas estão balindo na estrada lá fora. O som me leva de volta à estrada Bakhtiari. Como deve estar quente lá agora, e como deve estar deserto. Gostaria de estar lá no acampamento, com você.

Carta de Vita

Long Barn
16 de setembro
Não se afaste de mim assim. Dependo de você mais do que imagina.

Carta de Virginia

Tavistock Square, 52
21 de setembro
Com muita pressa, então não consigo escrever. E um bocado melancólica. Explico quando nos encontrarmos, se você for amável.

Carta de Vita

Long Barn
22 de setembro
Minha querida, por que melancólica? Pensei que você estava diferente no outro dia, e me perguntei se era tudo imaginação minha

---
[70] Raymond Mortimer.
[71] Romance de Aphra Behn, que Virginia havia pedido a Vita para lhe emprestar.

[...] Gostaria de estar com você hoje, que maldição; quero saber qual é o problema.

Carta de Virginia

Tavistock Square, 52
25 de setembro

Olhe só, quero que você me diga,

7. *Como você está*, de verdade.
8. Alguma notícia do Ministério das Relações Exteriores?

Mas confesso que gostaria de ver você. Então lhe falaria da melancolia e de mil outras coisas.

Diário de Virginia

5 de outubro

Se minha caneta permitisse, deveria agora tentar traçar um cronograma de trabalho, tendo terminado meu último artigo para o *Tribune*, e estando agora livre de novo. E na mesma hora os artifícios estimulantes de sempre entram na minha cabeça: uma biografia que começa em 1500 e avança até os dias de hoje, intitulada *Orlando*: Vita; só que com uma mudança de um sexo para o outro. Acho que, como um regalo, vou me permitir esboçar isso durante uma semana.

Carta de Virginia

Tavistock Square, 52
9 de outubro

Veja, queridíssima, que papel adorável este, e pense em como, não fossem o biombo e a Campbell,[72] poderia ser preenchido

---

[72] Vita estava tendo um caso com Mary Campbell, que tentou esconder de Virginia.

até o fim com um amor que se faria inacreditável: indiscrições incríveis: em vez disso, nada será dito a não ser o que uma Campbell atrás do biombo possa ouvir [...]

Aqui surge um terrível abismo. Milhões de coisas que quero dizer não podem ser ditas. Você sabe por quê. Sabe a que preço — andando por aí com Campbell, você vendeu minhas cartas de amor. Muito bem. Então pulemos isso tudo [...]

Ontem de manhã estava em desespero [...] Não conseguia espremer uma palavra de mim; e no fim deixei a cabeça cair nas mãos: mergulhei a caneta na tinta e escrevi as seguintes palavras, como se de forma automática, numa folha em branco: Orlando: Uma biografia. Tão logo fiz isso, meu corpo foi inundado por entusiasmo e meu cérebro por ideias. Escrevi depressa até as 12 [...] Mas ouça; suponha que Orlando acabe por se revelar Vita; e é tudo sobre você e as paixões ou sua carne e o fascínio da sua mente (coração você não tem, andando por aí cortejando Campbell) — suponha que haja o tipo de cintilação de realidade que de vez em quando é associado ao meu povo, como o brilho de uma concha de ostra [...] suponha, digo, que no próximo mês de outubro Sibyl diga "Então Virginia foi lá e escreveu um livro sobre Vita" [...]

Você se incomodaria? Diga sim, ou Não: Sua excelência como tema deriva em larga medida de sua origem nobre (Mas o que são 400 anos de nobreza, no fim das contas?) e a oportunidade portanto que se apresenta para uma grande abundância de passagens descritivas floreadas. Além disso, admito, gostaria de desentrelaçar e torcer novamente alguns fios muito esquisitos, incongruentes em você: entrar longamente na questão Campbell; e também, como lhe disse, me ocorreu como poderia revolucionar a biografia em uma noite: e assim se você concordar gostaria de pôr isso à prova e ver o que acontece. No entanto, é claro, posso não escrever mais uma linha.

Carta de Vita

Long Barn
11 de outubro

Meu Deus, Virginia, se alguma vez fiquei emocionada e aterrorizada, foi com a perspectiva de ser projetada na forma de Orlando. Que divertido para você; e que divertido para mim. Veja, qualquer vingança que você queira levar a cabo estará inteiramente nas suas mãos. Sim, vá em frente, jogue a panqueca para o alto, deixe-a bem douradinha dos dois lados, derrame o conhaque e sirva quente. Você tem minha total permissão. Apenas acho que tendo me esboçado e esquartejado, me desentrelaçado e retorcido, ou o que quer que seja que pretenda fazer, você deveria dedicar isso à sua vítima.

E que carta adorável você me escreveu, com Campbell ou sem Campbell. (Como ela ficaria lisonjeada se soubesse. Mas não sabe e não saberá.) Como estava certa — não que precisasse de muita perspicácia — quando me dei conta, na casa de Clive, de que lá estava a maior [...] o que devo dizer? Você quer dever e devoção, mas se escrevesse o que realmente penso você apenas diria que Vita estava dando às coisas uma dimensão exagerada. Então melhor não me expor aos seus deboches. Mas como estava certa, de qualquer forma; e em forçar minha presença em Richmond,[73] e assim preparar o terreno para a explosão que aconteceu no sofá do meu quarto aqui quando você se comportou de forma tão vergonhosa e me adquiriu para sempre. Adquiriu, foi isso que você fez, como comprar uma cachorrinha numa loja e a conduzir numa cordinha. Ainda trotando atrás de você, e ainda numa cordinha. Pelo mundo inteiro como Pinker.

A noite passada foi a noite de luar mais linda e enevoada que já vi na vida. Não, eu não estava andando por aí. Fiquei pendurada na janela e ouvi as folhas mortas rodopiando na quietude. Pensei em como deve ser adorável e solitário em Laughton.[74] Lamentei por Laughton — um lugar de conto de fadas para Virginia morar [...]

---
[73] Em janeiro de 1923.
[74] Laughton Place, perto de Glynde, era uma casa do século XVI, cercada por um fosso, que os Woolf estavam tentados a comprar.

Querida, não posso ir amanhã, e estou lhe mandando um telegrama a respeito disso. Não lhe direi o porquê — uma razão sórdida. Porém devo ir semana que vem, e provavelmente passar uma noite em Londres. E quanto a você vir aqui um dia desses? Você disse que viria, e as vantagens são óbvias.

Nem uma palavra daquele maldito Ministério das Relações Exteriores. Temo que estejam tramando algo muito obscuro. Harold lida com a correspondência com cada vez mais cautela. Ah, aliás, ele concluiu o livro hoje, e ele está sendo datilografado. Então você o receberá em breve.

Queria que você estivesse aqui. Os dias e noites estão lindos como só podem ser no outono [...] Meu deleite é puramente estético e, caipira, sou boa, trabalhadora e amorosa; quanto tempo vai demorar, porém, até eu fugir? Nunca fugiria se tivesse você aqui, mas você me deixa sem vigilância. Bem, nada disso significa coisa alguma, em absoluto, então não imagine que signifique. Sou a boa cachorrinha de Virginia, batendo o rabinho no chão, feliz com um carinho.

Carta de Vita

Long Barn
14 de outubro

Querida, esta é uma carta escrita num estado de espírito apressado e furioso para dizer que Harold está indo a Berlim na semana que vem. Você estará livre na terça-feira se eu passar aí por um tempinho depois do almoço? Estamos tão zangados, mas parece ser inevitável. Só soubemos hoje de manhã. Berlim durante três anos![75] *Que o bom Deus nos ajude.*

Não devo ir para lá até o final de janeiro.

---

[75] Como conselheiro na Embaixada Britânica.

Carta de Virginia

Tavistock Square, 52
14 de outubro

Nunca a deixo sem pensar, é a última vez. E a verdade é que ganhamos tanto quanto perdemos com isso. Dado que sempre tenho certeza de que você vai estar às voltas com outra na próxima quinta-feira (você mesma diz isso, criatura má, no final da última carta, que é onde a víbora leva o ferrão), dado que todas as nossas relações estão impregnadas com essa melancolia da minha parte e com o desejo de ficar com o nariz branco e assim reter você meio instante a mais, talvez, como digo, ganhamos em intensidade o que nos falta em virtudes sóbrias e confortáveis de uma amizade prolongada e segura e respeitável e casta e de sangue frio [...]

Orlando será um livrinho pequeno, com fotos e um ou dois mapas. Invento-os na cama à noite, enquanto ando pelas ruas, por toda parte. Quero ver você à luz dos candeeiros, com suas esmeraldas. De fato, nunca quis tanto ver você quanto agora — só me sentar e olhar para você, e fazer você falar, e então rápida e clandestinamente corrigir certos pontos duvidosos. Sobre seus dentes e seu humor agora. É verdade que você range os dentes à noite? [...] Qual e quando foi seu momento de maior decepção? [...]

Por favor me diga antes quando você vem, e por quanto tempo: a menos que o golfinho tenha morrido nesse meio-tempo e suas cores sejam as da morte e da decomposição. Se tiver se entregado a Campbell, não terei mais nada a fazer com você, e assim isso deverá ser escrito, abertamente, para o mundo inteiro ler em *Orlando*.

Diário de Virginia

22 de outubro

"Vou me permitir esboçar isso durante uma semana" — não fiz nada, nada além disso por uma quinzena; e sou lançada de um modo um tanto furtivo, mas com ainda mais paixão em *Orlando*:

Uma biografia. Deve ser um livrinho pequeno, concluído até o Natal. Caminho inventando frases; me sento maquinando cenas; estou em resumo em meio ao maior arrebatamento conhecido por mim. E pensar em planejar um livro, ou esperar por uma ideia! Esse veio num jorro. Mas o alívio de dar uma guinada na mente dessa forma foi tamanho que me senti mais feliz do que em meses; como se tivesse sido colocada no sol, ou me recostasse em almofadas; e depois de dois dias desisti por completo do meu cronograma e me entreguei ao puro deleite da farsa. Estou escrevendo *Orlando* em parte num estilo debochado bastante claro e simples, assim as pessoas vão entender cada palavra. Mas o equilíbrio entre a verdade e a fantasia deve ser cuidadoso. É baseado em Vita, Violet Trefusis, Lorde Lascelles, Knole, &c.

Carta de Virginia

Tavistock Square, 52
23 de outubro

Queridíssima Criatura,
   Temo que você esteja se sentindo sozinha hoje à noite. Queria estar com você. Harold é um homem muito bom, e estou contente de conhecê-lo.
   Será que quarta-feira, quinta-feira conviria a você que eu fosse, supondo que sexta-feira seria complicado? Mas não tenho certeza. Do que você e Lorde Lascelles[76] costumavam falar?

Carta de Vita

Long Barn
25 de outubro

Querida adorável Virginia,
   Não consigo entender pela sua carta — você quer dizer quarta ou quinta-feira? Porque na quarta-feira tenho de ir jantar com (não

---

[76] Lorde Lascelles, que esteve apaixonado por Vita em 1912-1913, é a inspiração para a Arquiduquesa Harriet em *Orlando*.

ria) o *Rei do Iraque. Mas na quinta-feira devo estar aqui. E sozinha. Não ficarei em Londres na quarta-feira à noite, voltarei depois do jantar. Quase fui ver você ontem, quando estava em Londres, mas achei que poderia estar ocupada e não queria ser um estorvo. Estava tão deprimida. Fiquei tão agradecida por sua carta, foi tão bem-vinda e desesperadamente necessária.*

Vou tentar me lembrar do que falava com Harry Lascelles! Ele sempre foi muito calado, então não chegamos muito longe. Tinha mãos bonitas.

Querida, encontrei algumas fotos adoráveis em Knole. Quero que você venha. Pippin teve seis filhotinhos. Diga a Pinker. Traga-a quando vier. Ah quero sim que você venha. Avise-me: quinta ou sexta-feira — ou sábado ou domingo se preferir.

Carta de Vita

Long Barn
11 de novembro
Tenho andado tão infeliz desde ontem à noite.[77] *Senti de repente que minha vida inteira foi um fracasso, na medida em que parecia incapaz de estabelecer um único relacionamento perfeito — O que devo fazer em relação a isso, Virginia? Ser mais determinada, suponho. Bom, pelo menos não vou cometer outros erros! Minha querida, sou grata a você; você estava totalmente certa ao dizer o que disse; isso me deu um chacoalhão; flutuo com muita facilidade.*

Mas veja bem, não esqueça e acredite que você significa algo absolutamente vital para mim. Não estou exagerando quando digo que não saberia o que fazer se você deixasse de gostar de mim — se ficasse irritada — se ficasse entediada. Você me perturbou um bocado até com o que disse sobre Clive. Não falava a sério, é claro? Ah não, é inacreditável demais. Não devo me preocupar com isso — Há muito mais com o que me preocupar.

---

[77] Vita havia contado a Virginia de seu caso com Mary Campbell. Vita foi às lágrimas.

Querida perdoe minhas falhas. Odeio-as em mim mesma, e sei que você está certa. Mas são coisas superficiais e bobas. Meu amor por você é absolutamente verdadeiro, vívido e inalterável —

Carta de Virginia

Tavistock Square, 52
11 de novembro

Queridíssima Criatura,

Você fez eu me sentir uma bronca — e não tive a intenção de ser. Uma pessoa não consegue controlar o tom de voz, acho; pois nada do que eu disse poderia no fundo deixar você infeliz mesmo que por meio segundo — você só não consegue deixar de atrair as errantes [...] E fico meio, ou um décimo, com ciúme quando a vejo com as Valeries e as Marys: então pode dar um desconto.

E isso é tudo no que me diz respeito. Fico feliz de pensar que você *se importa*: pois com frequência pareço velha, impaciente, reclamona, difícil (mas encantadora) e começo a duvidar.

Carta de Vita

*Long Barn
17 de novembro
É totalmente abominável: antes de receber sua carta prometi ir a Brighton na segunda-feira à noite e agora não consigo me desvencilhar disso embora tenha tentado [...]
Oxford foi uma repetição da* sua *Oxford: jantar com o sr. Aubrey Herbert, e então aquela assembleia em St Hugh's. Meu artigo, e então as vaias. Uma garrafa de vinho branco do Reno na volta ao hotel (dessa vez o Mitre, não o Clarendon), e então um sono exausto. Perguntei-me como você não ficou mais cansada? Eu me senti uma esponja ressecada — mas lembrei que você estava*

tão vivaz quanto um grilo [...] Como desejei que você estivesse lá. Tudo me voltou com uma nitidez dolorosa. Por que não temos mais coisas das quais nos lembrar? Os pouquíssimos dias que passamos juntas longe de Londres se destacam para mim exatamente com a diferença que existe entre aquela fotografia estereoscópica que lhe mostrei e uma fotografia comum [...]

Esta é uma carta amorosa? Não muito, você deve achar, e ainda assim há muita coisa por trás dela, se ao menos você soubesse.

Você está bem? Gosta de mim? Verei você na segunda-feira ou não? Entro em desespero quando ocorrem esses contratempos [...] E o mais importante, quando você virá aqui para ficar? Sinto que isso não é somente importante, é vital. Por que não vir no próximo sábado? [...] Pense com calma nisso, já que realmente sinto que é urgente. Você pode não sentir, mas eu sinto. Quero que venha.

Carta de Vita

Oxford
22 de novembro

Ethel [Sands] é uma pessoa fina, não?[78] *Aceitei e adiei a ida a Berlim até o dia três, em vez do dia primeiro — tudo por amor à Virginia.*

Não estou me divertindo muito aqui, obrigada, mas a cirurgia foi o que chamam de bem-sucedida, então isso é um consolo.[79] *Não sei por quanto tempo terei de ficar aqui, mas creio que até quinta-feira. Um tanto melancólica [...]*

Você estava uma Virginia muito agradável ontem — muito agradável — até mais agradável do que o normal. Por quê? Fiquei contente de ter ido.

Digo, detesto estar aqui — e me detesto por detestar. Como uma pessoa é egoísta. Espero que isso faça bem para a alma. Faz? Queria que você estivesse aqui, então eu amaria.

---

[78] Ethel havia convidado as duas para uma festa no dia 2 de dezembro.
[79] O filho de Vita, Ben, passou por uma cirurgia de emergência por conta de amigdalite.

Abençoada seja, querida, querida Virginia — você não sabe o quanto a amo — o quão profundamente — e eternamente.

Carta de Virginia

Tavistock Square, 52
5 de dezembro

Devo ir no sábado para passar a noite? — Parece a única chance. Avise-me [...]

Você diria, se eu telefonasse para perguntar, que gosta de mim?

Se a visse, você me beijaria? Se eu estivesse na cama, você iria —

Estou bastante animada com *Orlando* hoje à noite: estou deitada perto do fogo inventando o último capítulo.

Carta de Vita

Long Barn
6 de dezembro

Estou desesperada: sábado é a única noite em que há alguém vindo aqui, Dottie, a saber — tentei me livrar dela, mas ela diz que é o único dia que pode vir. Maldição e desgraça. Você conseguiria vir na quinta-feira, na sexta-feira ou no domingo, quem sabe? Estou indo a Brighton amanhã para passar a noite, então responda para o Metropole por favor — Se puder vir, todas as suas perguntas serão respondidas afirmativamente. Está praticamente impossível entrar ou sair de casa aqui, já que há um buraco enorme diante de cada porta — a pessoa tem que pular — muito perigoso mas bastante emocionante.[80] *E homens fedidos rastejando como besouros por todo o piso. Mas não importa — apenas faça um grande esforço — venha — e veja como serei boazinha.*

---

[80] Estavam instalando aquecimento central em Long Barn.

Carta de Vita

Knole
29 de dezembro

Isso aqui vai chegar até você? Você está completamente coberta pela neve? Está lindíssimo em meio às Downs? Pinker está gostando? Você quem sabe já voltou a Londres? Tem alguma coisa para comer? Devo ir a Sherfield amanhã? Vou ver você novamente? Devo escrever outro livro? Sinto que a resposta para a maior parte dessas perguntas é negativa [...]

Bom amanhã estarei diante de Ethel e seu olhar de águia; não devo demonstrar, sinto, nenhum entusiasmo em relação a qualquer uma das minhas amigas; ou, digo, devo confundi-la com alguma pista falsa? Isso seria um bocado divertido. Vou inventar uma nova beldade, a quem ninguém jamais viu, vou perguntar a Ethel se posso trazê-la para jantar, um jantar que sob um ou outro pretexto terá de ser permanentemente adiado. Como devemos chamá-la? Você pensa em um nome adequado, algo bem romântico como Gloria Throckmorton, ou Leshia Featherstonehaugh. Ela tem apenas dezenove anos, fugiu da família em Merioneth e se mudou para um apartamento em Londres. É mais formosa que Valerie,[81] mais esperta que Virginia, mais devassa que Mary e joga golfe melhor que a senhorita Cecilia Leitch.[82]

No dia de Natal fui a Brighton, lançando enxurradas dos dois lados, e sob uma chuva torrencial. Olhei melancólica para a esquerda enquanto passava por Lewes.

Knole está toda branca e macia, e a neve cai com baques surdos enquanto os homens a retiram do telhado com pás. Estamos bastante isolados, a menos que caminhemos. Sem automóveis, sem telefone. Queria que você estivesse aqui. Porém você está vindo para Long Barn, não está? E sem um estado de espírito puritano?

---

[81] Valerie Taylor, uma jovem atriz por quem Raymond Mortimer foi apaixonado.
[82] Vencedora do British Ladies' Golf Championship em 1914 e 1920-1921.

1928

Carta de Vita

Knole
6 de janeiro

A intenção do seu telegrama era transmitir uma ordem ou apenas uma mensagem? Digo, deveria trazer escrito "Ame Virginia!" — um imperativo — ou "Amor. Virginia."? Como quer que se leia, foi muito gentil e inesperado, e se for uma ordem ela foi obedecida. Querida, papai tem andado tão doente: pensamos que era gripe, e então de repente virou pneumonia. Levamos um susto horrível, e embora ele esteja melhor hoje o médico ainda não diz que está fora de perigo. É por isso que ainda estou aqui, e acho que devo ficar aqui durante toda a próxima semana — não posso deixá-lo sozinho com criados e enfermeiras nesta casa enorme, ele ficaria melancólico demais. Meus dedos coçam para sugerir que você venha ficar uma noite — ou mais — pois estarei sozinha; digo, ele ainda vai estar na cama — mas não sei se você gostaria? Seria muito bom para Orlando (digo eu, tentando) e creio que uma pessoa pode enjoar depressa da sociedade de enfermeiras hospitalares.

Rebecca West escreveu um artigo sobre The Land que conseguiu me irritar; me ressinto quando dizem que meu amor pelo campo não é genuíno, só aquilo que acho que as pessoas deveriam sentir em relação ao campo; isso não é verdade.[83] [...] Então minha disposição literária está repleta de bile. E além disso quero ver você, mas estou amarrada aqui — Que maldição —

Carta de Virginia

Tavistock Square, 52
14 de janeiro

Sinto tremendamente pelo seu pai. Deus! Que mau bocado você está passando: espero que ele esteja melhor: e pelo amor de Deus não pegue a pneumonia. Por favor, querida criatura, tenha cuidado [...]

Maldita Rebecca — que não distingue um nabo de um guarda-chuva, nem um poema de uma batata se for preciso — que direito ela tem de taramelar a respeito de *The Land*? Deixe-me ver a resenha.

Carta de Vita

Knole
20 de janeiro

Virginia querida, prometi avisá-la de como papai está — está terrivelmente doente, com pericardite (inflamação em volta do coração) — e há uma chance muito escassa de que ainda consiga sobreviver. Podemos apenas aguentar firme e esperar para ver o que os próximos dois ou três dias nos trazem. Telegrafei para Harold, que chega hoje à noite. É um pesadelo, especialmente porque ele sofre crises de dor e eles não se atrevem a lhe dar quase nenhum remédio para aliviá-la [...] Não se dê ao trabalho de responder a isso, mas pensei que você poderia estar se perguntando como eu estava.

Sua péssima,
Vita

---

[83] Em uma resenha para a *T.P.'s Weekly* em 7 de janeiro, Rebecca West descreveu *The Land* como "um poema que provavelmente não sobreviverá".

Carta de Virginia

Tavistock Square, 52
22 de janeiro

Isto é apenas à guisa de boa-noite, e para dizer que, se quiser me ver, estou inteiramente à sua disposição ainda que seja uma criatura impotente e inútil.

Carta de Vita

Knole
24 de janeiro

Querida, meu pai está muito melhor, e creio que posso ir a Londres amanhã — neste caso estarei com você às 5. Vou telefonar pela manhã se não puder, i.e. se ele não estiver tão bem. É um milagre absoluto ele ter resistido — visto que de fato o desenganaram na última quarta-feira — Telefone antes das 10 se quiser me dissuadir. Desejo ver você, e de fato estou indo para isso — caso contrário mandaria os meninos [para o colégio] com Harold — porém desejo ver você.

    Com amor (e um tantinho de desespero)
    Orlando —
    ha-ha!

Carta de Vita

Knole
27 de janeiro

Harold deveria ter partido hoje, e eu estava indo a Londres com ele, mas meu pai estava tão mal ontem que ele desistiu de ir, e estou agradecida por ele ter feito isso, já que está muito pior hoje, e temo que agora haja pouquíssima esperança. O coração finalmente está falhando depois de um prolongado esforço. Não temos nada a fazer a não ser nos sentar e esperar para ver o que acontece. É ainda mais cruel depois da aparente recuperação dele outro dia.

O pai de Vita, Lorde Sackville, faleceu no dia 28 de janeiro. Além de perder uma figura amada, Vita também perdeu Knole — como mulher, Vita não podia herdá-la. A casa e o título passaram para seu tio, Charles.

Carta de Virginia

Tavistock Square, 52
29 de janeiro

Querida amada,

Isso é apenas para transmitir meu amor por você — Você não sabe o quanto me importo com você.

Carta de Vita

Knole
30 de janeiro
Minha querida, obrigada pelo seu bilhetinho amável. Acho difícil dizer qualquer coisa a respeito disso — lhe direi um dia. Nesse meio-tempo nada além das ideias mais grotescas me vem à mente, como que excelente material seria tudo isso para o livro de Virginia. A coisa toda é uma mistura do trágico, do grotesco e do magnífico.

Por sorte mal se tem tempo de pensar. Ele jaz na capela, e queria que você pudesse ver. É lindo, e um bocado irreal.

Vou voltar a Long Barn amanhã depois do funeral. Gostaria de ir e ver você logo se puder. Nesse meio-tempo, por favor me ame, como diz que ama —

Carta de Vita

Long Barn
2 de fevereiro
Minha querida, você é um anjo comigo. Queria poder jantar com você esta noite [...] Acho que devo ir a Londres na segunda-feira, então devo

ir ver você? À noite. Prometo não estar muito melancólica — e se você puder vir por uma noite qualquer dia da próxima semana nada me agradaria mais. Mas não preciso lhe dizer isso. Harold partiu, então devo estar sozinha. Não vou a Berlim nas próximas três semanas.

Acabei de voltar de Withyham, onde o chão da capela está totalmente coberto de flores.

Querida, amo tanto você, e você é tão amável comigo. Quero tanto ver você.

Carta de Virginia

Tavistock Square, 52
3 de fevereiro

Sim, querida amada, devo estar em casa toda a noite de segunda-feira e esperarei você qualquer hora depois das cinco [...] Não se incomode, pode ser tão infeliz quanto quiser comigo — você mesma me ajudou quando estive assim —

Mil amores inúteis mas muito genuínos recaem sobre você neste instante — que é eu sei muito, muito horrível, minha pobrezinha querida amada.

Carta de Vita

Long Barn
5 de fevereiro

Minha querida, não há nada no mundo que me agradaria mais do que jantar com você a sós amanhã à noite — não ousei sugerir isso, não achando que você estaria sozinha — irei lá pelas 7 — devo?

Carta de Vita

Long Barn
8 de fevereiro

Minha querida, acho que você é não apenas a pessoa mais inteligente, como também a mais gentil que conheço. Nunca esquecerei como foi amável comigo. Você tem somente um rival genuíno pela minha afeição, que é o Potto de Bosman.[84] *Devo dizer que ele é irresistível, e você também — não que eu alguma vez tenha feito uma tentativa séria de resistir, desde aquela noite aqui quando você se comportou de forma tão escandalosa até os dias de hoje [...]*

Tenho escrito cartas o dia inteiro, e quase cheguei ao fim, então talvez amanhã consiga escrever um poeminha melancólico para você, sobre a mortalidade [...]

O N. Y. Tribune *diz que* The Land *é o poema mais maçante já escrito nesse gênero [...] Desconfio que tenham razão.*

Carta de Virginia

Tavistock Square, 52
9 de fevereiro

Devo chegar a Sevenoaks à 1.12 amanhã [...] e ficar até as 6.30 então temo que você terá de me dar não somente um pãozinho para o chá, mas um ossinho para o almoço [...] e aliás agora me chamo Potto de Bosman, *não* V.W. por acordo — Um nome mais refinado, não acha?

Carta de Vita

Brücken-allee, 24, Berlim
29 de fevereiro

Minha querida, bem, aqui estou, me sentindo um tantinho como uma gralha de asa quebrada de novo — mas tenho uma bela folha de papel, não tenho? Na qual escrever para Virginia. Você vai, aliás, reparar no endereço na parte de cima? E escrever para mim para cá, pois se escrever para a Embaixada não receberei a carta até o almoço, ao passo que se escrever para cá a manhã inteira se

---

[84] O Potto de Bosman é uma espécie de primata. Virginia adota Potto como um apelido, e esse *alter ego* assume uma vida própria em várias das cartas subsequentes das duas.

torna mais emocionante com a ideia de que uma correspondência me pode ser trazida a qualquer momento. Este é um lugar desgraçado, certamente; e meus sentimentos, que se lhes ceder espaço serão de pura revolta e desespero, só raiva e lágrimas — são dificultados pelo sentimento de que não devo odiar Berlim por causa de Harold, i.e. é uma crítica implícita a ele, e um ressentimento, e não suporto abrigar nenhum pensamento que reflita nele — além disso ele não pode evitar, suponho — e então com uma emoção e outra é tudo muito difícil [...]

Sinto-me um terrível peixe fora d'água — e Harold agora diz que quer ser Embaixador — mas você consegue visualizar a coitada da Vita como embaixatriz? Eu não consigo — e a perspectiva me enche de consternação. O destino realmente prega peças estranhas na pessoa, quando tudo o que se quer fazer é jardinar e escrever e falar com Potto — e em vez disso a pessoa vai fazer visitinhas de automóvel com um lacaio diplomático na cabine e um distintivo no chapéu.

Ai, ai. Pobre Orlando.

Carta de Vita

Brücken Allee, Berlim
8 de março
Sei que continua viva, porque Clive menciona você nas cartas dele para Harold (sim, aqueles documentos continuam a se empilhar, e são uma fonte de grande divertimento para nós), mas creio que não me ame mais porque não ouvi uma palavra sua. Ainda que tenha lhe escrito uma carta longuíssima. Você me esqueceu? Ou está simplesmente ocupada? Ou Potto está com ciúme?

Você já ouviu falar de uma colega escritora sua, chamada Phyllis Bottome? Até então sempre pronunciei o nome dela como aquela parte com a qual nos sentamos,[85] *mas descobri que a pro-*

---
[85] Vita se refere à palavra em inglês para *traseiro*, *bottom*. [N. T.]

núncia correta é Bo-tóme. Enfim, essa dama tem somente um desejo na vida, que é conhecer você. Como acredita que isso está além de seu alcance, ela se consolou escrevendo um conto no qual descreve um encontro entre vocês duas. Ela a descreve como imagina que você seja. Agora, quanto você daria para ler esse conto? Eu pessoalmente daria muita coisa, e estou tentando consegui-lo. (Só existe em manuscrito.) A senhorita Bo-tóme, que aparentemente é uma autora best-seller, não mora aqui, mas em algum lugar da Suíça. A amiga que me contou isso leva a coisa muito a sério, e diz que não é engraçado coisa nenhuma, mas extremamente patético; no entanto a persuadi a escrever pedindo o conto [...]

Ah querida, sinto tanta *saudade de casa.*

Carta de Virginia

Tavistock Square, 52
12 de março

Apaixonei-me por Noel Coward, e ele está vindo para o chá. Você não pode ficar com todo o amor em Chelsea — Potto tem de receber algum: Noel Coward tem de receber algum. Elaborei um truque engraçado. Eu não tinha chapéu. Comprei por 7 libras, 11 xelins e ¾ em uma loja na Oxford Street: feltro verde: a fita na cor errada: todo molenga como uma panqueca no ar. Até eu o achei estranho. Mas queria ver o que acontece entre mulheres reais se uma delas se parece com uma panqueca no ar. Entrou a arrojada e toda tingida de escarlate cara-de--garrafa-com-rolha-vermelha, sra. Edwin Montagu. Ela levou um susto. Decididamente me deplorou. Então ocultou um sorriso. Olhou de novo. Pensou, Ah, que tragédia! Gostou de mim mesmo sentindo pena. Ouviu-me flertando. Estava intrigada. Finalmente foi conquistada. Veja bem, as mulheres não conseguem resistir a esse tipo de negação flagrante de toda a feminilidade. Abrem os braços como um pássaro esfolado em uma rajada de vento: ao passo que as Marys deste mundo, com todas as penas no lugar, são bicadas, apedrejadas, muitas vezes morrem, todas as penas manchadas de sangue — no fundo da gaiola.

Querida, você está feliz ou infeliz? Escrevendo? Amando? Por favor me envie uma longa carta, em papel grande, porque Potto prefere assim.

Carta de Vita

Brücken-allee, 24, Berlim
14 de março

Estou chegando à conclusão não muito original de que Virginia é em todos os sentidos a pessoa mais charmosa do mundo — de fato passei os últimos três ou quatro dias pensando em pouquíssimas outras coisas e sendo muito feliz em meu devaneio; tem sido como viver uma vidinha secreta da qual ninguém sabe nada a respeito. E ouça: consegui o conto de Bottome para você — será enviado em um dia ou dois [...] Bottome está tão entusiasmada com a ideia de que você vai lê-lo que telefona para Berlim lá da Suíça para saber se já foi enviado a você — e ela deseja que lhe digam que "a ideia lhe ocorreu em um sonho". No conto você se chama Avery Fleming. Você deve devolvê-lo quando o ler [...]

Tento romantizar Berlim pensando que a Rússia está logo ali no leste. Mas a única evocação tangível da Rússia é o vento penetrante do leste que chega até nós vindo direto das estepes. Poderia passar sem ele de bom grado; porém o sol brilha [...] Essa é minha vida. Não tão empolgante quanto a sua, sem dúvida, mas penso muito em Virginia — o que compensa tanta coisa — e realmente tenho amado Virginia enormemente nos últimos tempos — de um jeito intenso, ausente (ausente na distância, quero dizer), o que tem sido uma satisfação enorme para mim — como uma maré fluindo e inundando muitos espaços vazios. Orlando, fico feliz em refletir, obriga você quer queira, quer não a passar uma certa quantidade do seu tempo comigo. Querida eu amo você.

Carta de Virginia

Tavistock Square, 52
20 de março

TERMINEI *ORLANDO*!!!

Você sentiu uma espécie de puxão, quando seu pescoço foi quebrado no sábado às 5 para a uma? Foi quando você morreu — ou melhor, parou de falar, com três pontinhos... Agora cada palavra terá de ser reescrita, e não vejo qualquer chance de concluí-lo até setembro — Está todo desorganizado, incoerente, intolerável, impossível — E estou farta dele. A questão agora é, meus sentimentos por você serão transformados? Vivi em você todos esses meses — emergindo, como você realmente é? Você existe? Inventei você?

Carta de Vita

Long Barn
3 de abril

Você está bem? Está no sol? Ah, e Orlando. Esqueci dele. Você me aterroriza por completo com suas observações. "Eu existo ou você me inventou?" Sempre previ isso, quando você matou Orlando. Bom, vou lhe dizer uma coisa: se gosta de mim — não, se me ama — um tiquinho menos agora que Orlando está morto, você nunca mais porá os olhos em mim, exceto por casualidade em uma das festas de Sibyl. Não serei fictícia. Não serei amada somente em um corpo anímico, ou no mundo de Virginia.

Então escreva depressa e diga que ainda sou real. Sinto-me terrivelmente real neste instante — como berbigões e mexilhões, todos vivos, ah[86] *[...]*

Seu adorado e perfeitamente sólido,
Orlando

---

[86] Vita cita um verso de uma famosa canção irlandesa conhecida como "Molly Malone". [N. T.]

Carta de Virginia

Orange, França
31 de março

Queridíssima Amada,
Você está de volta? A Long Barn? Feliz? Com os cães? Confortável? Bem?

Não consigo me lembrar de como se escreve. Nada além de um coração altruísta me faria tentar escrever agora — empoleirada em uma cadeira dura num quarto simples em uma estalagem ruim [...] Penso em Vita em Long Barn: toda chamas e pernas e belos movimentos de mergulho como um cavalo jovem.

Carta de Vita

Long Barn
15 de abril
Faz tanto tempo que venho desejando escrever para você, mas pensei que estaria a caminho de casa. Meu Deus, ficarei agradecida quando souber que você está de volta a salvo. Estou indo na quarta-feira; Pinker e eu devemos aparecer à tardinha?

Carta de Virginia

Tavistock Square, 52
17 de abril

Venha pontualmente às 4 com Pinker, ou Leonard terá ido embora [...] E não é terrível que você não se importe comigo mais? Sempre disse que você era uma bronca promíscua — É uma Mary de novo; ou é uma Jenny desta vez ou uma Polly? Hã?

A verdade será extraída de você a qualquer preço.

Devo me desgastar por causa de uma mulher que sai por aí com qualquer garota de estalagem?!

Diário de Virginia

21 de abril

A vida está ou muito vazia ou muito cheia. Felizmente aos quarenta e seis anos ainda me sinto tão experimental e no limiar de chegar à verdade como sempre. Ah e Vita — para retomar o fardo dos fatos — teve uma briga estupenda com a mãe — no decorrer da qual foi forçada a tirar o colar de pérolas do pescoço, cortá-lo em dois com um canivete, entregar as doze pérolas centrais, pôr as restantes, todas soltas, em um envelope que o advogado lhe deu. Ladra, mentirosa, espero que você seja atropelada por um ônibus — assim "minha distinta Lady Sackville" se dirigiu a ela, tremendo de raiva na presença de uma secretária e um advogado e um motorista. Dizem que a mulher é maluca. Vita muito valente e selvagem e balançando a cabeça.

Carta de Virginia

Monk's House
27 de abril

Acabei de lhe telefonar para descobrir que você foi passear na floresta com Mary Campbell, ou Mary Carmichael, ou Mary Seton,[87] mas não comigo — maldita seja.

Carta de Virginia

Tavistock Square, 52
4 de maio

Orlando,

Creio que devo contar a Eddy sobre você. O que me diz? Ele é tão apaixonado por Knole e pelos Sackville. Acho

---

[87] "Havia a Marie Seaton, e a Marie Beaton, / E a Marie Carmichael, e eu." De "The Ballad of the Queen's Maries". Virginia usaria esses nomes para suas escritoras fictícias em *Um teto todo seu* (1929).

estranho lançar a coisa toda sem avisar — Ele manteria isso em segredo?

Carta de Vita

Long Barn
6 de maio

Sim, conte a Eddy. Ele achará graça, e espero que fique irritado. Ele está vindo aqui hoje, para almoçar. Acho que ele manteria a discrição, se você fizer com que isso soe bem aos ouvidos dele. O segredo tem sido tão bem mantido, seria uma pena se vazasse agora.

Você sabia que fui até sua casa e fiquei parada nos degraus da sua entrada às 11.15 da quarta-feira? Mas a porta estava tão firmemente cerrada, e todas as janelas pareciam tão escuras, que não ousei tocar a campainha, mas fui embora tristemente como um pobre cachorro, e dirigi até Long Barn pela noite. Sim, as noites são maravilhosas. Lua cheia, rouxinóis e aquela coisa toda. Mas onde está Virginia? Que tal Virginia vir aqui passar uma noite na terça-feira ou na quarta? Antes de a lua começar a minguar. E o jardim está tão bonito [...]

Você estava tão adorável no outro dia.[88]

Carta de Vita

Long Barn
11 de junho

Suas orelhas ainda estão doendo?[89] Gostou da sensação de girar os aros quando ficaram presos? Uma sensação nova, pequenina e peculiar.

Já se esqueceu de seu pobre Orlando?

---

[88] Na entrega a Virginia do Femina Prize por *Ao farol*, no dia 2 de maio.
[89] No dia 4 de junho tanto Virginia quanto Vita furaram as orelhas.

Diário de Virginia

20 de junho

Tão farta de *Orlando* que não consigo escrever nada. Corrigi as provas em uma semana; e não consigo tecer outra frase. Detesto minha própria volubilidade. Por que ficar sempre jorrando palavras?

Carta de Vita para Harold

Long Barn
6 de julho

Virginia acabou de sair. Estava absolutamente encantadora. Falamos um bocado de poesia, e ela disse que não é nem um pouco importante não ser moderna. Querido, os Woolf são engraçados realmente. Veja, eles não têm garagem, e acaba com Leonard pagar as taxas de estacionamento para o guarda-chuva.[90] *Então faz algum tempo que ele vem dizendo que ótima garagem o escritório de Virginia daria, mas ela não reagia muito porque não queria que o escritório fosse tirado dela. Então Leonard não se atreveu* exatamente *a sugerir que fosse tirado dela por completo, mas por fim disse, será que ela achava que poderiam abrir um buraco na parede que dá para os estábulos e colocar o automóvel naquela entrada, se não for incomodá-la trabalhar com um automóvel na sala? Então agora ela e o guarda-chuva vão dividir o escritório entre eles. Um par engraçado.*

Diário de Virginia

7 de julho

[Em Long Barn ontem...] Deitada junto aos arbustos de groselha passando um sermão em Vita por conta de seus maus hábitos, com os Campbell por exemplo.

---

[90] Leonard e Virginia batizaram seu novo carro Singer de "o guarda-chuva".

Carta de Vita

Long Barn
10 de julho

Virginia, você consideraria seriamente a possibilidade de partir para a vindima [Borgonha] comigo entre 26 de set. e outubro? Tendo tido essa ideia na minha cabeça, onde já vem fervilhando há vários anos, quero executá-la mais do que tudo [...]

Tenho me sentido um bocado castigada desde que você esteve aqui, mas também curiosamente feliz. Nunca fico totalmente arrasada quando você me passa um sermão, porque isso mostra que você não é indiferente. E tenho realmente algumas boas qualidades. Pergunte a Potto — a quem envio meu amor.

Digo, devemos compensar aquela noite frustrada em breve? Mas de qualquer forma ela teve uma natureza agradável e incomum por si só [...] Você estava muito muito charmosa mesmo a despeito do sermão. E você é definitiva para mim — minha nossa, você é. Minha boba Virginia. Minha querida, querida, preciosa Virginia.

Carta de Vita

Long Barn
23 de julho

Estava prestes a escrever para você em protesto: no sábado captei um vislumbre da sua caligrafia entre as minhas cartas; coloquei-a de lado como um regalo para ler por último; e então, partindo para ela cheia de expectativa, descobri que era para Eddy [...] Você sabia que eu ia me casar com Eddy? Eu mesma não sabia disso, mas minha mãe contou ao Ozzie.[91] Vou me divorciar de Harold e me casar com Eddy, para ficar com Knole. Foi por isso que roubei todas as joias dela para dá-las para Knole.

Você virá ao meu casamento?

---

[91] Oswald Dickinson, que era irmão de Violet Dickinson, amiga de Virginia.

Carta de Vita

Long Barn
9 de agosto

Mas você conseguiria mesmo? Vir aqui, digo? No domingo? Para passar a noite? Se o dia 11 de outubro marca o fim do nosso romance, valeria a pena aproveitar ao máximo o pouco tempo que nos resta.[92]

Carta de Vita

Manger-strasse II, 39, Potsdam
21 de agosto

Mais desdobramentos da França?

Encontrei uma carta muito muito antiga sua em um livro, que começa com Querida Vita [...]

O exército alemão, ou o que restou dele, faz ressoar sua artilharia toda manhã na rua de paralelepípedos, e a música de uma banda militar distante ecoa no lago. Nos intervalos de Rilke penso no meu romance,[93] e um tipo de colcha de retalhos começa a tomar forma, mas até agora os retalhos foram só postos lado a lado e ainda não comecei a costurá-los. É melhor ser extremamente ambiciosa ou um tanto modesta? Provavelmente essa última é mais segura; mas odeio segurança, e prefiro fracassar gloriosamente a ter um sucesso medíocre. De qualquer forma não me interessa o que é "melhor", pois não importa quantas resoluções se faça, a pena, como a água, sempre encontra seu nível, e não se pode escrever de nenhum outro jeito a não ser do próprio. Pelo menos tenho certeza de que o vicejar descontrolado dos meus anos de juventude foi muito bem podado a essa altura — e espero que no lugar haja um belo crescimento de madeira sólida. Veremos.

Pobre Virginia, terá de ler esse romance quando for concluído — e mais ainda terá de dizer o que acha dele — e com a maior brutalidade possível também [...]

---

[92] O lançamento de *Orlando* estava programado para o dia 11 de outubro.
[93] *The Edwardians*.

Sinto tanto a sua falta. Espero ir à França com você, mas não ouso pensar nisso por enquanto com qualquer segurança. Você vai me escrever?

Carta de Virginia

Monk's House
30 de agosto

Por que você tem de ser tão tímida e derrotista, os dois de uma vez só, em relação a escrever seu romance? O que a jumenta West quer dizer quando fala de sua ambição e fracasso? Sem dúvida pelos quase dez últimos anos você reduziu e podou e cavoucou as raízes — O que é que uma pessoa deveria fazer com figueiras? [...] Por favor escreva seu romance, e então você vai entrar no mundo irreal, onde vive Virginia — e a pobre mulher hoje não consegue viver em nenhum outro lugar.

Carta de Vita

Manger-strasse II, 39, Potsdam
31 de agosto

Sinto uma ira violenta quanto a O poço da solidão.[94] *Não por conta do que você chama de minhas tendências; não porque acho que seja um bom livro; mas realmente por princípio. (Pensei em escrever a Jix*[95] *sugerindo que ele abolisse os sonetos de Shakespeare.) Porque, veja, mesmo se o* P. da S. *fosse um bom livro — mesmo se fosse um ótimo livro, uma verdadeira obra-prima — o resultado teria sido o mesmo. E isso é intolerável. Realmente não tenho palavras para expressar o quanto estou indignada. Leonard realmente vai armar um protesto? Ou o protesto está indo por água abaixo? [...]*

---

[94] *O poço da solidão* (1928), de Marguerite Radclyffe Hall, um romance abertamente lésbico, havia sido banido como obsceno. Vários escritores britânicos estavam se mobilizando em defesa da autora.
[95] Apelido do Ministro do Interior, William Joynson-Hicks, que foi responsável por banir o livro.

Não *deixe ir por água abaixo. Se você conseguisse Arnold Bennett e afins, certamente ia causar uma boa impressão. (Porém evite Shaw.) Quase explodi com os vários artigos do* New Statesman. *Pessoalmente, gostaria de renunciar à minha nacionalidade, como uma forma de apoio; mas não quero virar alemã, embora tenha ido a um espetáculo ontem à noite em que duas jovens deslumbrantes cantam uma canção francamente Lésbica.*

França [...] Bom, você pode ter uma pálida ideia das desgraças matrimoniais que eu *enfrento. Você hesita em deixar Leonard durante seis dias; deixo Harold várias vezes por ano durante vários meses. Vejo-o partir para a Pérsia. Ele me vê partir para a Inglaterra. Estamos eternamente em um estado de despedida [...]*

Vou deixar você com suas próprias flutuações, que me divertem um bocado. Vou dizer apenas que não deve vir se isso for deixar você infeliz o tempo inteiro. Mas você não ficaria infeliz.

Carta de Virginia

Monk's House
8 de setembro

Suponha que a gente parta (você e eu e Potto) no sábado dia 22. Durma em Paris. Chegue a SAULIEU na segunda-feira [...]

Acho que o principal quando se inicia um romance é sentir não que você é capaz de escrevê-lo, mas que ele existe do outro lado de um abismo que as palavras não conseguem atravessar; que pode ser ultrapassado apenas com uma angústia de tirar o fôlego. Agora quando me sento para escrever um artigo, tenho uma rede de palavras que certamente vão vir em socorro da ideia em cerca de uma hora. Mas um romance, como digo, para ser bom precisa parecer, antes de ter sido escrito, algo inescrevível: mas simplesmente visível; de modo que durante nove meses vive-se em desespero, e só quando se esquece o que se queria dizer o livro parece tolerável. Garanto a você, todos os meus romances eram excelentes antes de serem escritos.

Carta de Vita

Long Barn
19 de setembro
Segunda — sim. Você poderia enviar um cartão-postal para dizer

1. *a que horas o barco parte*
2. *quanto lhe devo pelas passagens*
3. *o nome do hotel em Saulieu*

De acordo com o horário em que o barco parte, talvez possa decidir se vou no domingo à noite ou na segunda-feira de manhã? De qualquer forma vou de trem, e não de automóvel.

Sem roupas. Com certeza um casaco de pele. Os outros objetos mencionados — espero que desnecessários. O cesto de Potto. Um babador para Potto.

Estava em uma livraria em Londres ontem e o livreiro me disse deliberadamente, "Vi uma cópia antecipada de Orlando*".*

Estou também interessada nessa viagem, mas não de todo como um experimento.

Diário de Virginia

22 de setembro

Escrevendo isso às vésperas das minhas férias alarmantes na Borgonha. Estou alarmada por sete dias a sós com Vita; interessada; entusiasmada, mas temerosa — ela pode me achar decepcionante, eu posso achá-la decepcionante. Tenho mais medo da manhã; e das três horas da tarde; e de querer algo que Vita não queira. E gastarei o dinheiro que poderia ter comprado uma mesa ou um espelho.

Este tem sido o melhor, e não só o melhor, mas o mais belo verão do mundo [...] Mas as notícias em relação a *Orlando* são ruins. Podemos talvez vender um terço do que vendemos de *Ao farol* antes da publicação. Dizem que isso é inevitável.

Ninguém quer biografia. Assim, duvido que façamos mais do que cobrir os gastos — um preço alto a ser pago pela diversão de chamar o livro de biografia. Devo escrever alguns artigos este inverno, se quisermos ter algum montante no banco.

Diário de Vita

24 de setembro
Voltando do restaurante erramos o caminho, então nos sentamos para tomar um café na Brasserie Lutetia na rue de Sevres & V. & eu escrevemos para Leonard e Harold respectivamente nas folhas de rosto rasgadas dos nossos livros. Ela me contou como Leonard & ela tiveram uma pequena & repentina discussão naquela manhã a respeito de ela viajar para o exterior comigo.

Carta de Vita para Harold

Saulieu, França
25 de setembro
Estou deitada na grama num campo, com a Borgonha se estendendo diante de mim. Está quente; está ensolarado. Há uma feira acontecendo em Saulieu, na qual Virginia comprou um paletó verde de veludo para Leonard. Quase lhe comprei um, mas tinha certeza de que você não ia usar [...]

Querido, é muito agradável: me sinto alegre e irresponsável. Posso falar da vida e de literatura para a satisfação do meu coração — e me alegra estar de repente no meio da Borgonha com Virginia. Gosto de fazer excursões com você. Mas depois de você, não poderia desejar uma companhia melhor do que Virginia.

Diário de Vita

25 de setembro
Então fomos & nos sentamos em um campo até que ficou frio demais, & escrevemos cartas. Depois do jantar fomos à feira. Havia

um zoológico com filhotes de leão, um carrossel & um [cabaré] Bal Tabarin que ficamos observando por um tempinho. Uma cigana adorável lá. Virginia muito encantada com todas essas visões. As pessoas jogaram confetes em nós.

Diário de Vita

26 de setembro

Tomamos café da manhã no meu quarto, e iniciamos uma discussão acalorada sobre homens & mulheres. V. é curiosamente feminista. Ela não gosta da possessividade e do amor à dominação nos homens. Na verdade ela não gosta da natureza da masculinidade; diz que as mulheres estimulam sua imaginação, com sua graça & sua arte de viver.

Carta de Vita para Harold

Saulieu, França
27 de setembro

Virginia é muito amável, e me sinto extraordinariamente protetora em relação a ela. A combinação daquele cérebro brilhante e do corpo frágil é bastante cativante. Ela tem uma natureza amável e infantil, da qual o intelecto é totalmente apartado. Nunca conheci ninguém que fosse tão profundamente sensível, e que fizesse menos caso dessa sensibilidade.

Diário de Vita

27 de setembro

Recebi cartas de H. [...] V. estava um bocado chateada porque não recebeu nada de Leonard [...] Fomos novamente ao correio; ainda nada de Leonard; então fiz V. enviar um telegrama. Alugamos um automóvel & dirigimos até Vézelay, que nos encantou. Fomos ver a catedral, e a vista do terraço; então nos deitamos em um campo sem falar muito, simplesmente ouvindo os grilos. V. parecia cansada,

& a fiz ir para a cama às quinze para as 10. No meio da noite fui acordada por uma tempestade. Fui ao quarto de V. pensando que ela talvez estivesse assustada. Falamos de ciência & religião durante uma hora — e do princípio último — e então como a tempestade havia ido embora deixei-a para voltar a dormir.

Diário de Vita

29 de setembro

Deixamos Vézelay com grande pesar [...] Tomamos chocolate quente em uma casa de chá & encontramos um bom antiquário onde V. comprou um espelho. Discutimos Edith Sitwell. V. me contou a história dos seus amores juvenis — Madge Symons, que é a Sally em Mrs. Dalloway.

Carta de Vita

Long Barn
5 de outubro

Estava desfrutando do prazer melancólico de dar uma olhada nas suas cartas esta noite, quando me ocorreu que faz um tempo que não recebo uma de você — nada, de fato, desde que eu estava em Berlim. E agora você está em Londres, cercada por Sibyls e Tons Eliot, para não falar nas encomendas de Orlando que está empacotando, e não terá tempo para escrever. Além disso, se não venho recebendo cartas suas é porque tenho estado com você, o que é melhor que papel e tinta. E não faz um dia, minha nossa, que você esteve aqui.

Foi estranho, ler algumas das suas cartas, à luz de ter estado tanto com você ultimamente. Uma iluminação irregular incidiu sobre elas — uma espécie de contraluz [...] incidiu nelas, projetada metade pela iluminação um tanto hesitante do passado e metade pela iluminação mais plena do presente. Não consegui parar de me perguntar qual iluminação preferia, porque vi imediatamente que criaram, na sua junção, uma luz límpida belíssima na qual fui *banhada e na qual me senti extremamente feliz. Porém, chega disso, ou você vai me achar sentimental (o que juro que* não *sou), e ainda a respeito o suficiente para não desejar ser desprezada por você [...]*

A Borgonha parece um sonho. "Antes, uma alegria tencionada; em retrospecto, um sonho."[96] *Eu estava muito feliz. Você estava? [...] Voltei para casa um ser transformado. O verão inteiro estive nervosa como um gato — me agitando, sonhando, planejando — agora estou toda vigorosa e robusta de novo, e faminta pela vida uma vez mais. E tudo graças a você, creio. Então veja, esta carta é um Collins.*[97]

São ¼ para a uma — quase 2 horas depois da hora de dormir da Virginia. Minha querida, eu amo você. Todas as Sibyls e os Tons Eliot do mundo não a amam tanto quanto eu. Abençoada seja por tudo o que tem sido para mim. Isso não é uma piada, mas uma verdade indiscutível.

Janto com você na terça-feira dia 16, não? Se nossa amizade sobreviver?

Carta de Virginia

Tavistock Square, 52
7 de outubro

Queridíssima Criatura,
    Foi uma carta muito muito bonita que você escreveu à luz das estrelas à meia-noite. Sempre escreva nesse horário,

---

[96] Soneto 129 de Shakespeare.
[97] Em homenagem ao obsequioso sr. Collins de *Orgulho e preconceito*, de Jane Austen.

pois seu coração precisa do luar para se derreter. E o meu está frito à luz do lampião a gás, já que são só nove horas da noite e tenho de ir para a cama às onze. De modo que não direi nada: nem uma palavra quanto ao bálsamo para a minha angústia — pois estou sempre angustiada — que você foi para mim. Como observei você! Como me senti — e agora, qual era a sensação? Bom, em algum lugar vi uma pequena bola que ficava borbulhando para cima e para baixo no jato de uma fonte: a fonte é você; a bola, eu. É uma sensação que tenho apenas com você. É fisicamente estimulante, ao mesmo tempo tranquilizadora.

Carta de Vita

Long Barn
9 de outubro
Tenho certeza de que você está cheia de pessoas e coisas para fazer, e não quer Vita — ou Potto — que parece estar se acalmando. (Pinker estava sofrendo de constipação — Não era que ela sentia falta de Leonard. Agora ela tomou um remedinho e está bem feliz de novo — assim como todos nós quando tomamos um remedinho.)

Mas você vai me enviar Orlando*? Antes das 4 horas? Nem preciso dizer que não vou conseguir existir até o ter [...]*

É assustador pensar que esta é a última carta amigável que escreverei para você.

Um dia antes da publicação, *Orlando* chegou num pacote de papel pardo da Hogarth Press. Foi seguido alguns dias depois por Virginia, que lhe deu o manuscrito de presente.

Carta de Vita para Harold

Long Barn
11 de outubro

Meu querido, escrevo para você no meio da leitura de Orlando, em tamanho turbilhão de emoções que mal sei onde estou (ou quem sou!). Chegou hoje pela manhã com o primeiro correio e o estou lendo desde então, e agora estou na metade. Virginia o enviou para mim em uma adorável encadernação de couro — abençoada seja. Ah Deus, como me pergunto o que você vai achar do livro. A mim me parece mais brilhante, mais encantador, mais rico e suntuoso do que qualquer coisa que ela tenha feito. É como um manto incrustado de joias e salpicado de pétalas de rosa. Admito que não sou isenta em relação a ele. Trechos dele me fazem chorar, trechos dele me fazem rir; o todo me deslumbra e me desnorteia. Fico louca que você não esteja aqui, pois poderíamos ler ao mesmo tempo. Mal dormi de tanta emoção a noite inteira, e acordei me sentindo como se fosse meu aniversário, ou meu casamento, ou algo único.

Bom — não sei, me parece um livro único na literatura britânica, contendo tudo: romance, engenho, seriedade, leveza, beleza, imaginação, estilo; com Sir Thomas Browne e Swift como pais. Sinto-me infinitamente honrada por ter sido a base dele; e muito humilde.

Carta de Vita

Long Barn
11 de outubro

Minha querida

Não estou em um bom estado para escrever para você — e quanto a opiniões distanciadas e ponderadas (como você disse ao telefone), tais coisas não existem em uma relação assim. Pelo menos não ainda. Talvez apareçam mais tarde. No momento, não consigo dizer nada exceto que estou completamente deslumbrada, enfeitiçada, encantada, sob uma magia. A mim me parece o livro mais belo, inteligente e rico que já li — deixando para trás até mesmo seu próprio Ao farol.

Virginia, realmente não sei o que dizer — estou certa? Estou errada? Sou parcial? Estou no meu juízo perfeito ou não? A mim me parece que você realmente encerrou essa "coisa difícil e rara" em um livro; que teve uma visão total; e ainda assim quando começou a trabalhar seriamente nela, você nunca a perdeu de vista ou vacilou na execução. As ideias me vêm tão depressa que tropeçam uma na outra e as perco antes que consiga agarrá-las pelo cangote; tem tanta coisa que quero dizer, e ainda assim só consigo voltar à minha primeira exclamação de que estou enfeitiçada. Você vai receber cartas, muito racionais e iluminadas, de muitas pessoas; não consigo lhe escrever esse tipo de carta agora, só posso dizer que estou de fato tremendo, o que para você pode parecer inútil e bobo, mas na verdade é uma homenagem maior do que páginas de um reconhecimento tranquilo — e então no fim das contas ele me tocou de forma muito pessoal, e também não sei o que dizer em relação a isso, só que me sinto como uma daquelas figuras de cera na vitrine de uma loja, na qual você dependurou um manto bordado de joias. É como estar sozinha em um quarto escuro com uma arca do tesouro repleta de rubis e pepitas e brocados. Querida, não sei e nem sequer gosto de escrever, de tão emocionada que estou, como você pôde dependurar uma veste tão esplêndida em um cabide tão pobre. Realmente não é falsa humildade; realmente *não é. Porém não consigo escrever a respeito dessa parte, e muito menos lhe dizer oralmente.*

A essa altura você deve estar me achando muito confusa e muito ignorante para qualquer coisa, então vou apenas pontuar que o livro (na tessitura) me parece conter tudo de melhor de Sir Thomas Browne e de Swift — a riqueza de um e a objetividade do outro.

Há dúzias de detalhes em que gostaria de entrar — a visita da Rainha Elizabeth, a visita de Greene, frases espalhadas (particularmente uma na p. 160 começando com "Ameias elevadas do pensamento etc.", que é exatamente o que você fez por mim*), Johnson às cegas e assim por diante — mas hoje está tarde demais; li num ritmo constante o dia todo, e agora são 5 horas da tarde, e preciso entregar a carta, mas vou tentar escrever de forma mais sensível amanhã. É culpa sua, por ter me comovido a tal ponto e me deslumbrado* totalmente, de modo que todas as minhas faculdades ruíram e me abandonaram por completo.

Um pensamento terrível me ocorreu esta manhã: você não pensou, ou pensou, por um segundo sequer que foi por indiferença que não fui a Londres ontem? Você não poderia ter pensado isso? Tinha fixado com tamanha firmeza que 11 de out. seria o dia em que teria o livro que estava resignada (depois de todos esses meses) a esperar até lá. Mas quando o vi em sua bela capa, com minhas iniciais, a ideia estalou na minha cabeça e me horrorizou totalmente. Mas pensei melhor e refleti que você não poderia ter se enganado a tal ponto.

Sim, vou escrever amanhã de novo, em uma disposição mais calma espero — agora estou realmente escrevendo contra o tempo — e, como lhe disse, como uma pilha de nervos trêmulos.

Além disso, você inventou uma nova forma de narcisismo — confesso — estou apaixonada por Orlando — é uma complicação que eu não tinha previsto.

Virginia, minha querida, só posso agradecê-la por verter tais riquezas.

Você me fez chorar com as passagens sobre Knole, sua miserável.[98]

Carta de Virginia

Tavistock Square, 52
12 de outubro

Que alívio imenso! [...] Ocorreu-me de repente com horror que você pudesse estar magoada ou brava, e não ousava abrir a correspondência: Agora deixe que latam ou mordam; Anjo você é — Mas estou com um tantinho de pressa: e não escreverei senão esta linha. Vendas bem melhores. Entusiasmo no *Post* de Birmingham. Descobriram Knole. Insinuam a seu respeito.

---

[98] Ao receber esta carta, Virginia enviou um telegrama para Vita: "Sua biógrafa está infinitamente aliviada e feliz".

Carta de Vita

Long Barn
15 de outubro

Isso é apenas para lhe mandar excertos de três cartas que recebi esta tarde:

(1) *"Como obra de beleza e genialidade é magnífica — fica-se sem fôlego de admiração. As descrições de Knole são belíssimas — com toda certeza igualam em beleza a qualquer coisa que já foi escrita ou dita a respeito de Knole. Sinto que você ficará feliz com essas descrições..."*

(2) *"Que encantadora sua pseudobiografia. Lê-la é um dos prazeres mais extraordinários que se pode desejar. Penso que a forma é singularmente adaptada à genialidade de Virginia, e que essa é a mais grandiosa das obras de ficção dela. A linguagem é tão encantadora."*

(3) De Harold. *"Que livro maravilhoso! A coisa toda tem uma beleza de tirar o fôlego — como aquele pôr do sol diante de Dilijan (a referência é à Pérsia). É muito mais do que brilhante. Simplesmente não consigo acreditar que um tal livro não sobreviva. O mundo inteiro da vida foi vertido nele, brilhando com chamas derretidas."*

Minha querida. Estou lendo tudo de novo desde o início. Irei às 6.45 amanhã, ou um pouco antes talvez.

Carta de Vita

Long Barn
17 de outubro

Querida, amo você.

V.

Clive acrescenta um breve pós-escrito: "Orlando é uma obra-prima".

Harold diz: "Muito a dizer a respeito de Orlando mas vou guardar para sexta-feira. É adorável e cintilante e profundo".

Diário de Virginia

27 de outubro

Um escândalo, um escândalo, deixar tanto tempo escoar, e eu debruçada na ponte vendo-o passar. Só que não tenho me detido nessa pose debruçada: estou correndo para cima e para baixo, com irritação, agitação, obstinação. E a corrente redemoinhando perversa. Por que é que escrevo essas metáforas? Porque não escrevo nada há eras.

Orlando foi publicado. Fui à Borgonha com Vita. Não nos decepcionamos uma com a outra. Passou num piscar de olhos. Ainda assim fiquei feliz de rever Leonard. Como isso está desconexo! Minha ambição a partir deste momento, oito minutos para as seis, no sábado à noite, é atingir a concentração total novamente. Desisti de ler e pensar no dia 24 de setembro, quando fui à França. Voltei e mergulhamos em Londres e na editoração.

Estou um pouquinho farta de *Orlando*. Creio que estou um pouquinho indiferente agora ao que qualquer pessoa pensa. A alegria da vida está no processo — assassino, como sempre, uma citação. Quero dizer, é a escrita, e não o ser lida, que me entusiasma. A recepção, como dizem, superou as expectativas. Vendas além do nosso recorde para a primeira semana.

Carta de Vita

Long Barn
7 de novembro

Espero que você esteja melhor. Fiquei ansiando tanto por ver você na segunda-feira à noite, e quase chorei quando Nellie disse que você tinha saído. Mas os fogos de artifício estavam lindos de se ver pela névoa. Você os viu?

Sua muito muito amorosa,

Carta de Vita

Long Barn
29 de novembro

Estou me sentindo mais ou menos como (imagino) um pescador se sente entre um vendaval e outro. Em um dia calmo pode-se sair e apanhar vários peixinhos prateados. Mas há essa diferença: em um vendaval, ele pode se sentar em casa e fumar seu cachimbo (a menos que também seja membro da tripulação do barco salva-vidas), ao passo que o vendaval para mim representa Londres, Eton, Oxford — simplesmente um ser soprado pelo mar, os peixinhos todos dispersos. Em outras palavras, consegui chegar em casa hoje pela manhã, apenas para recomeçar amanhã, e cedo; e que tipo de vida é essa, pergunto a você?

Enfim, houve um jantar GIGANTESCO,[99] *e fiz um discurso, em grande agitação [...] Tanta, tanta gente — pelo menos 300 — e o espoucar das fotografias — e um microfone — e o sr. Winston Churchill com quem fugiria de bom grado se me pedisse — e eu um tanto deplorável no meio daquilo tudo — e me perguntando por que estava lá — e então de repente um discurso sobre Knole — e Jack Squire bastante bêbado com uma gripe. Minha nossa, não gosto da vida pública. Gosto de tostar pãezinhos na lareira a gás do quarto de Virginia [...]*

Querida, você é minha âncora. Uma âncora envolta em pepitas de ouro no fundo do mar.

Carta de Virginia

Tavistock Square, 52
2 de dezembro

---

[99] Oferecido pelo e em prol do National Trust. (Entidade filantrópica voltada para a conservação do patrimônio britânico. [N. T.])

Então suponho que você tenha acabado de chegar, sendo depois do jantar, e eu jantei sozinha. Que boa carta você me escreveu! Sabe que penso na sua escrita com interesse? Todas as suas patinhas parecem estar bem firmes agora, não só a pata dianteira. Pouquíssimas pessoas me interessam enquanto escritoras; mas penso que lerei seu próximo poema com atenção [...]

Ter todas as patas bem firmes no chão — é disso que gosto em uma pessoa que escreve [...] Deus! Que prazer você é para mim.

Carta de Vita

Long Barn
3 de dezembro

Que enlouquecedor. Estava eu sentada sozinha na Charing X das 7 às 8.30 na noite passada, tendo perdido a conexão; e lá estava você jantando sozinha do outro lado de Londres. Poderia facilmente ter passado aí, e pegado um trem ainda mais tardio. Maldição, maldição, maldição. Mas você estava lendo Chaucer [...]

Oxford estava repleto de Orlando. Meti o nariz em todas as livrarias. Que diversão que foi; e estou um tantinho apaixonada por alguém que é estudante de graduação, um claro sinal da meia-idade.

Querida, não sou poeta, acho. Sou um saco de cimento no que diz respeito à poesia. Mas gostaria de falar disso com você. Estou um tanto triste com isso; e cogitando um luto pela minha Musa morta. Ela morreu na infância, pobrezinha, antes de ter aprendido a falar. Ou você acha que ela só está passando alguns anos em recolhimento, e vai emergir de novo algum dia, com cabelo grisalho porém sábia? Li The Land por cinco minutos e achei um bocado ruim. Nem uma centelha em lugar algum. Decente, mas enfadonho [...]

Queria que fosse quinta-feira. Sim — que peninha que você não pode fazer mágica com o tempo na vida real como faz nos livros. Então poderíamos fazer a quinta-feira durar 300 anos. Marvell parece ter tido basicamente a mesma ideia.[100] *Agora entendo por completo e pela primeira vez exatamente o que ele quis dizer.*
    Seu Orlando

Carta de Vita

Brücken Allee
26 de dezembro
Boski se lembrou de lhe enviar as contas de âmbar? E você vai usá-las? E não ralhar comigo? E ver cada uma delas como um beijo de Orlando? E vou pensar em você como uma raposa, um melão ou uma esmeralda, ou qualquer outra coisa que você seja capaz de conceber?

Carta de Virginia

Monk's House
29 de dezembro
Aquele Potto miserável está todo cheio de contas amarelas. Ele se enrolou nelas e não se pode soltá-lo — exceto se lhe cortarem as patas dianteiras, o que sei que você não ia gostar. Mas me permita dizer, de uma vez por todas, que presentes não são admitidos: está escrito em toda a jaula. Isso lhes estraga os ânimos — Eles sofrem a longo prazo — Será perdoado uma única vez: mas nunca mais — Na noite em que você foi apanhada, naquele inverno, em Long Barn, você sacou o abridor de cartas de Lorde Steyne, e tive então de deixar os termos

---

[100] As leituras de Vita giravam em torno de seu livro sobre Andrew Marvell, publicado em 1929 pela Faber & Faber. Ela se refere ao poema de Marvell "To His Coy Mistress".

claros: com aquele abridor de cartas você vai cortar nosso coração eu disse e o mesmo se aplica às contas.

Carta de Virginia

Monk's House
31 de dezembro

Por favor seja um anjo e me mande uma linhazinha ao receber isso para me dizer como você está [...] Se eu não souber, não dormirei; e então terei dor de cabeça; e então não conseguirei ir a Berlim: Então veja, Amor, amor: e aliás é o último dia do ano.

1929

Carta de Virginia

Monk's House
3 de janeiro

Estou zonza no momento; por que, só Deus sabe. Caminhei sozinha no vale até uma fazenda de roedores, se é que você sabe o que é isso: e o silêncio e o frescor e o encanto — uma lebre, os bosques transformados em vapor — as colinas verde-azuladas; os montinhos, como bolos cortados ao meio — digo que tudo isso me entusiasmou tanto; e minha própria vida de repente se tornou tão impressionante para mim, não o meteoro habitual como que disparando pelo céu, mas solitária e ainda assim, como digo — bom, como é que a frase vai acabar?: imagine por si mesma essa frase, como a estrela cadente, terminando em um abismo, uma cúpula, de azul, a cor da noite: que, se você queridíssima Vita consegue acompanhar, é agora minha condição: enquanto fico sentada esperando o jantar, sobre as toras [...]

Você me ama mesmo? Apaixonada e não razoavelmente?

Carta de Vita

Brücken Allee
6 de janeiro

Potto, digo, roubou um exemplar de Orlando *e o mandou encadernar para mim em couro de cabra — e não contente com isso, ele também roubou o [manuscrito] de* Orlando *e encadernou isso também — então pensei que de fato podia lhe dar algumas contas amarelas neste Natal sem começar uma discussão — porque gosto de dar coisas a Potto — e no geral sou tão severamente controlada que nunca ouso dar. Estou perdoada? E Potto está perdoado? Por ter se enrolado nelas?*

[...] É verdade — pode ser verdade? — que você está vindo para Berlim? Céus, queria que você estivesse vindo sozinha. Mas Virginia em Berlim [...] Muito estranho. Quase me reconcilia com Berlim, que Berlim vá conter Virginia. A língua vermelha rasteja pelo calendário, devorando os dias: só mais dez dias. Não fique ah não fique doente e seja impedida de vir [...] Porque, de verdade, você não tem ideia de como estou infeliz aqui. Quase deixo de existir. Ressuscitarei quando você chegar, como uma flor regada.

Encontrarei você na estação.

Melhor parar agora, ou escreverei para você uma carta muito descontrolada de amor e anseio.

Carta de Virginia

Tavistock Square, 52
8 de janeiro

Qual será a estação lhe direi depois. Vita dirá Uoiê Virginia! Leonard vai parar e fazer carinho na cachorra. Vai compará-la com Pinker, e se você tiver tato vai dizer, "Mas Pinker tem uma coloração bem melhor, Leonard", e então todos nos sentiremos felizes [...]

Orlando vendeu a essa altura 13.000 exemplares nos Estados Unidos: é a última vez que o menciono.

Carta de Vita

Brücken Allee, Berlim
12 de janeiro

Conto os dias, pois você não sabe metade do páthos do meu planejamento de esqueminhas para fazer janeiro e fevereiro passarem; e com seu advento toda uma passagem de tempo se resolve, do brilhante dia 17 ao sombrio dia 24 [...]

Fomos a um baile de sodomitas.[101] *Vários deles estavam vestidos de mulher, mas suponho que eu era o único artigo genuíno no salão. Uma visão muito estranha. Também fomos a uma corrida de bicicleta que dura 6 dias e 6 noites, dando voltas e mais voltas numa pista inclinada sob luzes de arco voltaico. Certamente há muitas coisas esquisitas para se ver em Berlim, e acho que Potto vai se divertir.*

Bom não direi mais nada, exceto que há 483000 segundos entre o agora e sua chegada, e é por esse momento que estou vivendo.

Virginia, Leonard, Vanessa, Duncan Grant, Quentin Bell e Eddy Sackville-West visitaram Vita e Harold na Embaixada Britânica em Berlim. O grupo era grande demais, e deram nos nervos uns dos outros. Virginia conseguiu passar algumas horas a sós com Vita, e aparentemente declarou seu amor mais uma vez, ao que Vita reagiu com cautela.

Carta de Vita

Brücken Allee, Berlim
25 de janeiro

Minha querida adorável Virginia

Está tão vazio aqui sem você [...]

Você não vai receber isso, graças ao correio britânico que não funciona aos domingos, até depois de ter estado em Long Barn, que espero terá feito você se lembrar um pouquinho de mim e talvez revivido em você algo daqueles sentimentos aos quais deu uma voz tão assustadora

---
[101] *Ball der Jugend.*

e perturbadora em Funkturm?[102] Digo, você não sabe a diferença que sua semana aqui fez para mim. Isso só mostra quão pouco a duração de fato do tempo realmente conta. Antes, Berlim inteira era pura repugnância para mim; agora, há somente alguns poucos lugares com uma aura romântica. Prinz Albrecht-strasse, Potsdam, a Funkturm; até Brücken-allee mantém algo da sua fragrância. Então você ter trazido quatro pessoas para Berlim não foi um desperdício [...] ENTÃO vem Long Barn e a primavera, e os rouxinóis e seu quarto enorme e todo o resto. Mas até lá você vai estar em outro estado de espírito? Ou vai ser infiel a mim? [...] Deus, nunca ia perdoar você — Não — poupe a si mesma para seu próprio bem.

Carta de Virginia

Tavistock Square, 52
27 de janeiro

Bem, cá estou eu na cama. Tive de ser carregada do meu beliche em Harwich — uma mistura de sonífero, gripe e dor de cabeça — aparentemente. Bem drogada. Mas estou melhor. Só que claro o médico me obriga a ficar na cama e não fazer nada. Gostaria que isso tivesse acontecido em Berlim. Gostaria de poder ver você. Escreva. Estou muito melhor hoje. Berlim valeu a pena de qualquer modo.

Carta de Vita

Brücken Allee, Berlim
29 de janeiro

Ah querida ah querida, o que é isso, estar muito distante e ficar sabendo das coisas dias depois que aconteceram — Que viagem desgraçada você deve ter feito — e Harwich às seis horas da manhã — com a gripe — é simplesmente insuportável de se pensar. Detesto que você esteja doente;

---

[102] A torre de rádio em Berlim onde Vita e Virginia jantaram.

isso vale mais para você do que para outras pessoas. Digo, veja: se quiser fugir para o campo [...] Você sabe que todos os criados estão em Long Barn de papo para o ar, e você poderia ir para lá e ficar confortável (os confortos de um hotel cinco estrelas etc.), e nada neste mundo ia me deixar mais feliz do que pensar que você está se beneficiando da minha casinha ideal e vazia — exceto estar eu mesma lá com você [...]

E pensar no que lhe devo! Recebi de repente um grande maço de lilases brancos, com um cartão: "Para Orlando". Achei que deveria empacotar tudo e enviar para você.

Querida fico tão preocupada com você; você está só dores e sofrimentos? Já se recuperou?

Carta de Virginia

Tavistock Square, 52
29 de janeiro

Eis outro boletim egoísta de uma inválida, mas gosto de lhe escrever, e você não vai se importar que seja tudo a meu respeito.

Estou realmente melhor hoje, só que ainda me mantêm na cama. É apenas a dor de cabeça de sempre que agora está me dando um bocado de dor e calafrios mas está passando [...] É estranho como quero você quando estou doente. Penso que tudo vai ser quentinho e feliz se Vita vier.

Carta de Vita

Brücken Allee, Berlim
31 de janeiro
Suas cartinhas trêmulas escritas a lápis simplesmente dão uma fisgada no meu coração — ah, que abomináveis são o espaço e o tempo — veja, todas as minhas imagens de você estão a dois dias de distância. Sei que ainda estava na cama quando escreveu, mas o que não sei é se está na cama agora — ou se foi promovida ao sofá.

Carta de Virginia

Tavistock Square, 52
31 de janeiro

Agora é hora do meu pequeno regalo de escrever para Vita, digo a mim mesma. Queria ter notícias suas, mas talvez as receba. Não, não verei ninguém — nem mesmo Mary [Hutchinson] [...]

Tudo culpa de Berlim. Nunca mais andarei por uma galeria ou me sentarei para beber de novo. Todas as minhas aventuras deverão se dar na horizontal — o que em certos sentidos convém. Estou mesmo bem melhor, e elaboro um livro que se chamará *The Moths*[103] hora após hora.

Carta de Vita

Brücken Allee, Berlim
2 de fevereiro

Sem festas, sem romances — pobrezinha, pobrezinha da Virginia. Embora seja totalmente a favor do canil (com um pouquinho de escrita), não me agrada que seja por essa razão;[104] *prefiro Virginia saudável e travessa do que Virginia doente e boazinha. Bem, bem mais [...]*

Ah maldição, é tão perturbador estar a tantos quilômetros de distância e não ser capaz de fazer nada por você, exceto dar sugestões das quais temo fortemente que você vá desdenhar. Mas tudo o que é meu é seu, como você sabe muito bem — até mesmo meu coração.

Carta de Virginia

Tavistock Square, 52
4 de fevereiro

Queridíssima — o tempo que suas cartas levam para chegar! Uma postada na quinta-feira chegou esta manhã — para o

---

[103] Este livro viria a se tornar *As ondas* (1931).
[104] Virginia havia escrito "Você quer que Potto e Virginia sejam mantidos no canil".

meu grande prazer. Você não pode imaginar a diferença que faz quando trazem um envelope azul. Ainda estou na cama [...] E nenhuma dor durante dois dias e nenhum comprimido para dormir, apenas brometo. Já tive esse tipo de coisa antes, sobretudo depois da gripe, por mais leve que fosse, e sempre demora um tempo para passar [...]

Uma mulher escreve que tem de parar e beijar a página quando lê O[rlando] — Da sua raça, imagino. O percentual de Lésbicas está aumentando nos Estados Unidos, tudo por sua causa.

Carta de Vita

Brücken Allee, Berlim
5 de fevereiro

Tendo parado na livraria no caminho e comprado Orlando *em Tauchnitz, comecei a ler e me perdi a tal ponto que a noite já quase passou. Sabe que nunca li* Orlando *sem lágrimas me pinicando os olhos? Pode acreditar ou não, mas é verdade. Às vezes até transbordam. Se é a mera beleza do livro, ou se a razão é você, ou se a razão é Knole, ou os três, não sei; de qualquer maneira você gosta de fatos, e eis um fato para você. Nunca houve um livro que me enfeitiçasse e comovesse tanto. Tudo isso apesar de eu estar proibida de mencionar O...o. Talvez hoje o efeito tenha sido intensificado pelo fato detestável de você estar doente. Quando eu estiver velha e morrendo, farei com que* Orlando *seja lido em voz alta para mim.*

Carta de Vita

Brücken Allee, Berlim
6 de fevereiro

Prefiro escrever para Virginia — não que tenha nada a dizer exceto que a amo e que não queria que estivesse doente. Não consigo acreditar que seja a "barulheira" de Berlim; de verdade, é como se você tivesse passado todas as noites durante uma semana até as 5 horas da manhã se esbaldando em orgias — pelo que você diz — ou melhor, pelo que Leonard diz, e o médico. Não, não; era uma gripe, mas o que quer que fosse é muito angustiante. Agora veja como você estava bem quando a trouxe de volta da França; toda gorducha e rosada, e a pelagem de Potto uma delícia de se ver. Sabe o que acho que foi, além da gripe? FOI TESÃO REPRIMIDO. Então eis — Lembra das suas confissões enquanto o holofote não parava de girar?[105]

Carta de Virginia

Tavistock Square, 52
7 de fevereiro

[Leonard] é um anjo absoluto — apenas mais direto ao ponto que a maioria dos anjos — Ele se senta na beirada da cama e avalia meus sintomas como um juiz. Traz abacaxis enormes para casa: leva o gramofone até meu quarto e toca até achar que estou animada. Em resumo, eu teria acabado comigo há muito tempo durante uma dessas doenças se não fosse por ele. Assim, espero ir à Praça na próxima semana: mas, como digo, esse tipo de coisa leva tempo.

Carta de Vita

Brücken Allee, Berlim
7 de fevereiro
Ah Virginia, querida, elas são boas.[106] *Prendi-as por todo o quarto. Não sei de qual gosto mais. Posso ficar com elas até amanhã? Pergunta absurda, já que você não pode dizer sim ou não — e até lá vou ter decidido. (É claro que não há nada que me impeça de encomendar todas de Lenare se quiser!) Você gostou delas? E Leonard? Você vai descobrir que elas são uma eterna fonte de despesas, porque*

---

[105] Na Funkturm no dia 19 de janeiro.
[106] Vita havia recebido um pacote contendo fotografias de Virginia, tiradas por Lenare.

as pessoas vão pedi-las a você. Você é um anjo por tê-las mandado — estava ansiando por elas. Você estava muito arrumadinha nesse dia, e estou feliz que não esteja usando nenhum chapéu.

Carta de Vita

*Rapallo, Itália
13 de fevereiro*
Achamos essa pequena villa na segunda-feira quando saímos para dar uma caminhada; seria uma delícia em um tempo quente, pois é praticamente dentro *do mar, e das janelas dá para ver a costa até a Spezia. Eu lhe contei isso? Eu esqueço. Porém agora o mar açoita a rocha sobre a qual a casa foi erguida, e as laranjas parecem simplesmente bobas. Os países do sul parecem muito mais bobos no inverno do que os do norte no verão. Não sei bem o que quero dizer com isso, mas sei que quero dizer alguma coisa.*

Minha querida, você está melhor?

Carta de Virginia

Tavistock Square, 52
12 de fevereiro
Tenho saído. Andei duas vezes em torno da praça me apoiando no braço de L. — muito fria e feia ela está, e um gato escolheu morrer no caminhozinho. Então tirei a roupa e me deitei no sofá [...] L. me cobriu e me deixou quentinha; e estou bastante alegre de novo. É horrivelmente difícil, porém, dizer quanto tempo vai levar. Concordo que foi a gripe; mas também acho que fui tola em Berlim — você não se dá conta do quanto minha vida normalmente é valetudinária, então o que para os outros não é nada é barulheira para o pobre Potto. Esqueça. Deverei estar com uma saúde de ferro lá pelo dia 4. Mas você não pode dar uma passada para um lanchinho no dia 2?

Carta de Vita

Brücken Allee, Berlim
16 de fevereiro
Volto daqui a duas semanas, o que não é uma grande espera, e você sabe que vou cuidar de você como a mais cara das babás escocesas com um novo bebê no qual colocar talquinho [...] Minha pobrezinha — me importo mais do que você imagina. Digo, continuo com a sensação de que não tenho o direito de estar bem e no sol quando você está deitada no sofá com uma dor de cabeça. Trocaria de lugar com você se um arcanjo aparecesse e me desse a oportunidade.

Carta de Virginia

Tavistock Square, 52
19 de fevereiro
Às vezes fico feliz em pensar que li literatura inglesa quando era jovem; gosto de me imaginar batendo à porta do escritório do meu pai, dizendo em alto e bom som, "Posso ler outro livro, pai? Terminei este aqui". Então ele ficava muito satisfeito e dizia, "Santo Deus, criança, como você devora!" [...] e se levantava e pegava, poderia ser o 6º ou o 7º volume das obras completas de Gibbon, ou Bacon editado por Spedding, ou as cartas de Cowper. "Mas minha querida, se vale a pena ler, vale a pena ler duas vezes", ele dizia. Tenho uma grande devoção por ele — que homem desinteressado, que mente elevada, que terno comigo, e cruel e intolerável — Mas estou divagando.

Carta de Vita

Brücken Allee, Berlim
23 de fevereiro
Minha querida Virginia tenho me sentindo tão triste com Berlim que não tive a disposição para escrever quaisquer cartas. Se quisesse descrever o que senti em relação a isso, teria de aumentar meu vocabulário.

E o frio! Neve grossa, e o termômetro despencando a zero. Sinto-me completamente atrofiada. Agora, enquanto escrevo esta carta, provavelmente estarei na Inglaterra na altura em que você a receber, e na manhã seguinte verei você — não? — então esse é um belo pensamento.

Carta de Vita

Long Barn
12 de março

"Você pode escrever", você disse; e os dias se arrastaram, e não escrevi [...] Mas janto com você na sexta-feira? Clive me convidou para jantar naquela noite e recusei. Você vai me mandar um cartão-postal ao receber isto para dizer aonde e quando devo ir?

Tem feito dias quentes, e queria que você estivesse aqui.

Carta de Vita

Long Barn
3 de abril

Você sabe, ou melhor, não sabe, como sou lenta, exceto quando escrevo livros para a Hogarth Press, e isso é porque morro de medo de Leonard. Você sabe, por exemplo, que levei 15 anos para furar as orelhas, o que não se deveu inteiramente à covardia; e as coisas ficam espalhadas pela casa durante cinco ou sete anos antes que uma atitude seja tomada. Mas quando consigo duas fotografias de Virginia elas vão direto para Sevenoaks para serem emolduradas, que é onde estão agora [...] Querida, amei as fotografias. Só queria que Potto estivesse sentado no seu joelho, só isso.

Carta de Virginia

Monk's House
5 de abril

Venha na terça-feira; ao porão, nem uma piscadela depois das 3 [...] NÃO traga a Dottie. Isso me causa aversão. Duas vezes nos últimos tempos ela arruinou completamente minha serenidade com você; e não vou aguentar isso. Escolha entre nós. Dottie por favor caso se sinta inclinada a tanto; mas não nós duas no mesmo coquetel [...]

    Contei a Nessa a história da nossa paixão, no boticário no outro dia. "Mas você gosta mesmo de ir para a cama com mulheres?", ela disse, pegando o troco. "E como vocês fazem isso?". E então ela pegou seus comprimidos para levar para o exterior, falando alto como um papagaio.

Carta de Vita

Long Barn
6 de maio

Chegarei a ver Virginia de novo? Um desespero se instalou em mim por conta disso. Culpa minha, sem dúvida [...] Digo, o romance é sobre os eduardianos — um tema fascinante, se conseguir lhe fazer jus. É absolutamente repleto de aristocracia. Você vai gostar? Sinto que por puro e simples esnobismo ele deve se tornar um sucesso de vendas! Espero que sim, porque a oferta de Leonard foi muito atraente, e odiaria arruinar a editora, da qual me sinto guardiã como você bem sabe.

Carta de Vita

Long Barn
15 de maio

Tentador demais! Preferiria que você tivesse vindo para o chá, o que teria sido inútil, mas nos desencontrarmos por causa de uma hora é horrível.

Carta de Vita

Long Barn
10 de junho

Vou me sentir desamparada em Londres sem Virginia quando for à transmissão na quinta-feira. Não chagarei até o anoitecer, consequentemente. Nenhum passeio agradável ou qualquer coisa assim. Sem pãozinho — sem carinho — sem Potto para acariciar. Maldição [...] Harold e eu estamos indo — ~~Estamos indo para~~ *não, não lhe direi isso: você ia rir. Você vai descobrir por si mesma bem depressa.*[107]

Carta de Vita

Long Barn
4 de julho
Você está escrevendo e muito feliz? Estou muito, muito infeliz, porque Pippin desapareceu. Todos os esforços para rastreá-la falharam. Fiquei com Jane e os cinco orfãozinhos, e uma ansiedade torturante no coração para saber o que pode ter acontecido com ela. Ela está ferida em alguma armadilha num bosque molhado? Está envenenada? Você acha que a BBC (que considero meu feudo) transmitiria um SOS?[108]

Carta de Virginia

Tavistock Square, 52
9 de julho
Querida, estamos tão infelizes por causa de Pippin. Nós dois mandamos nossos melhores sentimentos — Leonard está muito triste.

Carta de Vita

Saboia, França
24 de julho
Estou escrevendo para você em uma cabana nos Alpes com uma tempestade iminente lá fora.[109] Estamos na altitude bastante respeitável

---

[107] No dia 17 de junho Vita e Harold participaram de uma transmissão de rádio com uma discussão sobre casamento.
[108] Pippin foi encontrada morta no dia 7 de julho.
[109] Vita estava em uma excursão, em Saboia, na companhia de Hilda Matheson, produtora de rádio pioneira da BBC e primeira diretora de entrevistas da empresa. Virginia estava com ciúme.

de quase 3000 metros, cercadas por um anel de picos brancos. Aqui em cima crescem gencianas e outras criaturinhas adoráveis, que parecem cada vez mais brilhantes e frágeis quanto mais alto se sobe. E há borboletas e besouros que alegrariam seu coração entomológico.

A essa altura tenho vários quilômetros da região de Saboia nas pernas [...] Hilda é uma companhia admirável; fica satisfeita de ler comigo durante horas; consegue fazer um pudim com geleia de damasco e neve, e um cesto de lixo com o The Times. *E também consegue ler mapas de modo que não nos perdemos enquanto cruzamos as colinas.*

Mas como é que se escreve um romance? Cheguei à conclusão de que sou uma boa andarilha mas uma má romancista. A pessoa escreve e escreve, e no fim das contas relê e se convence de que aquilo podia muito bem ter permanecido não escrito [...]

Isso talvez não seja o que você chama de uma carta íntima? Mas discordo. O livro que a pessoa está escrevendo no momento é de fato a parte mais íntima dela, e a parte em relação à qual guarda o mais completo segredo. O que são o amor e o sexo comparados à intensidade da vida que se leva no próprio livro? *Uma ninharia; uma coisa a ser gritada do topo das colinas. Portanto se lhe escrevo sobre meu livro, estou escrevendo de um jeito íntimo, embora possa não ser muito interessante no sentido* Q.E.D.?[110] *Mas você preferiria que dissesse que senti falta de Potto e Virginia, aquelas criaturas sedosas com uma farpa sob o pelo — e de fato sinto, e me pergunto muito se irão ficar comigo quando eu voltar? Potto ia gostar dos cachorrinhos, Virginia ia gostar de sua bela cama imensa e do café às onze — e de todo o afeto que lhe seria demonstrado nas horas lícitas e ilícitas [...]*

Fico olhando os besouros — com asas, pretos, com manchas vermelhas — em seus amores nas encostas quentes daqui, e gostaria de aprisionar um deles. Mas seria esmagado no correio. Então mando apenas meu amor, inesmagável.

---

[110] Abreviação da expressão latina *quod erat demonstrandum*, que significa "como deveria ser demonstrado". [N. E.]

Carta de Vita

Saboia
30 de julho

Então agora Harold é jornalista.[111] *Ora, ora! A vida é muito interessante com toda a certeza. Junto ao ar da montanha, tudo isso me subiu bastante à cabeça [...] Tenho feito muito do meu romance desde que cheguei aqui; é um livrinho muito honesto, bem direto, sem rococós, e temo que você vá achá-lo desprovido de todo interesse exceto por alguns detalhes sobre a etiqueta dos criados, o que por natureza a agrada. Com uma coisa e outra, me sinto como um barco num redemoinho — só que não de forma desagradável — e ansiosa por ver Virginia de novo.*

Diário de Virginia

5 de agosto

Sim foi um verão dispersivo; tive a sensação de que o telefone estava pendurado no meu braço e qualquer um podia me chacoalhar se quisesse. Uma sensação de interrupção me incomodava. E então estou zangada com Vita: ela nunca me disse que ia passar quinze dias no exterior — não se atreveu; até o último instante, quando disse que foi um plano repentino. Senhor Senhor! Porém acho graça um tantinho; por que me importo? Com o que me importo? Quanto me importo?

Um dos motivos é que essas Hildas são um caso crônico; e, como a maldita esnobe intelectual que sou, detesto estar ligada, mesmo que por um braço, a Hilda [Matheson]. Seu rosto inexpressivo, sério, ambicioso e competente surge diante de mim. Característica estranha em Vita — a paixão pela intelectual séria de classe média, por mais monótona e deprimente que seja. Você pode escolher entre nós, digo, parando de escrever; e extraio alguma satisfação da invenção de frases cáusticas.

---

[111] Harold aceitou a oferta inesperada de um emprego no *Evening Standard*.

Carta de Vita

Long Barn
9 de agosto
Ah querida coloquei minha carta no bloco de papel mata-borrão, onde acabei de encontrá-la, e agora está expirada, contendo, como contém, mensagens sobre trens. Então não a envio. Estou porém enviando minhas provas, nas quais você vai dar uma olhada? Tenho muitas dúvidas em relação ao poema intitulado "Noturno" nas p. 56 e 57; devo cortá-lo? Agora me parece sem sentido, ainda que suficientemente prenhe quando o escrevi![112]

Diário de Virginia

10 de agosto
Bem, Deus seja louvado; está tudo acabado e tranquilo e resolvido [...] Estou deliciosamente aliviada por ter visto Vita nesse momento e descobrir que sua história para mim era rigorosamente verdadeira. De fato estava mais preocupada e brava e magoada e cáustica com esse caso do que deixei transparecer, mesmo na página em branco; e ainda assim com muito medo do exagero. [...] E estou contente — ah muito contente — com Vita.

Carta de Virginia

Monk's House
12 de agosto
Não creio que conseguirei ir esta semana — tive de me retirar para a cama com a dor costumeira, nada grave, mais as consequências indesejadas do valor que dei à sua honestidade. Senhor!

---

[112] A nova coletânea de poemas de Vita, *King's Daughter*, continha vários poemas lésbicos que claramente não haviam sido escritos para Virginia, mas para Mary Campbell.

[...] Nesse meio-tempo você ao menos mandaria uma linhazinha para dizer o que aconteceu quanto a Hilda — quero entender a situação particularmente a respeito de Janet, já que de qualquer forma tenho de escrever a ela.[113] E por favor faça Hilda entender que tudo se deve à sua jumentice.

Carta de Vita

Long Barn
13 de agosto
Ah querida ah querida ah querida. Sinto-me tão terrivelmente responsável, você não pode imaginar. Pobrezinha, pobrezinha de Virginia — e isso significa que você não consegue escrever — não posso de fato fazer nada a não ser acariciar as orelhas de Potto. Mas amo imensamente você — mais, se é que é possível, desde o incidente.

Minha impulsividade não causou nenhum dano. [Hilda] teve o bom senso de não escrever para Janet Vaughan, então não há necessidade de você fazer qualquer alusão a isso a menos que deseje. Disse-lhe que isso se deveu em grande medida a um mal-entendido da minha parte, e ela diz que também não vai dizer nada quando jantar com [Janet]. Então embora seja jumenta não sou uma jumenta traiçoeira, e não há razão para você fazer qualquer coisa [...]

Ah você nunca vai saber os tormentos por que passei antes de ver você. Não conseguia suportar olhar para seu manuscrito na estante ou suas fotografias no meu quarto. Eram como múltiplas adagas. O que é que eu devia ter feito [...] mas minha imaginação se insurge. Tudo tendo acabado bem, devo admitir que o incidente foi muito esclarecedor. Só que não consigo sentir que acabou bem se sua dor de cabeça de fato se deve a isso; se for verdade, então acabou de forma desastrosa.

---

[113] Janet Vaughan, amiga de Virginia, por meio da qual ficou sabendo da excursão de Vita e Hilda na Saboia, o que despertou o ciúme de Virginia.

Carta de Virginia

Tavistock Square, 52
15 de agosto

Peguei minha caneta para dizer que espero que, se você encontrar Hilda, a faça entender, e não apenas superficialmente, que Janet Vaughan não teve culpa alguma — estava só brincando e sendo afetuosa — digo, não devia ter me incomodado em dar ouvidos ao que ela disse de mim; e para provar o quanto era casual e leve, ela nem sequer me deu qualquer indício de que Hilda pudesse alimentar seriamente essas paixões. Era apenas Ah, como seria divertido se Hilda pudesse se apaixonar — e nada além disso, mas algo que levei a sério — que o plano tivesse sido feito muitas semanas ou meses atrás.

Carta de Vita

Long Barn
16 de agosto
Passei os últimos três dias na cama. Seria incorreto dizer que estou melhor, mas estou ficando mais engenhosa: i.e. aprendi quais posições devem ser evitadas, e tenho uma corda pendurada em uma viga, com a ajuda da qual consigo me erguer ao menos cinco centímetros [...]

Geoffrey [Scott] morreu de pneumonia em Nova York, o que me entristeceu um bocado.[114] *Que horror morrer sozinho em um hospital estrangeiro longe dos amigos — Pobre Geoffrey — que vida desastrosa [...]*

Carta de Virginia

Tavistock Square, 52
18 de agosto

[William] Plomer é um jovem gentil, bastante formal e rígido visto de fora, ocultando muita coisa acho eu; porém estou

---

[114] O escritor Geoffrey Scott havia sido apaixonado por Vita em 1923-1924, e sua mulher se divorciou dele por causa dela.

completamente entediada de especular sobre os méritos dos poetas. Ninguém é melhor do que qualquer outra pessoa — gosto de gente — não esquento a cabeça com suas obras. Toda essa medição é uma questão fútil, e não importa quem escreve o quê. Mas essa é minha sabedoria cinzenta e grisalha — na idade dele queria ser eu mesma. E então — eis uma grande tempestade. À noite fico obcecada com a ideia da minha própria inutilidade, e se salvar minha vida dependesse de acender uma luz, acho que não acenderia. Essas são as últimas pegadas de uma dor de cabeça, suponho. Você já sentiu isso? — como uma velha erva daninha em um riacho. O que você sente, deitada na cama? Ouso dizer que é visitada por pensamentos sublimes...

Seja como for, minha querida Criatura, me diga sincera e exatamente como está. Potto lhe dá um beijo e diz que poderia esfregar suas costas e curá-las com lambidas.

Carta de Vita

Long Barn
22 de agosto
É uma coisa muito estranha, estar doente, quando você não está habituada a isso. Suponho que com o passar do tempo, se alguém permanecesse realmente acamado, desenvolveria métodos engenhosos para lidar com as dificuldades da vida na cama [...] pois no momento tudo parece ou cair no chão ou então submergir nos cobertores e lençóis. E também o lixo — o que é que uma pessoa faz com o lixo? Meu quarto parece Hampstead Heath depois de um feriado. E o pior da cama é que não é confortável de fato, exceto para se dormir. Tentar se sentar na cama é uma desgraça, não é — O que você faz em relação a isso, você que deve ter passado vários meses da sua vida nessa situação? [...]

A mente da pessoa parece se estender em diferentes direções quando fica deitada acordada e todos os outros estão dormindo — não exatamente infeliz, mas especulativa e iluminada de um jeito tranquilo.

A pessoa pensa na morte. Acho também que a pessoa pensa (com certa angústia) na falsidade e na dificuldade das relações com os outros; em como provavelmente não há ninguém no mundo que saiba tudo sobre alguém; em como mostra partes diferentes para indivíduos diferentes, não de propósito, mas casualmente, e o melhor que a pessoa pode esperar é que adivinhem o restante. Além disso a pessoa provavelmente não iria gostar se qualquer um visse tudo e de todos os ângulos. E o que importa de qualquer forma, o que traz a pessoa de volta à morte de novo [...] O contrário é verdadeiro, quando a pessoa está normal e bem.

Mas quanto a conhecer as pessoas, li os dois volumes da senhorita Mayne sobre a vida de Byron[115] *— e é esclarecedor: ser confrontada com uma primeira carta e depois outra, as duas escritas no mesmo dia e se contradizendo categoricamente, para duas pessoas diferentes [...] Em vez de ver apenas uma parte insípida da mente dele por vez, você tem uma visão desimpedida (por assim dizer) da parte seguinte, de um jeito que seus contemporâneos não tinham como fazer. Agora você me escreve, mas como vou saber se no minuto seguinte você não vai apanhar a caneta e escrever algo inteiramente diferente para Vanessa? E nem você mesma sabe o que quer dizer de verdade. Não há nada que me impeça de escrever para Harold dentro de uma hora e amaldiçoar os horrores da doença, ao passo que para você escrevi sobre os encantos dela. Mas isso é algo que você nunca saberia, a menos que tivesse uma segunda visão.*

Enfim, ficaria contente se conseguisse escrever cartas como as de Byron.

Carta de Virginia

Tavistock Square, 52
24 de agosto

Posso ir na quarta-feira para passar a noite? Você conseguiria me avisar?

---

[115] *Byron*, de Ethel Colburn Mayne, 2 volumes (1910).

[...] E como você está? A melhor poção para dormir é uma audit ale[116] na hora de ir para a cama: qualquer aluno de faculdade consegue uma, e se você não gostar, eu tomo.

Mil variedades diferentes de amor se derramam sobre você, como o aguaceiro de um regador gigante da Virginia.

Carta de Vita

Long Barn
13 de setembro

Tenho várias coisas da mais alta importância para lhe dizer:

1. *Harold abandonou a diplomacia.*
2. *Ele está contratado por Lorde Beaverbrook a partir de 1º de janeiro de 1930.*
3. *Escrevemos para minha mãe dizendo que não vamos mais depender dela depois do final deste ano.*
4. *Harold retirou suas objeções a* King's Daughter, *então está tudo bem.*

Bom é um belo maço de notícias para uma carta [...] Estamos nos sentindo muito orgulhosos e livres. Acredito que não há nenhuma chance de você estar em Londres na próxima quinta-feira quando estarei de passagem? Não, acredito que não. Mas tenho um desejo de ver você.

Carta de Virginia

Tavistock Square, 52
15 de setembro

Mil parabéns para os dois.

Ouso dizer que esses são os dias mais felizes da sua vida.

Não, infelizmente, vou a Londres na sexta-feira e não na quinta.

---

[116] Cerveja forte associada às festas das universidades de Oxford e Cambridge. [N. T.]

Sim, muito satisfeita em relação a *King's Daughter*.
Graças aos céus, chega de lidar com Lady S. [...]
Como essa carta está burocrática!
E parece um soneto.

Carta de Vita

Long Barn
16 de setembro
Sonhei na noite passada que você e Leonard nunca tinham sido casados de verdade, e que você decidiu que já era hora de realizar a cerimônia. Então você fez um casamento estiloso. Estava vestida com uma túnica de corte medieval, feita de tecido de ouro, e usava um véu comprido, e tinha uma escolta de damas de honra e pajens. Você não me convidou para o casamento. Então fiquei parada no meio da multidão e vi você passar de braços dados com Leonard.

Por algum ou alguns motivos (não precisa procurar muito longe) esse sonho me deixou extremamente infeliz, e acordei chorando, e ainda não me livrei do seu efeito.

Você dirá ao seu noivo que enviei de volta as provas de King's Daughter *para a sra. Cartwright na semana passada? Estou mandando um pó para ele, anexado, que é melhor que Keatings [...]*[117]

Algum dia vou ver você de novo? Sinto uma ânsia enorme e urgente de ver. Mas você parece muito distante [...] De qualquer forma, todo tipo de paisagem diferente parece se abrir, para qualquer lado que eu olhe, não só a visão de uma mesa de jantar com cavalheiros de uniforme com cordões dourados e damas de vestidos decotados. Cristo, como sempre quero ver você quando a vida se torna empolgante.

Seu Orlando

O fato de eu não ver você impede que esses dias sejam (alguns) dos mais felizes da minha vida.

---

[117] Pó antipulgas para os cães. (No original, *fleacomb*. [N. T.])

Diário de Virginia

16 de setembro

Outra reflexão — nada é tão cansativo quanto uma mudança de atmosfera. Estou mais destruída e despedaçada por uma hora com a mãe de Leonard do que por seis horas — não, seis dias, de Vita [...] A tremenda mudança que tem de acontecer tritura o maquinário de alguém em pedacinhos.

Carta de Virginia

Tavistock Square, 52
17 de setembro

E quando nos encontraremos? Estou um pouquinho desanimada. Outra daquelas malditas dores de cabeça. Não consigo imaginar como acontecem — Se escrevendo, lendo, caminhando ou vendo pessoas. De qualquer forma não tem sido nada ruim — só deixa Leonard mais melancólico e torna a situação mais complicada para mim — não posso caminhar, ou fazer nada além de me sentar e beber leite — você conhece a velha história.

Carta de Virginia

Tavistock Square, 52
26 de setembro

Não, eu não quis dizer que estava doente — apenas a dor de cabeça normal, estou perfeitamente bem de novo [...]

Estou lendo um romance de um aluno de graduação de Oxford, e o herói diz: "Você conhece esses versos de *The Land*, o melhor poema, escrito pela que é de longe a melhor entre os poetas vivos?" — mas, apesar disso, não vamos publicá-lo.

Só tenho uma paixão na vida — cozinhar. Acabei de comprar um soberbo fogão a óleo. Posso cozinhar qualquer coisa. Estou livre de cozinheiras para sempre. Fiz costeletas de vitela e bolo hoje. Asseguro a você que é melhor do que escrever esses livros mais do que imbecis.

[Vita riscou com força cinco linhas ao final desta carta, de modo que não são mais legíveis. Podem ter sido sobre Hilda Matheson.]

Carta de Vita

Long Barn
28 de setembro
Detectei, ou não detectei, uma nota de irritação na sua carta? Um ligeiro arranhão? De qualquer forma você está muito equivocada: se eu chegar a ir a Barcelona, não será com Hilda Matheson mas com Dottie, no automóvel dela, e de qualquer forma não acho que o plano vá amadurecer.

Carta de Virginia

Tavistock Square, 52
30 de setembro
Não, não, não, eu falava de Dottie, não de H. M. (quanto a ir a Barcelona) e a referência foi às suas últimas viagens e foi apenas uma piada e foi Potto quem a fez e disse ha hah para mostrar que era uma piada e apenas o zurro de uma Jumenta.

Carta de Virginia

Tavistock Square, 52
13 de novembro
Ontem me entreguei às travessuras — nos braços de Osbert [Sitwell], que também estão muito gordos; no carpete da sra. Courtauld,[118] tão grosso e resistente quanto os braços

---

[118] Elizabeth Courtauld era a esposa do rico industrial e colecionador de arte Samuel Courtauld. Sua casa na Portman Square, 20, era um centro da vida cultural de Londres.

de Osbert. Deus! Que grande festa? Flertei e flertei — com Christabel [McLaren], com Mary [Hutchinson], com Ottoline [Morrell]; mas essa última foi um abraço demorado e cadavérico que quase me derrubou. Imagine nós duas enlaçadas entre Cézannes que ela teve a audácia de elogiar sem parar enquanto nos entregávamos àquelas palhaçadas labirínticas do que se chama se tornar íntima de Ottoline; sucumbo: minto; lisonjeio; aceito lisonjas; me espicho e busco, e o tempo inteiro ela é vigilante e vingativa e desonesta e infeliz e pronta para quebrar cada costela do meu corpo se valesse o esforço. Na realidade é uma mulher simpática, consumida pela amorosidade e pela vaidade, um antigo vulcão, todo cinzas com raras plantinhas verdes, muito menos um pernil sobrando. E isso é relacionamento humano, isso é amizade humana, ficava dizendo a mim mesma enquanto bajulava e adulava [...]

Espero, ah espero, que você agora esteja confortável e quieta e quentinha e amando seus

Potto e V.

1930

Nenhuma das cartas que Vita escreveu para Virginia em 1930 e 1931 sobreviveu, embora Vita guardasse mais de setenta das de Virginia. É provável que as cartas tenham sido perdidas involuntariamente, visto que o tom afetuoso de suas respostas sugere que Virginia as consideraria dignas de serem preservadas.

Os diários mostram que entre o mês de setembro e o final de 1930 Vita e Virginia se encontraram ao menos oito vezes. No início de 1930, Vita e Harold compraram o Castelo de Sissinghurst, levando Vita a se retirar cada vez mais da vida em sociedade enquanto trabalhava em sua restauração e seu jardim — que permanece um dos jardins mais famosos da Inglaterra. Ela também publicou um romance best-seller — *The Edwardians* — com a Hogarth Press. Virginia fez uma nova amiga, a compositora Ethel Smyth, que se tornou sua visitante e correspondente mais frequente, mesmo que nunca tenha substituído Vita em seus afetos mais íntimos.

Diário de Virginia

16 de fevereiro

Duas noites atrás, Vita esteve aqui; e quando se foi, comecei a sentir a qualidade do entardecer — como a primavera estava chegando; uma luz prateada; mesclada aos primeiros candeeiros acesos; os cabriolés todos apressados pelas ruas; tive uma tremenda sensação de vida começando; e todas as portas se abrindo; e isso creio é a mariposa agitando suas asas em mim; ideias disparam em mim. Não traz benefício algum tentar escrever nesse estágio. Gostaria de me deitar e dormir, mas tenho vergonha. Leonard desdenhou da gripe em um dia e foi cuidar dos negócios se sentindo mal. Mas como eu estava dizendo, minha mente funciona no ócio. Não fazer nada é quase sempre meu método mais rentável.

Carta de Virginia

Tavistock Square, 52
25 de abril

"Não acho que consiga aturar, nem os Nicolson, a felicidade durante quarenta e cinco minutos", eu disse às 8.15.

"Bom, sempre podemos desligá-los", Leonard disse. Às 9 fiquei de pé em um pulo e gritei, "Deus do céu, chamo isso de primeira categoria!", tendo ouvido cada palavra.

Isso é (por um milagre) literalmente verdade. Como diabos você dominou a arte de ser sutil, profunda, engraçada, maliciosa, modesta, satírica, afetuosa, íntima, profana, coloquial, solene, sensata, poética e um velho cão pastor peludo — numa transmissão de rádio? Achamos um triunfo.

Diário de Virginia

16 de junho

O verão segue a pleno vapor. Seus elementos este ano são Nessa e Duncan, Ethel Smyth, Vita e reescrever *As ondas*. Ethel

Smyth aparece sem avisar; apareceu ontem, aliás [...] Recebo, em geral, duas cartas por dia. Ouso dizer que as velhas chamas do Safismo estão ardendo pela última vez. No auge ela deve ter sido formidável — implacável, tenaz, rigorosa, rápida feito um relâmpago, confiante; com algo da frontalidade e da singularidade do gênio, embora digam que escreve música como um árido e velho mestre alemão da música.

Diário de Virginia

26 de julho

Acabei de chegar de uma noite em Long Barn, e sinto vertigem de voltar para casa para L., para os dois tritões no banheiro, as cartas (de Ethel, e flores), livros, &c. Uma agradável volta ao lar; e isso me deixa um tantinho espantada com minha própria felicidade. Ouso dizer que poucas mulheres são mais felizes — não que eu seja qualquer coisa com constância; mas sinto que bebi um bom gole da vida humana e descubro muito champanhe nela. Não tem sido monótono — meu casamento; de jeito nenhum.

Diário de Virginia

25 de agosto

Ethel veio passar uma noite na sexta-feira, e tenho de lançar alguns comentários sobre essa amizade curiosa e artificial. Digo artificial porque ela é tão velha, e tudo é incongruente. A cabeça dela tem uma proporção gigantesca nas têmporas [...] Recostada na minha cadeira à luz do fogo ela parecia ter dezoito anos; parecia uma jovem bela e vigorosa. De repente isso desaparece [...] Tenho consciência, suponho, do elogio que ela me faz. Porém ela tem mais de setenta anos. Tive alguns momentos interessantes. Quanto ao ciúme por exemplo. "Sabe, Virginia, não me agrada que outras mulheres gostem de você."

"Então você deve estar apaixonada por mim, Ethel." "Nunca amei tanto alguém. Desde que a vi não pensei em mais nada &c. Não tinha intenção de lhe dizer isso." Mas o que gosto nela acho não é o amor, pois como é difícil tornar isso compreensível — gosto é do velho rochedo indômito; e de um certo sorriso, muito amplo e benigno. Mas minha nossa, não estou apaixonada por Ethel.

Diário de Virginia

2 de setembro

Falta circularidade ao meu mapa do mundo. Há Vita. Sim — ela esteve aqui outro dia, depois de sua viagem pela Itália, com os dois meninos; um carro empoeirado, sandálias e castiçais florentinos, romances e outras coisas sacolejando nos bancos. Uso meus amigos como lentes de aumento: há outro domínio que enxergo à sua luz. Logo ali há uma colina. Amplio minha visão.

Carta de Virginia

Tavistock Square, 52
6 de novembro

Queridíssima Criatura,

Fiquei tão comovida por você ficar para jantar comigo na outra noite — Potto e eu ficamos tão felizes.

Diário de Virginia

16 de dezembro

Nunca mais vou jantar fora. Vou queimar meu vestido de noite. Atravessei essa barreira. Nada existe além. Saltei a cerca; e agora nunca mais preciso me chicotear para jantar com Colefax, Ethel, Mary de novo. Essas reflexões foram marteladas indelevelmente ontem à noite na Argyll House. A mesma festa: os mesmos vestidos; a mesma comida. Falar com Sir Arthur [Colefax] sobre as cartas da Rainha Victoria, e o projeto de lei do corante, e — esqueço — sacrifiquei uma noite a sós com Vita, uma noite sozinha e por conta própria — uma noite de prazer. E assim continua eternamente. Conversa forçada, seca, estéril, infantil. E nem estou animada para ir. Então a cerca não só é saltada, mas também desaba. Por que pular?

1931

Ainda que nenhuma carta de Vita para Virginia deste ano sobreviva, seus diários mostram que elas se encontraram ao menos nove vezes nos primeiros quatro meses. Vita continuava trabalhando no Castelo de Sissinghurst e publicou outro romance best-seller, *All Passion Spent*, com a Hogarth Press. Virginia publicou *As ondas*.

Carta de Virginia

Monk's House
24 de maio

Queridíssima Criatura

Desperdicei 4 dias quando queria escrever. E os dediquei em parte a ler Daisy, Princesa de Pless,[119] especulando a respeito de seus verdadeiros caráter e vida e ansiando por um reconhecimento seu — que aparece numa nota de rodapé como escritora importante. Que chance a aristocracia inglesa teve e deixou passar — digo se ao menos tivessem cérebros talentosos naqueles corpos esplêndidos e mentes saudáveis

---

[119] *From My Private Diary* (1931), de Daisy, Princesa de Pless. Ela era filha do coronel W. Cornwallis-West, parente distante de Vita por parte dos De la Warr.

[...] Bloomsbury podia ser enxertada em Mayfair: mas não: somos muito feios e eles, muito idiotas. E assim o mundo vai de mal a pior.

Carta de Virginia

Monk's House
27 de maio

Estou plenamente recuperada e tenho perambulado pelas colinas sozinha — Senhor — por que voltar a Londres? Estão tão belas hoje à noite, vistas do cômodo do meu jardim, com os celeiros baixos que sempre me fazem pensar em templos gregos. E fomos a um casamento no vilarejo e vimos os noivos empoleirados em cadeiras de cozinha conduzidos numa enorme carroça azul, puxada por cavalos de fazenda colossais com fitas nas caudas, e pequenas pirâmides de sinos na testa. Que mistura estranha de sordidez e opulência é a vida rural inglesa!

[...] Talvez Ethel esteja dormindo com você hoje à noite?[120]

Carta de Virginia

Monk's House
8 de agosto

Quanto a Katherine [Mansfield], creio que você acertou em quase tudo. Não chegamos a nos misturar; mas fiquei fascinada, e ela foi respeitosa, só que eu a achava vulgar, e ela me achava pedante; e ainda assim fomos levadas a nos encontrar meramente para falar da escrita [...] Sonho com ela muitas vezes — bom essa é uma reflexão estranha — como as relações de alguém com uma pessoa parecem continuar depois da morte nos sonhos, e com alguma realidade estranha também.

---

[120] Ethel Smyth estava passando a noite com Vita em Sissinghurst.

Diário de Virginia

14 de outubro

Uma observação. *As ondas* superou todos os meus outros livros: vendeu perto de 5.000; estamos reimprimindo. Os críticos o acham o mais tocante até então. Mas Vita o achou desesperadamente maçante — por 100 páginas de qualquer forma. O que direi a Virginia? Não consigo ler até o fim.

Carta de Virginia

Monk's House
29 de dezembro

E como o som da sua voz me deixou feliz, vindo pelos campos, e iluminando a vitrine da peixaria como fazia nesse momento há quantos anos?

[...] Mas Vita, por outro lado, deveria escrever um longo poema para Virginia; e antes que faça isso ela deveria se sentar e escrever uma carta muito longa e íntima para Virginia.

1932

Vita tinha agora quarenta anos, Virginia, cinquenta. Na primavera, Virginia e Leonard foram à Grécia com Roger Fry e a irmã dele, Margery. Ao retornar, Virginia levou uma vida bem mais sociável do que Vita em Sissinghurst. Vita publicou outro romance popular com a Hogarth Press, intitulado *Family History*.

Carta de Virginia

Atenas, Grécia
24 de abril

Bom, você não escreveu para mim, nem uma palavra, nem um cartão-postal, então talvez Sissigt. tenha sido destruído — a torre caiu, esmagando e transformando a filha dos Sackville em uma polpa cor-de-rosa — um fim muito adequado para uma mulher que se esquece dos velhos porém humildes, humildes, porém velhos, amigos. É domingo em Atenas; estivemos almoçando, não muito bem, e olhando durante 2 horas relíquias bizantinas — porque faz um dia úmido e abafado [...] Ainda assim é uma linda ilha, e andei até o topo da colina, colhendo íris silvestres e estrelinhas amarelas desconhecidas, e florezinhas lilases, violetas, azuis, brancas e peroladas, nenhuma maior do que a pedra do seu anel. E fomos a Dafne, e vagamos por bosques de oliveiras, e a Sunião, o Templo num penhasco, cujo penhasco é macio de tantas flores, todas de novo não maiores que pérolas ou topázios. Margery Fry é uma botânica maníaca, e se agacha — ela é do tamanho de um urso russo — nas pedras cavoucando com um canivete [...] Eis! Isso é para deixar você com inveja. (Vi que você pegou a doença mão-pé-boca em Kent.)

Nossos inconvenientes — desses você vai querer saber — são ventos cortantes, céus tempestuosos e cinzentos e lautas porções de sobremesas doces e macias. E também Roger tem hemorroidas — não consegue andar, Margery também sofre — como todas as solteironas de 63 anos sofriam 20 anos atrás pelo amor não correspondido de homens ingleses que foram mortos na guerra [...] Mas não desejo a Tavistock Square no momento: gosto da vida aqui — você precisava ver os jumentos, com cestos repletos de anêmonas; e a praça, explodindo de flores, e a Acrópole. Cheguei a descrever nossa tarde na Acrópole — quando uma tempestade se precipitou do Egeu, negra como flechas, e o azul era azul como porcelana, e a tempestade e o azul desabaram um em cima do outro e 10 milhões de turistas alemães dispararam pelo templo exatamente como suplicantes sem tirar nem pôr nas suas capas de chuva cinzentas e roxas — não, não descrevi a Acrópole — Você pode agradecer aos céus porque conheço meu lugar como escritora de prosa e deixo isso para alguém que, mais ou menos nessa época 4 anos atrás, ganhou de Jack Squire um copinho de prata para beber sua soda gasosa.[121] Eis! Essa é minha vingança por você não pensar em mim. Ethel pensa em mim.

Carta de Vita

Castelo de Sissinghurst
25 de abril
Minha querida, remota e romântica Virginia — sim, de fato, vejo a lua nas poças enlameadas da Inglaterra, e me pergunto

---

[121] Simbolizando o Hawthornden Prize que Vita recebeu por *The Land*.

onde você está: deslizando na costa da Dalmácia (penso em dado momento), passando por Corfu e Ítaca (e ah Deus! que associações todas têm para mim), e então o Pireu e Atenas — (mais associações), e então o que lhe acontece? Porque simplesmente não sei — o interior da Grécia, suponho, que é um país fechado para mim até agora — e provavelmente vai permanecer fechado a menos que vá até lá com Ethel, que Deus me livre. Por que não me convidou para ir com você? Eu teria jogado tudo para o alto e teria ido. Mas você não convidou.

Nesse meio-tempo cultivo meu jardim e abril me engana com toda a felicidade anunciada: o vento uiva o tempo todo e a chuva chove durante boa parte dele. A Inglaterra nunca viu um abril mais maldito. Portanto, fique feliz por estar ao sol (espero) da Grécia.

Estou contente por você, mas a Inglaterra fica vazia sem sua presença.

Vai vir aqui quando voltar? Estará atordoada por todas as coisas que viu? Você já esteve na Grécia antes, e suas lembranças serão intensas, eu sei. É um tanto desconcertante, pensar nas coisas que as pessoas vivenciam — pessoas amadas — quando não se está com elas. Sim, queria estar com você [...]

Você deve estar vendo essas encostas cor de lavanda e castanhas, suponho: e todas as flores silvestres primaveris que nunca vi — pois estive na Grécia em outubro. Como invejo você. Como invejo as pessoas que estão com você.

A vida é complicada demais — de vez em quando sinto que absolutamente não consigo dar conta dela.

Carta de Virginia

> Hotel Majestic, Atenas
> 8 de maio

Bem acabei de receber sua carta, e foi ótimo receber sua carta ainda que não consiga deixar de sentir, sendo como você sabe um pólipo de emoção, que você está um tanto entristecida, incomodada, preocupada — Por quê? Por que a vida está tão complicada no momento? Dinheiro? Dottie? Escrita? Sabe Deus [...]

Ainda assim foi tão estranho voltar aqui mais uma vez que mal sabia onde estava; ou quando estava. Lá estava meu próprio fantasma descendo a Acrópole, com 23 anos; e como senti pena dela!

Carta de Vita

Long Barn
17 de maio
Estamos sem correio aqui desde sábado! O resultado foi que só recebi sua carta hoje de manhã. MALDIÇÃO. *Estava em Londres ontem e podia perfeitamente ter ido, mas nunca imaginei que você estaria em Londres no feriado. Recebi uma carta muito muito amável sua da Grécia — duas, na verdade — sim, parece encantador e queria que você tivesse me levado junto no seu bolso.*

Quando verei você agora? Não estarei em Londres até dia 30, a menos que vá para a exposição de flores. Estou tentada a ir, mas preciso seguir com meu livro. Seria ótimo se você e Leonard viessem de automóvel para cá num belo dia. Telefonem e digam que estão vindo, Sissinghurst 250 — mas nosso número é segredo absoluto, então não o dê a ninguém. Sissinghurst está de fato belo no momento — mas é claro que você foi estragada para a nossa beleza inglesa simples. Ainda assim, o bosquezinho de campainhas é realmente um sonho.

Não, não estou deprimida e com certeza não tive a intenção de escrever uma carta deprimente. Posso ter andado um tanto incomodada, e você sempre sabe quando estou mal das pernas. Anseio por ver você.

Carta de Virginia

Tavistock Square, 52
25 de maio
Há apenas uma pessoa que quero ver, e ela não deseja ardentemente nada além de uma torre rosada e uma vista para os

jardins e as estufas de lúpulo. Quem pode ser? Diz-se que escreveu um poema e que tem uma mãe, uma vaquinha e um fosso. Estou tão iletrada — ando vendo gente demais — a vida apresenta tantos problemas e há um fio de cabelo na minha caneta.

Carta de Virginia[122]

Tavistock Square, 52
24 de agosto

Não há mais espaço, ou lhe lançaria uma história muito melancólica sobre meu ciúme de todos os seus novos amores.

E quando vou ver você? Porque você sabe que no momento ama várias pessoas, mulheres digo, fisicamente digo, mais, com mais frequência, de forma mais carnal do que a mim.

Carta de Virginia

Tavistock Square
12 de outubro

Acabei de comprar o exemplar número 6.000 de *Family History* — 6.000 vendidos antes da publicação — meu Deus! E meus dedos estão vermelhos e inchados de empacotar durante 3 dias sem parar [...] os pedidos entrando — nós todos trabalhando até 7.30 — mas tínhamos acabado de terminar — então uma leva de pedidos descoberta escondida em uma gaveta outra hora de trabalho — funcionários ofegantes — telefones tocando transportadores chegando — os pacotes terminados bem a tempo de ir para os furgões — Ah Senhor o que é publicar um best-seller.

---

[122] Esta carta, junto a outras três (datadas de 8 de agosto de 1938, 11 de agosto de 1938 e 26 de fevereiro de 1939), foi descoberta após a morte de Vita, escondida em uma gaveta de seu escritório em Sissinghurst.

Carta de Vita

Long Barn
16 de outubro

Ah querida, não contente em fazer você embalar seis mil histórias de família, fiz você embalar o leitor comum também.[123] *Um pacote a mais. Porém não vou me desculpar. Se soubesse o prazer que isso me trouxe, você não ia querer que eu me desculpasse [...] Deus, você É uma boa escritora, não é? E uma boa crítica. Tiro meu chapéu; arrasto-o, de modo que sua pluma levanta a poeira.*

Tenho mais uma transmissão de rádio para fazer amanhã, e estou descartando três livros a fim de incluir o seu nela.

É por isso que esta carta não é mais longa: porque tenho de escrever o que vou falar.

Sim, por favor venha a Sissinghurst logo. Lembre-se, vou estar nos Estados Unidos durante quase quatro meses (janeiro-abril de 1933).

Carta de Virginia

Tavistock Square, 52
18 de outubro

Sim queridíssima Criatura — isso foi muito gentil da sua parte. Pinka e eu nos sentamos eretas, corando, enquanto nossos elogios se derramavam das trombetas.[124] Acho que você foi boa demais comigo — espero que os três que você suprimiu não estivessem ouvindo também. Mas, de qualquer forma, você afagou minha vaidade — há pessoas que dizem que sou convencida — sabia disso? [...]

---

[123] O livro de Vita, *Family History*, foi publicado no mesmo dia, 13 de outubro, que o de Virginia, *O leitor comum: volume dois*.
[124] Vita resenhou *O leitor comum* no rádio.

Teria sido ainda mais gentil se você tivesse me dito que estava em Londres, e vindo aqui. Prefiro você corporalmente do que vocalmente.

Ah eu estava num tamanho acesso de ciúme outra noite, pensando que você tinha se apaixonado por Hilda naquele verão em que foram para os Alpes juntas! Porque você disse que não tinha se apaixonado. Bom, se apaixonou? Consumaram o ato sob as Dolomitas? Por que deveria me importar com isso, quando está tudo acabado — aquela viagem — não sei. Mas me importo. Você se lembra de vir se confessar, ou antes se justificar, no meu barracão? E na época você não tinha culpa, tinha? Você jurou que não. De qualquer forma minha Elizabeth vem me ver amanhã, sozinha.[125] Meio que acho, como lhe disse, que as emoções dela oscilam de certa forma. (Isso é uma elegia.) Estou lendo o romance dela para descobrir. O que é tão interessante é quando se descobre uma emoção da qual a própria pessoa, devo dizer ela mesma, não suspeita. E é uma espécie de dever, não acha — revelar o verdadeiro eu das pessoas para si mesmas?

Carta de Virginia

Tavistock Square, 52
8 de novembro

Bom, meu cão pastor infiel — sim, você vai ser transformada em um collie velhaco se não se cuidar, cego de um olho, e acometido por sarna nas ancas — por que você não vem me ver? A pobre Virginia não pode ir até você. Ela — digo, eu, suponho — teve outro, porém levíssimo, desfalecimento [...]

Estou gloriosamente feliz porque escrevi a manhã inteira — Ah como você vai odiar meu romance, e como isso me

---

[125] Elizabeth Bowen, a romancista irlandesa que Virginia havia conhecido por meio de sua amiga em comum Ottoline Morrell. Bowen estava casada com Alan Cameron desde 1923.

diverte![126] — e então saio para uma caminhada, ou um passeio de carro, e então volto para o chá, levando um bolinho que como com mel, e então me deito no sofá, e — quem você acha que veio e conversou comigo na outra noite? Três palpites. Todos errados. Foi Violet Trefusis — sua Violet.[127] Deus que divertido! Entendo totalmente agora por que você estava tão enamorada — então: ela é um pouquinho cheia de si demais agora, melhor, pretensiosa; mas que sedução! Que voz — balbuciando, titubeando, que calor, maleabilidade, e do jeito dela — não do meu — sou muito mais refinada — mas isso não é nem de longe uma vantagem — que adorável, como um esquilinho entre as lebres — um esquilinho vermelho entre nozes marrons. Olhamo-nos e piscamos por entre as folhas; e chamamos uma à outra cuidadosamente de sra. Trefusis e sra. Woolf — e ela me pediu para lhe dar *O leitor c.*, o que fiz, e disse sorrindo, "Aliás, você também é aristocrata?". Não, não, ela sorriu, entendendo meu ponto, você, a saber. E escreveu para me convidar para ficar na França com ela, e disse o quanto apreciou me conhecer: e a Leonard: e certamente iremos para passar uma semana inteira em breve.

---

[126] Virginia estava escrevendo o final de *Flush* (publicado em 1937), quando então o pôs de lado de repente para começar seu "romance-ensaio" que seria publicado em 1937 como *Os anos*.
[127] A antiga amante de Vita, Violet Trefusis, havia ido conversar com a Hogarth Press a respeito de seu terceiro romance, *Tandem*, de 1933.

1933

Vita e Harold partiram para os Estados Unidos rumo a uma turnê de palestras nos primeiros meses de 1933, o que seria a última atuação pública prolongada de Vita. Ela se retirou para Sissinghurst, publicou seus *Poemas escolhidos* e cultivou seu jardim. Virginia publicou sua novela *Flush* em outubro, e estava escrevendo *Os anos*. Embora escrevessem que sentiam falta uma da outra, Vita e Virginia se encontraram apenas meia dúzia de vezes no ano.

Carta de Virginia

Monk's House
7 de janeiro

Fui tomada pela melancolia quando você partiu — pergunte a Ethel. Não são estranhos os truques que o afeto — digamos assim — pregam? Às vezes não a vejo durante seis semanas; e ainda assim no instante em que descubro que você não está aqui para ser vista, todas as peixarias do mundo apagam as luzes.[128] Sempre penso em você como uma peixaria cor-de-

---

[128] Em dezembro de 1925, Vita havia encomendado peixe de uma peixaria em Sevenoaks, e Virginia volta muitas vezes a essa lembrança de quando o aspecto físico do relacionamento das duas começou.

-rosa com um boto num tanque. Agora não há botos. Não, Sissinghurst está cinzento; Sevenoaks, de um arroxeado monótono e desbotado. Sento-me aqui em Rodmell, com uma parte inteira do meu globo interno extinta. Sim — é um elogio para você [...]

Aliás, você está dando uma palestra sobre mim em Albertvilleapolis PA? Se sim, me mande suas anotações. Por favor faça isso. E que contenham algo sobre amor, e Horne, o mordomo [de Long Barn]. Faça com que saibam em uma palavra que Vita ama Virginia mais do que o mundo inteiro em resumo. Mais do que todas aquelas grelhadoras de arenque ardentes, mas anêmicas com quem — Deus tenha piedade da sua alma! — ela se associa. Porque Virginia é tão inteligente, tão boa [...] Sim; você é uma mulher aventureira, e me deixa com inveja. Por favor, pelo amor de Deus, não pegue gripe, ou pneumonia — ambas, vejo, galopantes em Nova York. Não faça nada que possa diminuir seu esplendor aos meus olhos. Volte logo, antes de eu partir, como pretendo, para o Oriente [...]

Agora você abrirá um espacinho entre as escarradeiras para escrever para mim? Descreva tudo, até a renda das camisolas femininas. Então acrescente uma declaração sóbria, mas concisa, de por que amo Virginia logo atrás do meu marido e filhos.

E se cuide bastante.

Carta de Virginia

Monk's House
24 de janeiro

Sim, queridíssima Criatura, escrevi para você mas a chamei de Nicolson, e não disse para remeterem; então é possível que você não a tenha recebido. Como foi a carta mais passional que já escrevi, e a mais amável e espirituosa é uma peninha. (Estou confiando que nunca a recebeu.)

Você me escreveu do alto-mar. Típico de você — haver ondas de 120 quilômetros de altura, e você ficar na ponte com o capitão.

Agora a questão com você é que tudo lhe é típico — isso é bem profundo [...]

Ouso dizer que está comendo amêijoas num arranha-céu neste instante — às 5.30 de um entardecer de terça-feira, a hora em que devia estar comigo. E desperdiçamos nosso último entardecer. Estou furiosa com Eddy, e com sua defesa muito nobre dele. Você já falou disso com ele alguma vez? Não o vi desde então; nem verei, ouso dizer, pois não consigo controlar o jeito de ser dos meus amigos [...]

Estou escrevendo a manhã inteira: e gosto de escrever; mas você não vai ligar muito para isso. Não importa. Ah e esta noite estão dançando *Orlando* no gelo, e não estarei lá. É um fato digno de nota — toda a nobreza britânica diz que descende dos Courtier que inventei, e que ainda tem as botas de neve que usavam na paisagem congelada que inventei também. É tudo verdade, cada palavra.

Cobram 30/- por um ingresso, e eu teria ido de bom grado e alugado patins se você tivesse vindo [...]

Ah tenho de me gabar, pois não suporto pensar em tudo o que você está fazendo e vendo, e eu não estou aí, e não estou aí! Por favor, por favor, escreva cada coisinha para mim; e saiba que uma borla em uma mesa ou uma mancha em um tapete não seriam inadequadas. E que sinto sua falta! Você não acreditaria. Quero janelas coloridas, torres vermelhas, fossos e cocotas, e um velho touro andando para cima e para baixo num estábulo vazio: você, em suma. Mas você não me quer. Está distribuindo encantos, sobretudo com o glamour do seu título e o brilho das pérolas, a todos os Coons do Canadá. Fale disso também: das mulheres brancas e suaves de olhos ardentes. Gostaria de não poder vê-las tão claramente deitadas na grama cintilante de gelo com a filha dos Sackville.

Carta de Vita
  Em viagem pelas Montanhas Rochosas
  16 de março

Este papel de carta me parece tão convidativo que preciso escrever uma carta para você nele. Hoje é uma quinta-feira; saí de Nova York na segunda-feira e tenho viajado desde então por pradarias intermináveis até a manhã de hoje, quando acordei e encontrei um semicírculo de montanhas nevadas delimitando o horizonte, os picos ficando rosados à medida que o sol se erguia pela margem oposta da planície. Então fomos para Denver, ao pé das Montanhas Rochosas, e na altura do café da manhã estávamos subindo pelas montanhas e estamos agora a cerca de 2.000 metros de altura. É muito bonito, muito desolador, o sol é quente, e vi um caubói. Então estou muito contente. É tudo, bem de repente, não americano e sutilmente espanhol [...]

  Acho que posso postar isso bem no topo das montanhas — então você deve olhar o carimbo do correio, que aparentemente é um especial. A paisagem é cênica demais para o meu gosto — desfiladeiros fantásticos e rios caudalosos — me dá claustrofobia [...]

  A hora continua mudando, o que é muito desconcertante; de "horário padrão da Montanha" fomos agora para "horário do Pacífico", e há seis horas de diferença entre nós. Você se dá conta de que há o dobro de distância entre a Califórnia e a Inglaterra do que entre a Pérsia e a Inglaterra?

  Harold quer ir dar uma caminhada agora.

Carta de Virginia
  Monk's House
  18 de março

Bem, você se lembra de mim? Escrevi uma carta muito longa e passional para você outro dia, mas a enfiei na minha maleta, a esqueci, deixei ali, e a encontrei tanto tempo depois — toda ela falava de terremotos e falências de banco — que não pude enviar.

Vi Sibyl outro dia; e ela tinha visto Harold, e Harold disse que você é um sucesso estrondoso; coisa para a qual, eu disse, Vita não liga a mínima. Ela vai sacudir o casaco e vão pingar graxa e óleo dela. Um grande elogio para você. Você vai lucrar alguma coisa no fim das contas — com o dólar em queda? — Vai haver a experiência, como dizem — todas aquelas virgens que violou — chás que tomou, santuários que visitou, velhas gordas que inebriou [...]

Por favor Vita querida volte logo. Estaremos no carro rumo à Itália se não voltar — queremos experimentar a fluidez do volante nos Alpes.[129] Por favor suba meus degraus arfando em breve, a mesma de sempre, com a camisa vermelha. Por favor use as pérolas. Por favor traga Sarah.[130] E então me convide para Sissingt. Deus, como você vai amar a primeira noite lá e o nascer do sol visto da torre rosada. Escreva para mim.

Carta de Vita

Smoke Tree Ranch, Sul da Califórnia
28 de março

Venho tentando escrever para você há vários dias, mas a vida tem andado tão repleta de estrelas de cinema e coisas assim. Estou agora em uma cabana de três cômodos no meio do deserto (envio uma foto dela), com nada além de alguns caubóis e um coiote perdido para atrapalhar. Estrelas magníficas lá no alto e montanhas em toda a volta. O próprio deserto é acarpetado com verbena rosada. É exatamente como a Pérsia, e estamos felizes feito cotovias. [...]

Los Angeles é o inferno. Pegue Peacehaven, multiplique por 1.000 quilômetros quadrados, polvilhe tudo pela Riviera Francesa e então descarregue a Exposição de Flores de Chelsea em cima de tudo, acrescentando alguns edifícios de exposições espanhóis, e você tem a costa de Los Angeles. Os norte-americanos têm um talento

---

[129] Virginia e Leonard estavam indo à Itália em seu novo carro no início de maio.
[130] Um dos cães de Vita.

inigualável para tornar tudo medonho. Hollywood porém é divertida. É pura fantasia — você nunca sabe o que vai encontrar ao virar a esquina, seja um transatlântico, ou a Trafalgar Square, ou a fachada do Grand Hotel ou uma rua em Stratford-on-Avon com huris malaias andando por ali [...]

Uma jovem correu até mim em Pasadena e disse que está escrevendo um livro sobre mim e você. Não é bom para nós? Eu lhe daria uma entrevista para falar das nossas (suas e minhas) visões a respeito da imagética? Felizmente pude dizer que só tinha tempo de pegar meu trem [...]

Daqui vamos para o Arizona e então para o Novo México, e então para Milwaukee, e então para a Carolina do Sul, e então para Nova York, e então para aquele abençoado Bremen[131] *que vai nos levar para casa. Estropiados, mas enriquecidos — não apenas com dólares.*

Deus, estou morrendo de vontade de ver você.

Carta de Vita

Charleston, Sul da Califórnia
9 de abril
Estávamos nos divertindo calculando a distância que teremos percorrido ao chegar em casa e descobrimos que chega a mais de 50.000 quilômetros — estivemos em 72 cidades diferentes e passamos 63 noites no trem. Espero que você esteja impressionada com essas estatísticas [...]

Acho que não escrevi para você do Grand Canyon, que é a coisa mais assombrosa do mundo. Vamos voltar para os Estados Unidos para viajar de automóvel por todo o Texas, o Arizona, a Califórnia e o México, levando barracas conosco para acampar no deserto. Você não imagina, Virginia, como é o Deserto Pintado. É de todas as cores do arco-íris, cortado por enormes penhascos rosados da cor das

---
[131] Transatlântico alemão.

rochas de Devonshire. E o sol brilha todo dia, e o ar faz você querer saltitar pela charneca. Por que você e Leonard não vêm conosco? [...] Você não sente vontade? Se quisesse, poderia dar algumas palestras que praticamente pagariam pelas despesas [...]

Deus, preciso parar. Mas pense, semana que vem — semana que vem — estaremos em casa.

Carta de Virginia

Monk's House
19 de abril

Eu digo que isso é emocionante!

Você voltou — graças ao Senhor meu boto está na peixaria de novo! Mas quando a verei? Estamos aqui (Lewes, 385) até domingo à tarde. E então Londres por 10 dias: e então a Itália. Você poderia telefonar — não me diga que mudou a voz também — e sugerir qualquer horário, que vou aceitar mesmo que tenha de matar alguém [...]

Agora você deve se ocupar com seu próprio mundo. Senhor, como invejo sua torre rosada depois dos Estados Unidos inteiros.

Carta de Vita

Castelo de Sissinghurst
24 de abril

Sim seu boto está de volta ao bloco de mármore. Mas com quatro meses de acúmulo de afazeres — um verdadeiro pesadelo. Sinto que nunca vou sair dessa. Mal consigo encontrar um espaço de 20 centímetros x 20 centímetros na minha escrivaninha onde pôr este papel. E não há uma cadeira na qual me sentar — todas repletas de livros e papéis e chapéus de caubói. Basicamente me sento no chão, e Sarah se contorce no meu colo, derrubando tudo [...]

Então você está indo para a Itália. Ora, ora, Maldição. Irei a Londres ver você antes que vá [...]

Sua desnorteada, feliz, não mais com saudades de casa,
V

P S *Você é a única pessoa do mundo que quero ver. Onde está o prometido* Flush?[132]

Carta de Vita

Castelo de Sissinghurst
17 de maio

Bom, você desapareceu — sumiu da minha vista — perdida na Itália [...] E ouso dizer que é tão bela — a Itália em maio — que nem vou lhe falar dos bosques de campânulas daqui, que são melhores do que qualquer coisa no Centro-Oeste, eu garanto. Nem vou lhe falar do nosso carvoeiro — um novo morador de Sissinghurst — nem dos dois cisnes que apareceram miraculosamente no lago [...] Não, você me abandonou, e me sobrou apenas Pinka como consolo — e sabe do que mais? Ela não liga a mínima para mim. Pinka, que consegue me farejar quando ainda estou nos degraus da entrada em Tavistock Square, e faz xixi, admita, quando entro, não tem o menor interesse em mim quando é minha hóspede [...]

Ela está tomando doses copiosas de vermífugo, diga a Leonard. Louise a chama de sra. Pinka, não sei por quê.

Você está muito muito contente? Estou mandando Ben para a Itália para ficar dois meses — você não ia gostar de ter dezoito anos e partir para a Itália sozinha durante dois meses? Eu ia. Ele é muito querido, Ben. Como amo o menino. Gostaria que você o visse de novo agora. Sabe o quanto ele a admira; isso a deixa com uma disposição gentil em relação a ele, ou você está farta de admiração?

[...] Querida, parece um pouco difícil que você tenha desaparecido assim justo quando viajei 50.000 quilômetros para ver você de

---

[132] Virginia terminou de datilografar *Flush* em janeiro e ele foi publicado em outubro de 1933.

novo. Mas é claro que não posso esperar rivalizar com a atração da fluidez de um volante.[133] É melhor você voltar logo, ou começarei a explorar Londres para me entreter. Tenho de ir até lá amanhã, e, só por diversão, vou almoçar com Sibyl [...]

Você ficaria surpresa de saber que de fato sinto muito muito a sua falta? Para me consolar, estou pensando em sair com Marlene Dietrich. Portanto não demore muito em Montepulciano se valoriza a fidelidade um tanto comovente de seu velho cão pastor.

Carta de Virginia

Spotorno, Itália
20 de maio

Esta carta é estritamente burocrática (só que estou um pouquinho tonta, tendo bebido mais de meia garrafa hoje à noite).

Sim, estou meio atordoada com a viagem, tantas cidades que vi e que cheirei: agora são as ondas quebrando e o cheiro de cavalos no jardim [...] Estamos com as bochechas tão bronzeadas, o nariz avermelhado e completamente empoeirados desgrenhados surrados — o estado em que estão minhas roupas — até eu hesito em vesti-las — já que almoçamos no campo, sob as oliveiras, presunto, e tenho o dever de me lavar, o que afeta minhas roupas.

Carta de Vita

Castelo de Sissinghurst
5 de junho

Virginia, querida, você é um anjo — um anjo, digo, por entender tão sem reservas quando uma pessoa realmente se importa com alguma coisa como me importei com o fato de minha mãe falar

---

[133] Virginia havia se gabado de seu novo carro: "verde e prata, volante fluido, Tickford com capota — Lanchester".

a Ben sobre minha moral e a de Harold.[134] Não que esteja minimamente envergonhada da minha moral ou da de H. Só que Ben pode ter uma impressão horrível para o resto da vida. Felizmente não teve — uma homenagem, penso eu, ao modo como o educamos? (Estou me gabando. Mas você também, até você, se gaba de vez em quando [...]) De qualquer forma você é um amor por ter percebido que me importei.

Estou leve e excepcionalmente embriagada, pois fui a uma festa na casa dos meus inquilinos aqui, para celebrar suas bodas de ouro, e tive de beber em homenagem a eles no almoço. Foi o tipo de festa da qual você ia gostar; a velha senhora, que só tem uns 80 anos, havia amarrado uma fita amarela em volta do pescoço, com o lacinho mais coquete logo atrás da orelha, e ficava me assegurando o quanto o marido parecia feliz nesse dia cinquenta anos atrás. A casa inteira estava coberta por bandeiras da Grã-Bretanha. Por que é que o patriotismo precisa fazer parte das reuniões de família mais íntimas? [...] Gostei mais do que gostei de qualquer festa nos últimos anos. Eles são mais parecidos com personagens de um romance do que qualquer personagem em um romance que já tenha lido. A velha senhora me disse, um tanto severa, quando lhe dei parabéns, "Bom de qualquer forma é melhor do que o divórcio".

Carta de Virginia

Tavistock Square, 52
8 de junho

Você jantaria comigo *a sós* em minha honra, na segunda-feira próxima SEGUNDA-FEIRA dia 12 — a qualquer hora que quiser. É apenas porque estarei sozinha. Do contrário, não acho que

---

[134] Virginia e Leonard almoçaram em Sissinghurst no dia 28 de maio. Lady Sackville havia revelado recentemente ao neto, Ben Nicolson, os casos amorosos dos pais. O diário de Ben relata que a avó havia falado com ele sobre "M. [Vita] se envolvendo com mulheres e P. [Harold] com homens — sobre Violet Keppel, Virginia Woolf etc.". Ben repetiu essa história a Virginia, que "ouviu... com a cabeça baixa. Então disse: 'A velha devia ser fuzilada'". Ver *Retrato de um casamento*, de Nigel Nicolson.

valha a pena alguém vir a Londres. Você seria um anjo e me telefonaria? [...]

Perdoe o garrancho
Potto está escrevendo

Carta de Vita

Castelo de Sissinghurst
11 de junho

Não é irritante que, de todas as pessoas no mundo, sua própria Ethel [Smyth] seja a pessoa a me impedir de jantar com você amanhã? Mas é isso, o encontro está marcado há semanas — recebo cartas de Ethel trombeteando de empolgação a cada vinda do correio — complementadas por cartões-postais e telegramas — e então senti que simplesmente não podia cancelar com ela — por mais que desejasse. Qualquer outra pessoa — qualquer grelhadora de arenque — poderia ter ido para o inferno. Mas Ethel, refleti, tem 75 anos e não se pode arriscar com as velhas.

Ela está vindo para passar a noite [...] Diz que quer ouvir tudo a respeito dos Estados Unidos. Meu Deus.

Você não tem outra noite disponível, tem? Não vou dizer o quanto quero ver você, porque você não acreditaria em mim — mulher cínica que você é — que não conhece o significado do amor.

Carta de Vita

Castelo de Sissinghurst
24 de junho

Sim foi bom ver você, mas me senti um pouco como um homem faminto a quem foi dado apenas um pobre pãozinho. Ah tenho tanto a lhe dizer — mas leva horas — digo, o tipo de coisa que quero lhe dizer exige um bom tempo de intimidade antes que possa se espremer para fora. (Isso soa horrivelmente como Ethel.) Você se lembra de uma noite na Borgonha [...] quando atravessei o corredor escuro até seu quarto no meio de uma tempestade e ficamos deitadas discutindo se a morte nos aterrorizava ou não? Esse é o tipo de ocasião em que as coisas que quero lhe dizer — e só a você — podem ser ditas.

Bom, parto para a Itália na segunda-feira, se você se sentir inclinada a escrever e dizer que ainda tem alguma afeição por mim [...]

Carta de Vita

Castelo de Sissinghurst
21 de julho

Venha e almoce comigo no Café Royal na quarta-feira? Ou vai estar muito ocupada? Ainda assim, você precisa almoçar em algum lugar.

Poderia dizer ao seu marido, por favor, que devolvo seu comunicado aqui com duas sugestões — e diga-lhe, por favor, que vou ser uma chata incrível com essa edição [dos Poemas escolhidos*], porque é o único livro meu com o qual já me importei — I.e. não dou a mínima para os meus romances, mas dou ½ mínima para os meus poemas — o que não quer dizer muito.*

No geral não acho que eu seja uma chata como autora, considerando-se meu editor. Mas nesse caso posso me tornar uma.

Carta de Virginia

Monk's House
16 de agosto

A pobre Virginia estava de cama; e pensou como seria legal ver a Vita! E agora está de pé e diz, Como seria legal ver a Vita! E L. diz (isso é um elogio tremendo) "eu ia gostar de ver a Vita". Que tal vir algum dia da próxima semana passar a noite? Você conseguiria?

E quem é Lady Roehampton em *The Edwardians*? Por favor me diga [...]

Mas você pode vir?

Se puder, vou escrever uma longa carta. Isso é só um rabisco de Potto

Carta de Vita

Castelo de Sissinghurst
18 de agosto

Cara sra. Woolf
(Parece uma formulação apropriada.)
Lamento que você tenha estado na cama, embora não comigo — (uma formulação menos apropriada.)
Quanto a semana que vem. Estou mais lisonjeada do que consigo expressar com sua sugestão de que eu vá a Rodmell, sabendo o quanto você detesta intromissões. Estou ainda mais lisonjeada com o apoio do Leonard — sim, realmente encaro isso como um elogio. Mas na semana que vem é um tanto difícil, ainda que não impossível. O caso é que minha cunhada está passando uns dias aqui, e ela está doente, e eu deveria proporcionar a cura. A vida saudável do campo e aquela coisa toda [...] ela está editando um livro, no momento, com conselhos para pais, que acho fascinante[135] — digo, gosto de ver uma mente especializada de verdade trabalhando tecnicamente em assuntos tão difíceis. Ficamos sentadas nos degraus da torre discutindo por que algumas mulheres obtêm satisfação física interna ou externamente, e que conexão pode haver ou não entre a parte interna do nervo e a externa — e que conexão pode haver entre perversão e normalidade — e assim por diante.
Uma questão muito interessante.
Posso lhe falar mais disso às 3 da manhã — mas não a sangue frio. De qualquer modo, é um assunto melhor para 3 da manhã do que salários de mordomos [...]
The Edwardians — ah, esse livro maldito! Fico corada de pensar que você o leu. Lady Roehampton é Lady Westmoreland — uma

---

[135] Gwen St Aubyn, a irmã mais nova de Harold, estava editando *The Family Book*.

criatura encantadora e suntuosa que foi a Knole quando eu tinha oito anos, e quem primeiro me colocou na trilha errada, imagino, mas que morreu, e relativamente jovem, por conta das drogas e de uma infinidade de amantes. (Não, não foi Lady Westmoreland quem me colocou na trilha errada, agora que sou levada a pensar nisso, mas a Rainha da Romênia que apareceu no meu quarto de estudos um dia.)
    Aqui está o correio.

Carta de Vita

Castelo de Sissinghurst
1º de setembro
Diga a Leonard que uma editora rival está tentando me subornar com £1.000 para publicar com ela — mas não serei subornada, e tenho dito.
    Um cão pastor fiel? Muito bem treinado para saltar?

Carta de Virginia

Monk's House
15 de setembro
Sou uma desgraçada por nunca ter escrito — não que você se importe. Mas houve um tamanho dilúvio de visitantes na minha cabeça que não consegui escapar [...]
    Minha nossa, que boa mulher você é! Essas são as palavras exatas que eu disse quando li sua carta para Leonard. Além disso, elas confirmaram meu próprio ditado. Ele ficou um tanto agitado e pensou que estávamos exigindo sua honra, integridade, amizade, magnanimidade e assim por diante. Eu disse, Ah mas Vita é assim. Então sua carta vem confirmar isso. Foi um ato nobre, porém, jogar 1.000 guinéus no lago dos patos, ou fossa, pois, para falar a verdade, não gosto de Hart Davies em carne e osso, nem de Cape em espírito.[136]

---

[136] Rupert Hart Davies, editor da Jonathan Cape.

Carta de Vita

Castelo de Sissinghurst
16 de setembro

Tinha começado a me perguntar se você estava zangada comigo — embora não soubesse por que e tivesse a consciência limpa. "Depois do dia 23" funciona perfeitamente, pois parece que estão produzindo All Passion Spent *no Croydon Theatre nessa data [...] e suponho que deva ir e assistir a um ensaio em um dia da próxima semana, a fim de impedir que cometam muitos erros grosseiros. Você poderia contar isso a Leonard se ele não souber? Porque ele provavelmente ia gostar de combinar com o teatro para haver livros à venda lá [...]*

Tente vir antes do dia 4 de out quando Ben vai para Oxford, porque Ben gosta de você. Não é estranho?

Não, não foi Cape quem me ofereceu os 1.000 guinéus. Foi Cassell.[137] *Cape foi um suborno à parte [...]*

Digo: meus poemas são tão ralos. *Realmente me desconcerta relê-los todos numa sequência, e pensar, "Isso é tudo que tenho para mostrar depois de metade de uma vida de experiência?". Dificilmente posso esperar que você nem olhe para eles, na posição de minha ½ editora, portanto enviarei uma cópia na qual marcarei os únicos espécimes que consigo suportar que você leia, e devo confiar na sua palavra para não passar os olhos pelos outros [...]*

Deus preciso ir plantar fritilárias.
Quando você virá?

Carta de Virginia

Monk's House
30 de setembro

Jantamos com Mary [Hutchinson], e o Jeremy dela quer conhecer seu Ben, então eu disse que transmitiria a mensagem.

---

[137] Editora Cassell & Co.

Mary faz amor comigo — sim: outras pessoas não fazem. Atrevo-me a dizer que neste exato minuto você está deitada com alguma grelhadora de arenque na palha, maldita seja.

Carta de Virginia

Tavistock Square, 52
1º de novembro

"Vi Vita almoçando no Cafe Royal hoje", Jack Hutchinson disse ontem à noite.

Ah, uma pontada de raiva me atravessou! Durante todo o jantar e a ceia, que terminou com champanhe e torta às 12.30, ficava voltando e vasculhando a mente em busca da semente no travesseiro: (você sabe o que quero dizer: a ervilha debaixo do colchão) e foi isso. E não podia dizer: "Quem estava com ela?". E isso abriu um buraco na minha cabeça, que você estivesse almoçando no Cafe Royal e não tivesse ido me ver.

Como você ficará contente! Você fez de propósito ouso dizer. Mas com quem estava? Você sabia que eu ia ouvir comentários — sim e era uma mulher com quem você estava almoçando, e lá estava eu, sentada sozinha e e e… interrompo a escrita, que é só bobagem [...]

Queridíssima Criatura, me escreva e diga com quem estava almoçando no Cafe Royal — e eu sentada sozinha ao pé do fogo!

Peguei seu livro [*Poemas escolhidos*] na mão — e muito imponente ele é, como uma placa de marfim esculpida com aço; mas não li, porque você vai me dar um.

Ah o Cafe Royal! Quando Jack disse isso — não para mim, mas para o pessoal, deu para ver minhas mãos tremendo; e então todos continuamos a conversar [...] e as velas estavam acesas, e escolhi a minha, uma verde, e foi a primeira a morrer, o que significa dizem que das 8 ou 9 pessoas lá, vou ser a primeira a usar uma mortalha. Mas você vai estar almoçando no Cafe Royal!

Carta de Vita

Castelo de Sissinghurst
3 de novembro
Meu almoço no Cafe Royal! Bem, estava levando Gwen para uma casa de repouso e a levei para almoçar lá primeiro. Não sabíamos àquela altura se teriam de abrir a cabeça dela ou não. Graças a Deus, revelou-se que não. *Mas dizem que ela não vai ficar boa antes de um ano; talvez não antes de dois. Está fazendo tratamento — uma gaiola de coelho em brasa que colocam na cabeça dela duas vezes por dia, e que a faz desmaiar. Parece que acham que isso vai eliminar a lesão no cérebro dela [...]*

Não tenho palavras para lhe dizer o quanto fiquei satisfeita com sua irritação (como você previa) ao me descobrir com uma companhia desconhecida no Cafe Royal — mas se não estivesse numa missão tão sombria, pode ter certeza de que teria avisado você. Do jeito que foi, passei o dia todo com médicos e especialistas — e não ousei marcar nenhum outro encontro por causa deles e dos seus movimentos erráticos [...]

Avise-me do jantar no dia 13 — se ainda sobrou alguma afeição por um cão pastor meio peludo que rói seu osso no Cafe Royal.

Carta de Virginia

Tavistock Square, 52
22 de novembro
Ah infiel — por que todo mundo ganha um livro e eu não?[138] Não lhe dei *Flush* e *Orlando*? Não sou uma crítica também —

---

[138] *Poemas escolhidos* de Vita.

não sou uma mulher? Você não liga para o que digo? Não sou nada para você, física, moral ou intelectualmente?

Carta de Vita

Castelo de Sissinghurst
23 de novembro
Sabe, foi minha modéstia natural que me impediu de lhe enviar meu livro. Não conseguia acreditar que você realmente quisesse um. No entanto, aqui está. Queria que alguém o revisasse, pois no momento parece completamente natimorto [...]

Tanta jardinagem acontecendo aqui — estamos planejando os mais belos arbustos — e Sissinghurst vai virar um caos.

É verdade que Berners vai se casar com Violet?[139] *Suspeito que o boato seja uma piada da parte dele ou dela. Senhor, e pensar como eu ficaria brava no passado!*

Carta de Virginia

Tavistock Square, 52
26 de novembro
E o livro chegou. E li um ou dois dos novos. E gostei deles sim — gostei do de Enid Bagnold; e acho que percebo como você poderia usar outro desenvolvimento. Você é uma mistura estranha como poeta. Gosto de você por ser "obsoleta" e por não se importar nem um pouco: é por isso que você é livre para mudar; livre e determinada [...]

Ah minha nossa, queria poder ler o que se passa atrás de alguns poemas!

---

[139] De fato isso não era verdade. Lorde (Gerald) Berners era um eterno solteirão, sem nenhuma intenção de se casar com Violet Trefusis, nem ela com ele.

1934

Restam apenas três das cartas que Vita escreveu para Virginia entre 1934-1936. Vita conservou doze respostas em 1934, onze em 1935 e nove em 1936, mas havia se afastado emocionalmente. A amiga mais próxima de Vita agora era sua cunhada, Gwen St Aubyn, e a de Virginia era Ethel Smyth, que continuava a cobri-la de atenções.

Carta de Vita

Castello, Portofino
6 de fevereiro

Estou escrevendo para você no terraço de um velho castelinho empoleirado acima do mar.[140] *Dois pinheiros enormes me protegem do sol, que é quase quente demais. Há um sussurrar de lagartos por entre os aloés. O mar cintila noventa metros abaixo. Lá longe há montanhas nevadas. Um monge franciscano com uma corda em volta da cintura e uma barba grisalha farta acabou de vir me chamar. Tenho uma enorme garrafa de vinho branco dourado ao lado do cotovelo. Escrevo e escrevo e escrevo — o que me lembra, você diria por favor*

---

[140] Vita estava com Harold e Gwen, e então foi ao Marrocos por três semanas.

ao Leonard que provavelmente consigo lhe entregar meu livro por volta de maio ou junho [...][141]

Veja, não consegui resistir ao castelo. Estava em um pequeno hotel no vilarejo e toda noite costumava observar o castelo ficando rosado ao pôr do sol. Então fiz perguntas; descobri que estava vazio e para alugar; telefonei para o agente em Gênova e em cinco minutos havia combinado com ele a ocupação imediata. Só há um caminho até aqui, então metade da população acabou carregando nossa bagagem nas costas. E fomos recebidos à porta pelo jardineiro com um grande buquê de íris e narcisos.

Carta de Virginia

Tavistock Square, 52
18 de fevereiro

Sim certamente parece ótimo, seu castelo. Mas você já terá ido embora a essa altura. Estará em Marrakesh, com a Princesa Real e Lorde Harewood — essa notícia me encara no jornal de domingo [...]

Tenho ficado deitada no sofá de roupão desde que você partiu, praticamente — que chatice! Espero não ter infectado você naquele dia no carro: os pequenos calafrios costumeiros; depois a maldita dor de cabeça costumeira.

Carta de Vita

Fez, Marrocos
27 de fevereiro

Vejo seus livros por toda parte no Marrocos, tanto em francês quanto em inglês — o último na Tauchnitz. É estranho encontrar Orlando *em Marrakesh e* La promenade au phare[142] *em Rabat. Tenho certeza de que isso lhe agrada!*

---

[141] *The Dark Island* foi publicado pela Hogarth Press em outubro de 1934.
[142] *Ao farol.*

[...] Bom devo ir e almoçar, mas mandarei às pressas uma grande garrafa de vinho mourisco (que é bastante bom) para sua recuperação. Minha querida Virginia, minha pobre e querida Virginia, fico verdadeira e profundamente infeliz de pensar em você doente na neblina de Londres.

Carta de Virginia

Tavistock Square, 52
5 de março

Sim, estou cada vez melhor. Foi apenas a febrinha habitual, que faz a dor de cabeça perdurar um tantinho. Mas estou de volta ao quarto novamente, escrevendo [...]

E estou flertando com uma encantadora — ah, minha nossa, isso não vai deixar você com ciúmes, bebericando rosé em Fez.

Carta de Virginia

Tavistock Square, 52
13 de abril

Sim, devo mesmo escrever para você, porque quero saber o que está acontecendo. Mas dito isso, não tenho nada a dizer. Isso é porque você está apaixonada por outra, maldita seja! Não tenho uma boa natureza, porém, como um bando de pássaros verdes pousando aqui e ali? Eu pretendia, Deus sabe, me desculpar por ter estado tão desgraçadamente chata, tão obtusa, sonolenta e deprimente naquela noite em King's Bench.[143] Disse a mim mesma, Não é de admirar que Vita não a ame mais, porque você a entendia e se há uma coisa que o amor não tolera é o tédio [...]

Daqui a duas semanas vamos para a Irlanda,[144] cruzando por terra, e depois atravessando o Canal [...] e então rumo às

---

[143] Flat de Harold Nicolson em Londres.
[144] Eles visitaram Elizabeth Bowen, amiga de Virginia.

ilhas mais isoladas, onde as focas vociferam e as velhas cantarolam para os cadáveres dos homens afogados, não é? E lá posso ser arrastada pelo vento até o mar. Mas por que Vita se importaria [...] Ela me enterraria, não enterraria, Vita? E no entanto como sou inteligente, como sou encantadora!

1935

Harold entrou para o Parlamento em 1935 e se envolveu em assuntos importantes das relações exteriores. Vita se concentrou em seu jardim e em seus livros: escreveu poesia, *The Dark Island*, e publicou seu *Santa Joana d'Arc* pela Cobden-Sanderson. Virginia escreveu sua única peça de teatro, *Freshwater*, baseada em sua tia-avó Julia Margaret Cameron. O primeiro-ministro propôs indicar Virginia para as honrarias por ocasião do aniversário do rei;[145] ela declinou.

Carta de Virginia

Tavistock Square, 52
15 de fevereiro

Estou ansiando por uma aventura, queridíssima Criatura. Mas gostaria de estipular pelo menos 48½ minutos a sós com você. Não para dizer ou fazer nada em particular. Mera afeição — pela lembrança do boto na janela cor-de-rosa.

Tenho andado tão enterrada sob a poeira e os entulhos. Mais eis a primavera agora [...]

---

[145] King's Birthday Honours. [N. T.]

Minha cabeça está cheia de sonhos de encontros românticos. Você se lembra daquela vez em Kew sentada numa tempestade púrpura?

[...] Então me avise, e me ame mais e mais, e coloque outro degrau na escada e deixe-me subir. Falei para você do meu novo amor?

Diário de Virginia

11 de março

Foi o domingo mais amargo em vinte e dois anos. Fomos para Sissinghurst no vento cortante com o campo inteiro se estendendo no verde e azul de junho do lado externo da janela. Agora tenho de fazer uma observação estranha. Minha amizade com Vita acabou. Não com uma briga, não com uma explosão, mas como uma fruta madura cai. Mas a voz dela dizendo "Virginia?" do lado de fora da sala da torre foi tão encantadora como sempre. Só que então nada aconteceu. E ela engordou muito, está a própria senhora indolente do condado, drenada, agora sem interesse em livros; não escreveu nada de poesia; só se entusiasma quando se fala em cães, flores e novas construções. Sissinghurst terá uma nova ala; um novo jardim; um novo muro. E não há amargura nem desilusão, só um certo vazio. Na verdade — se minhas mãos não estivessem tão geladas — poderia analisar aqui meu estado de espírito nesses últimos quatro meses e explicar o vazio humano pela deserção de Vita; a morte de Roger; e ninguém surgindo para ocupar o lugar deles; e uma certa diminuição geral das cartas e da fama, devida ao fato de eu não escrever nada; então tenho mais tempo disponível e de fato peço às pessoas que venham aqui de vez em quando. (Mas a semana consiste principalmente em uma ausência de convites.) Voltando da casa de Vita na tempestade de neve: a neve se parecia com longas fitas de papel; chicoteando, se misturando, se enredando na frente do carro.

1936

Virginia finalmente concluiu *Os anos*, e sofreu outro período de doença. Lady Sackville, mãe de Vita, morreu no início do ano. Embora Vita a amasse, Lady Sackville havia se tornado cada vez mais inconstante, e sua morte ajudou a aliviar alguns dos problemas pessoais e financeiros de Vita e Harold.

1937

Vita homenageou a mãe em *Pepita*, uma dupla biografia que recebeu aclamação instantânea. Em julho, o sobrinho de 29 anos de Virginia, Julian Bell, morreu na Guerra Civil Espanhola. Virginia passou a maior parte do tempo consolando a irmã enlutada, Vanessa. O acontecimento fez Vita e Virginia retomarem suas relações, e seus encontros e sua comunicação voltaram a ser cheios de vitalidade e significado.

Carta de Virginia

Tavistock Square, 52
21 de julho

Queridíssima Criatura

Telegrafei para você porque Julian foi morto ontem na Espanha. Nessa gosta de ter a mim por perto e por isso estou lá a maior parte do tempo. É muito terrível. Você vai entender.

Carta de Vita

Castelo de Sissinghurst
22 de julho

Sinto terrivelmente. Você sabe com que frequência alguém diz que sente muito, e sente, mas há uma diferença entre o sentir muito e o sentir muito de verdade. Sinto muito de verdade quanto a Julian. Ele era uma pessoa tão encantadora e vivaz — você se lembra de quando me levou para tomar chá com Julian nos aposentos dele em Cambridge? — e ele podia ter feito tanta coisa e aproveitado a vida de forma tão plena, e agora! [...]

Querida Virginia — queria poder fazer ou dizer alguma coisa. Você é tão querida para mim, e está infeliz — e não posso fazer nada — exceto ser sua sempre muito amorosa

Carta de Virginia

Tavistock Square, 52
26 de julho

Queridíssima Criatura,

Fiquei muito contente com sua carta. Não consegui escrever, fiquei ao redor de Vanessa o dia inteiro. Tem sido um pesadelo inacreditável. Nós duas tínhamos certeza de que ele seria morto, e agora a tensão a está deixando, talvez misericordiosamente, tão exausta que só consegue ficar na cama [...] Deus, por que essas coisas acontecem? Não estou de cabeça fria o suficiente para sentir qualquer outra coisa além de variedades de raiva e desespero entorpecentes [...]

Gostaria de ver você.

Carta de Vita

Castelo de Sissinghurst
21 de setembro

Você não sabe que sempre amo *ver você? E que alegria especial é ter você aqui? E que benefício você me confere, um tesouro duradouro, ao vir?*

Segundo, obrigada pela carta. Envio-a de volta.[146] *Concordo com Leonard que é o rompante de um maníaco [...] Espero que não siga o conselho dele, mas ainda assim tenho um certo orgulho secreto ao pensar que "seu caso com V. S-W." lhe permitiria escrever com autoridade. Permitiria? Há muito a dizer em relação ao assunto, mas talvez fosse melhor dizê-lo ao pé do fogo em um anoitecer de inverno quando se deixou de acender as luzes [...]*

Esse é um pós-escrito privado. Recebi um bilhete de Vanessa que termina assim: "Nem sou capaz de dizer o quanto Virginia me ajudou. Talvez um dia, não agora, você possa lhe dizer que isso é verdade".

Talvez não devesse ter citado isso para você, mas não vejo por que não citar. De qualquer forma, por favor, guarde para si mesma.

Carta de Virginia

Monk's House
1º de outubro

Estivemos tão assoberbados com as visitas que nunca tive um instante para escrever. Na verdade fiquei tão comovida com sua carta que não fui capaz. Não é esquisito? Digo, Nessa dizer isso para você significou alguma coisa a respeito da qual não consigo falar. E não posso contar a ninguém — mas acho que você adivinhou — como é terrível para mim observá-la: se pudesse fazer alguma coisa — às vezes me sinto desesperançosa. Mas essa mensagem me dá algo em que me agarrar.

Carta de Vita

Castelo de Sissinghurst
13 de novembro

---

[146] Um norte-americano havia escrito para Virginia pedindo-lhe que escrevesse um artigo sobre Vita, acrescentando que "o caso [de Virginia] com V. Sackville-West" a transformaria em uma autoridade no assunto.

Minha (um dia) Virginia

Você disse que eu era uma boba de não escrever para você quando minha caneta se contorcia de vontade de fazer isso.

Bom, está se contorcendo agora. Escrevo na torre rosada, da qual você gosta.

Ouço ecos de você — de Eddy por exemplo, que diz que tomou chá com você. Fiquei com inveja. Senti que podia ter ido tomar chá com você em termos bem mais próximos que os de Eddy. Por que não vou? Só porque não estou em Londres — e Eddy quase sempre está. Não é uma pena que a distância geográfica faça tamanha diferença?

De qualquer forma vamos dar alguns passeios ao nosso bel-prazer em janeiro, não vamos? Para onde iremos? Para Kew? Você alguma vez pensa em mim?

Se pensa, por favor imagine um Sissinghurst muito enlameado, fervilhando de atividades, como a jardinagem (pergunte ao Leonard, que é um jardineiro, e ele lhe dirá que todos os jardineiros fazem uma orgia de plantar e replantar nessa época do ano. Você pode ter visto Percy e ele ocupados com isso).

Um grupo de pessoas tão desagradável veio aqui, as mãos tremendo de bebida e drogas, não sei qual dos dois; detestei-as; causaram o tipo de impressão da qual não se esquece.

Esta é só uma carta para ser colocada atrás do peso de papel no suporte da lareira, para ser respondida algum dia? Se for, prefiro que não a responda jamais. Ou entre as cartas de Ethel? Que ideia horrível!

Não, Virginia, por favor não responda. Saberei que foi entregue e que você a reconhecerá como um pensamento de amor de seu Orlando.

Os criados fizeram uma fogueira tão bela aqui na noite de Guy Fawkes. Pensei em você, enquanto as chamas disparavam. Também tinham fogos de artifício, e deixaram toda a fachada de Sissinghurst cor-de-rosa como se estivesse corado. Puseram os fogos de artifício em uma lixeira, e explodiram a tampa para o céu.

Por trás de todo esse absurdo está o horror da Espanha. Isso me preocupa muito. E todo o resto do mundo também — Só que a Espanha está no primeiro plano no momento.

Uma carta um tanto ilógica, temo (acabei de relê-la — você sabe como a pessoa faz, no final da página), mas de alguma forma sempre recorro a você quando me sinto como a lata de lixo com fogos de artifício dentro.

Carta de Virginia

Tavistock Square, 52
25 de novembro

Por que "um dia" Virginia? Por que não responderia sua carta? Obviamente essa é a maneira de fazer eu me sentar no mesmo instante e responder. Por que você é uma lata de lixo? E por que não sairíamos para dar um passeio? Por quê, por quê, por quê?

Só porque você escolheu se sentar na lama em Kent e eu nas lajotas em Londres, isso não é razão para o amor se extinguir, é? Por que as pérolas e o boto deveriam desaparecer.

Não. Não consigo entender seu argumento. Em janeiro vou levá-la ao lugar onde certa vez bebemos uma taça de vinho diante de uma janela arredondada que dava para o rio [...]

Então chega — mas se sua caneta tremelicar de novo, não a impeça.

Porque, minha querida Vita, qual o sentido de dizer "*um dia* Virginia" quando estou viva aqui e agora? Potto também, se for o caso.

Seus velhos e fiéis criados e adoradores
P e V

Carta de Virginia

Monk's House
26 de dezembro

12.000 exemplares de *Pepita* vendidos. Estou pensando em comprar um casaco de pele.

Carta de Vita

Castelo de Sissinghurst
28 de dezembro
Feliz que Pepita *lhe fornecerá um casaco de pele. Continuo a receber as cartas mais esquisitas e agradáveis a respeito dela [...]*
Lamento não estar mais próxima da Virginia, a quem amo. Deus, como você estava encantadora na outra noite de preto e escarlate!
Seu boto-cor-de-rosa
Orlando

1938

Virginia publicou *Três guinéus*, uma denúncia da vaidade e da agressividade masculinas com a qual Vita não concordava inteiramente e que levou à única briga das duas. Em seu novo poema *Solitude*, publicado pela Hogarth Press, Vita apontou para o contraste entre seus romances efêmeros ("Aqueles amores baratos e fáceis") e o que Virginia ainda significava para ela.

Carta de Virginia

Tavistock Square, 52
3 de maio

Ah estou tão farta dessa maldita Londres; a monotonia perpétua, o gotejar de hoje, o cinza de todo dia e todas essas pessoas. A editora, entretanto, está agora acorrentada a John Lehmann,[147] ou vai estar em outubro; e espero (ainda que não com muito otimismo) me livrar desses [manuscritos] eternos. Há seis diante de mim neste instante. E tivemos um ano tão bom e ganhamos tanto dinheiro, e não posso deixar de me orgulhar um pouquinho quando penso no emblema no tapete da Hogarth House; e agora dizem que

---

[147] John Lehmann havia comprado a metade de Virginia na Hogarth Press.

vale, a editora, £10.000. Muito obrigada à nobre filha de todos os Sackville.

Carta de Vita

Castelo de Sissinghurst
30 de maio
Achei que devia ter cometido algum crime quando vi uma carta datilografada sua assinada "cordialmente, Virginia Woolf", mas vi depressa que estava tudo bem, e enviei uma pequena doação à biblioteca [...] [148]

E quanto ao seu [Três guinéus]*? Achei que ia sair este mês, mas não vi mais nada sobre ele.*

Que ótimo que foi jantar com você. Sabe, gosto mais da sua casa que de qualquer outra casa; da atmosfera dela, digo. Sempre saio achando que a vida vale mais a pena. Parece uma frase feita, mas é a pura verdade.

Carta de Virginia

Tavistock Square, 52
1º de junho
[Três guinéus] sai amanhã. É só um trabalhinho de burro de carga, e como reitera em prosa ainda mais sóbria, o tema daquele trabalhinho bastante sóbrio *Os anos*, do qual, com razão, você não gostou, eu não tinha a intenção de lhe mandar. Mas mandarei, como forma de agradecimento, e você não precisa ler nem escrever e dizer que leu. Agora tirei os dois livros da minha cabeça, graças a Deus. Por que senti que tinha de escrevê-los? Deus sabe.

---

[148] Virginia era uma patrona entusiasta da biblioteca feminista da Marsham Street, e estava apelando aos amigos em busca de adesão.

Carta de Vita

Castelo de Sissinghurst
15 de junho
Se não lhe escrevi para lhe agradecer por seu Três guinéus, *foi só porque sabia que você estava indo para Skye, não porque não o apreciei. Você é uma escritora ladina, porque num instante encanta a pessoa com sua bela prosa e no instante seguinte a exaspera com seus argumentos enganosos. Veja, não se pode agradecer um livro tão provocador com uma mera carta; seria necessária uma resposta tão longa quanto o próprio livro, e isso significaria uma publicação pela Hogarth Press. E longe de mim esgrimir com você publicamente, já que sempre perderia pontos no combate de espadas, ainda que se a coisa virasse uma pancadaria eu talvez nocauteasse você. Contanto que jogue o jogo dos cavalheiros, com as técnicas dos cavalheiros, você vence. — Não estou me explicando muito bem, na verdade muito mal e de forma confusa, então vamos deixar isso para quando nos vermos? Nesse meio-tempo, permita que lhe diga que a li com prazer, mesmo que quisesse exclamar "Ah,* mas *Virginia..." em 50% das páginas.*

Carta de Virginia

George Inn Challerford, Northumberland
19 de junho
É claro que eu sabia que você não ia gostar de *3 gs* — é por isso que eu não teria, a menos que você enviasse um cartão-postal com uma pergunta, lhe dado um. De qualquer forma, não compreendo bem. Você diz que não concorda com 50% dele — não, é claro que não concorda. Porém quando diz que está exasperada com meus "argumentos enganosos" — é então que pergunto, quais argumentos? Se digo, não concordo com sua concepção do caráter de Joana d'Arc, isso é uma coisa. Mas se digo que seus argumentos sobre ela são "enganosos", não teria eu a intenção de dizer que Vita embaralhou os fatos de uma forma desonesta a fim de produzir um efeito que sabe ser

falso? Se é *isso* que quer dizer com "enganosos", então temos um problema a resolver, seja pela esgrima ou pela pancadaria. E não creio que, *independentemente do meio utilizado*, você, como diz, me nocautearia. Pode ser um livro bobo, e não concordo que seja um livro bem escrito; mas com certeza é um livro honesto: e sofri mais para levantar e expor os fatos de maneira clara do que já sofri com qualquer coisa na vida [...]

Carta de Virginia

Tavistock Square, 52
22 de julho

Leonard diz que você enviou um poema, e que gostaria de saber o que acho dele. Bom, gostaria de ler e normalmente ia disparar uma opinião com a audácia costumeira. Mas quero explicar: por conta do meu jeito de ser (que não é o jeito como eu deveria ser), sinto que não consigo ler seu poema de maneira imparcial enquanto suas acusações contra mim, tal como expressas em uma carta que guardei em algum lugar mas que não vou citar, permanecerem infundadas. Sinto, digo, que me achou desonesta em *3 gs*: você disse alguma coisa a respeito de ele ser "enganoso" e sugeriu que, não fosse o fato de você ser incuravelmente atrapalhada, honesta e de raciocínio lento, você poderia demolir minha fraude capciosa. Você poderia me nocautear com seus velhos e honestos punhos ingleses e assim por diante. E então me ludibriou elogiando meu charme e inteligência.

Carta de Vita

Castelo de Sissinghurst
23 de julho

Mas minha querida Virginia, nunca na vida suspeitei que fosse fraude ou desonestidade! Fiquei absolutamente estarrecida com sua carta esta manhã. É óbvio que você nunca recebeu uma carta que escrevi quando você estava ausente, e talvez estupidamente enviada para Skye. É claro que não consigo lembrar as palavras exatas com as quais me expressei nela, mas o sentido era que nem por um minuto questionei seus fatos *ou a acurácia deles em* 3 guinéus, *mas só discordei em determinados trechos das deduções que você extraiu deles. E isso, no fim das contas, é uma questão de opinião, não de fatos. Com minha alusão infeliz à elegância do seu estilo quis dizer que você quase conseguiu convencer a pessoa a despeito dela mesma, até eu parar para refletir mais tarde de cabeça fria. Para citar um exemplo, tenho sérias dúvidas de que alguma inglesa sente que a Inglaterra não é seu país porque perderá a nacionalidade caso se case com um estrangeiro (p. 196). De novo, na p. 194, você sugere que "a luta é uma característica sexual que ela não consegue compartilhar", mas não é verdade que várias mulheres são extremamente belicosas e forçam seus homens a lutar? E quanto à ordem da pluma branca na última guerra?*[149] *Concordo totalmente com você que não deveriam ser assim, mas o fato é que muitas vezes o são. A mulher comum admira o que considera serem qualidades viris.*

No entanto, é tedioso continuar a apresentar exemplos, mas espero ter escrito o suficiente para lhe mostrar que sua honestidade, integridade e boa-fé nunca foram nem por um minuto questionadas. Fico chateada de verdade pensando que você pode ter acalentado essa ideia nas últimas semanas, e por Deus queria que você tivesse recebido a carta que escrevi para Sligachan.[150] *Você sabe que há poucas pessoas no mundo a quem eu detestaria mais machucar, e há poucas pessoas cuja integridade respeito ou na qual confio mais. O fato de você sentir que não é capaz de ler meu poema por causa de alguma barreira entre nós me prova que devo ter magoado você, embora Deus saiba que nunca tive intenção, nem na minha cabeça havia motivo para ofensas, só devo ter me expressado de um jeito atrapa-*

---

[149] Em agosto de 1914, durante a Primeira Guerra Mundial, foi fundada, com o apoio da escritora Mary Augusta Ward, a Order of the White Feather (Ordem da Pluma Branca), destinada a constranger os homens que não se alistaram no exército. [N. T.]
[150] Em Skye.

lhado. De qualquer forma, sei que vai acreditar em mim. Sua muito contrita e inteiramente devotada

Carta de Virginia

Tavistock Square, 52
23 de julho

O que diabos posso ter dito na minha carta para suscitar seu telegrama? Sabe Deus. Eu a rabisquei em cinco minutos, nunca a li do início ao fim, e só consigo lembrar que foi escrita em uma óbvia chave de extravagância cômica e numa pressa enorme [...]

Mas, como digo, esqueça isso: e peço desculpas, e nunca mais vou escrever uma carta tão descuidada. E não guardo nenhuma mágoa; e você não precisa dizer mais nada, porque tenho absoluta certeza, relendo sua carta, de que você não quis dizer que eu era desonesta: e essa é a única coisa que me importava. Então perdoe e esqueça

Carta de Vita para Harold

Castelo de Sissinghurst
3 de agosto
Fui a Rodmell noite passada, e também foi muito agradável. Sentamo-nos lá fora no jardim vendo a luz do sol deixando o milho todo dourado nas Downs. Então tive uma longa conversa hoje de manhã com Virginia, que estava em seu humor mais agradável [...] Ah minha nossa, que pessoa encantadora é Virginia! Como tece magia na vida! Quando eu a vejo, ela eleva a vida a outro nível. Como faz pessoas como Teenie [Cazalet] parecerem mesquinhas. E Leonard também. Sei que ele é enfadonho e birrento, mas na verdade, com seu amor de colegial pelos animais de estimação e pelas engenhocas, ele é irresistivelmente jovem e atraente. Como as pessoas têm ideias erradas sobre Bloomsbury, dizendo que é desvitalizada e

desvitalizante. Você não iria encontrar duas pessoas menos desvitalizadas ou desvitalizantes que os Woolf [...]

Diário de Virginia

4 de agosto

Gostei de ver Vita, tão leve e solta de novo. Sentamo-nos aqui fora e falamos de seus amores; de morte; das lágrimas de Ben [seu filho] ao ser repreendido por Vita; de Willy Maugham; de Clive, que está escrevendo, em segredo, um livro sobre a guerra; de Julian; de Nessa; com uma aparência tão doentia; tantas mulheres perderam seus filhos e amantes; esqueci como terminou. Ela também trouxe uma cesta de pêssegos e meia garrafa de Château Yquem da adega da mãe. E embora se foi em seu carro preto [...] Estava quase como nos velhos tempos.

Diário de Virginia

7 de agosto

Ontem vi seis tanques com canhões sacolejando colina abaixo e se aglomerando feito besouros negros na fazenda de roedores. Menininhos brincando de joguinhos estúpidos pelos quais pago. Harold está muito deprimido, Vita diz: crê que haverá guerra, mas não esta semana. Uma calmaria por ora. E terrivelmente quente.

Carta de Virginia

Monk's House
27 de outubro

Sim, a sra. Nicholls me entregou uma cópia de seu livro: que certamente considero minha de direito, com uma dedicatória. Não acredito que você se importe minimamente com o que penso dele. Entretanto lhe direi quando o tiver lido, se quiser saber [...] Planejamos nos aposentar aqui para sempre: nesse caso, devo afundar tão profundamente na solidão quanto você mesma poderia desejar.

Diário de Virginia

30 de outubro

Palavras, palavras, palavras, tantas e tantas — Essa acho é a vocalização da minha pequena sensação hoje de manhã. Estou cansada de escrever. "Palavras" refere-se em parte ao novo poema de Vita, *Solitude*. Ele põe o dedo na ferida? É só eloquência elegante? As palavras que encontrei nos meus próprios lábios foram "Suave e suntuosa". Suspeito que haja muitas mais. Mas sem dúvida não sou isenta. Não quero reflexões sobre Deus: nem esqueço por completo sua visão superficial de *Três guinéus*: que nunca se preocupou em tentar entender o que quis dizer. Isso é em parte pessoal; em parte, não.

Carta de Vita

Castelo de Sissinghurst
19 de dezembro

Virginia minha — Isso é para lhe mandar meu amor — e para dizer que encomendei um patê para o seu Natal — e também para dizer que espero que não tenha ficado entediada no almoço[151] *— e que me arrependo muito que você não estivesse lá quando o padre d'Arcy e eu fomos admirar o lagarto que Freya Stark trouxe da Arábia, um animal magnífico que passa sua vida na Inglaterra deitado em uma bolsa de água quente sob um globo de luz elétrica, cercado de relíquias de Ur escavadas por Leonard Woolley. E o jantar freudiano foi um sucesso?*

---

[151] No dia 14 de dezembro Vita convidou Virginia para almoçar com Freya Stark, a escritora e viajante.

Teria apreciado alguns momentos a sós com você depois do almoço, mas tudo o que consegui foram elogios a você feitos pela senhorita Stark, que a achou muito bonita [...] Eu também, se posso dizer tal coisa — muito bonita de fato em seu gorro de pele e sua esbeltez perfeitamente etérea.

Enfim [...] É melhor encerrar lhe desejando um feliz Natal, como qualquer velha empregada. E pensar em como os tetos de Long Barn outrora balançavam acima de nós! [...] e golfinhos brincavam nas lajes de mármore.

Carta de Virginia

Monk's House
25 de dezembro

Bem, foi uma ideia principesca — o patê, e melhor que uma ideia, praticamente salvou nossa vida; canos congelados; sem lareira a gás; nada para comer, ou se houvesse algo para comer não poderia ser cozido; e então eis o pacote de Estrasburgo! Portanto o jantamos e depois o almoçamos e depois o jantamos — posso comê-lo para sempre — ficaria contente de praticamente congelar se pudesse comer esse fígado de ganso para sempre. Mas que príncipe extravagante você é! Quão tremendamente no mesmo nível do cor-de-rosa, e das pérolas e do boto da peixaria esse creme cor-de-rosa com as joias negras incrustadas é — ou era.

[...] e Mitzi[152] morreu na noite da véspera de Natal. Foi muito comovente — os olhos dela se fecharam e o rosto ficou branco como o de uma senhora muito velhinha. Leonard a tinha levado para dormir no quarto dele, e a última coisa que ela fez foi subir em seu pé.

Mas chega — não morra —

---

[152] O sagui de estimação de Leonard.

1939

Vita e Virginia se aproximaram por conta da emoção e da ansiedade geradas pela chegada da guerra. Os dois filhos de Vita estavam no exército. As mulheres se viram com frequência, embora a viagem entre Kent e Sussex fosse mais difícil por causa do racionamento de gasolina.

Carta de Vita

Castelo de Sissinghurst
14 de janeiro
Tenho várias coisas para lhe dizer — Primeiro que fiquei muito angustiada por Leonard ao saber da morte de Mitzi. Por favor lhe transmita toda a minha compaixão, e diga-lhe que ele faria bem em adquirir um lêmure assim que possível — são os bichinhos de estimação mais encantadores, e dizem que estão mais intimamente ligados à raça humana do que qualquer outro animal. Acho difícil de acreditar, julgando pela aparência deles, mas é o que os biólogos afirmam [...]

Segundo, que fiquei encantada por uma amiga sua outro dia, Margery Fry. Quero que me fale mais a respeito dela algum dia, por favor. Que rosto e senso de humor encantadores.

Carta de Virginia

Monk's House
19 de fevereiro

Há rumores de que um enorme cão pastor peludo foi visto nos últimos dias em Piccadilly. Ao ser questionado, respondeu pelo nome de V. Sackville-West.

Não sei por que me veio à cabeça lhe contar esse fato; exceto que acho que é hora de V. Sackville-West responder pelo nome dela [...]

Você tem uma escada: em qual degrau eu estou?

Carta de Vita

Castelo de Sissinghurst
22 de fevereiro

Que engraçado: durante a noite pensei comigo mesma: "Faz um bom tempo que não recebo notícias da Virginia — escreverei para ela amanhã" — e então sua carta chegou.

Então nossos pensamentos colidiram e se encontraram —

Bom, não pode ser verdade que um cão pastor peludo foi visto nos últimos dias em Piccadilly, porque ele não se aproximou de Londres desde o dia 2 de fev. — quando propôs ir comer um coelho e uns biscoitos de cachorro com você — e você respondeu que estava indo para Rodmell naquele dia — então esse encontro proposto foi descartado [...]

De qualquer forma, ouça, Virginia minha: você vai estar em Londres na sexta-feira, dia 31 de março? E se sim, eu poderia jantar com você — ou você jantaria comigo? Vou passar a noite em Londres, se consentir com isso.

Harold está indo para o Egito de avião no dia 4 de abril — Isso me preocupa extremamente. Digo isso porque sei que você vai entender. Maldição, maldição, maldição — queria que o avião nunca tivesse sido inventado. Não terei um minuto de sossego até ele voltar. Nem você teria, se fosse o Leonard.

Você queria que alguém escrevesse um longo poema, embora não vá ler nenhuma poesia nova por um ano. Bom, estou escrevendo um novo poema[153] *— uma espécie de par para* The Land *— mas não vou pedir que o leia — você só podia dizer ao meu editor, sr. Leonard Woolf, que talvez ele venha a receber um novo poema em algum ponto de 1940.*

E diga também (no que ele estará mais interessado) que estou comprando uma fazenda vizinha com 80 hectares.

Deus, como a vida é rica, quando a pessoa a vive direito! Hectares de fazenda, e um novo poema em um grande livro de papel almaço — o que mais se pode pedir da vida?

Agora, mais do que nunca, morreria contente...[154]

Gostaria de corrigir para,

Agora, mais do que nunca, viveria contente...

Mas se o Harold morrer por conta da Imperial Airways, num voo para o Egito, tudo vai ser horrível de novo.

Carta de Vita

Castelo de Sissinghurst
23 de abril

Aqui é Sissinghurst 250 — aí é Museum 2621? — É Virginia? Aqui é Vita falando — sim; Vita — uma pessoa que você um dia teve como amiga — Ah, você esqueceu? Bom, vasculhe a memória e talvez se lembre de um boto em um bloco de mármore. — Sim, se pronuncia Víta, não Vaita — Agora você se lembra, não é? Você se lembra de uma tempestade em Vézelay e dos tetos de Long Barn balançando suavemente?

O propósito desta mensagem é múltiplo. O objetivo principal é dizer que não gosto de ficar sem falar com você e portanto estou fazendo uma tentativa de entrar em contato. Você e Leonard algum dia passarão aqui a caminho de Rodmell? Gostaria tanto que Leonard

---

[153] Chamado *The Garden*.
[154] Uma citação de "Ode a um rouxinol", de Keats.

visse meu jardim. Você, eu sei, não é nenhuma jardineira, então restrinjo esse interesse ao Leonard. Gostaria que vocês dois viessem.

Carta de Virginia

Monk's House
19 de agosto

Não é bom de vez em quando escrever uma carta que não se precisa escrever? Esta é uma. Estava andando pelo pântano e encontrei um cisne sentado em um túmulo saxão. Isso me fez pensar em você. Aí voltei e li a biografia de Leonardo — do Kenneth Clark — boa acho: também me fez pensar em você. E em um minuto devo cozinhar um pouquinho de macarrão [...] Bom gostei de escrever quando não precisava; não quer dizer que você tenha gostado de ler. E em qual degrau estamos — meu pobre Potto e V.?

Carta de Vita

Castelo de Sissinghurst
25 de agosto

Virginia querida, você está sempre nos degraus mais altos — sempre —

Harold saiu de barco de novo,[155] *e pedi que me telegrafasse quando possivelmente estiver perto de Newhaven. Ele quer que eu vá buscá-lo em Newhaven — com o carro — então se não entrarmos em guerra antes (segunda ou terça-feira) vou telefonar para você e perguntar se posso passar a noite aí.*

Acho a psicologia de guerra de uma pessoa muito estranha — você não? Até meio-dia sou uma completa covarde, apavorada com ataques aéreos, bombas, gás etc. — depois do meio-dia me torno toda corajosa e britânica de novo — e permaneço corajosa até a manhã seguinte — quando a coisa toda começa de novo nesse ciclo aterrorizante de medo, pavor e covardia encolhida.

---

[155] Um pequeno veleiro batizado de *Mar*, que Harold havia adquirido para passeios ocasionais de fim de semana. Foi destruído por bombas em 1940.

Acho que você é bem mais corajosa que eu; ou devo dizer mais filosófica? Não sei o que você sente. — Por quais estranhos estágios de emoções a pessoa passa hoje em dia! Eu não poderia escrever sobre isso para ninguém que não amasse como amo você. É tudo muito íntimo e secreto.

Eddy está vindo aqui passar o fim de semana. Receio que esteja muito infeliz por várias razões. Tenho enorme respeito por ele por se voluntariar para dirigir uma ambulância ou um carro em Londres durante os ataques aéreos. Parece algo corajoso de verdade, sobretudo para alguém do tipo dele — e delicado no fim das contas — Minha estima por ele aumenta —

Carta de Virginia

Monk's House
29 de agosto

Mas não creio que eu seja filosófica — antes entorpecida. Estou tão quentinha e solar em nossa pequena ilha — L. plantando, jogando boliche, preparando nosso jantar: e lá fora tamanho desperdício de trevas. Claro que não sou nada patriota, o que pode ser de alguma ajuda, e não tenho medo, digo, pelo meu próprio corpo. Mas é um corpo velho. E ainda assim ia gostar de ter mais dez anos: e gosto dos meus amigos: e gosto dos jovens

[...] de fato, minha queridíssima criatura, qualquer que seja o degrau que ocupo, a escada é um grande conforto nesse tipo de suspensão intolerável de toda realidade — algo real.

Carta de Vita

Castelo de Sissinghurst
1º de setembro

Virginia querida

Harold voltou. Então meu esquema de Newhaven saiu pela culatra. Pretendia telefonar para perguntar se Nigel e eu podíamos ir almoçar com você amanhã, mas meus planos mais bem traçados

deram errado e parecem propensos a dar cada vez mais errado nos próximos anos. Então o que se pode dizer? Sei que você deve sentir tudo aquilo que sinto, e o que milhões sentem. Continuo pensando em Vanessa, com Quentin um jovem adulto e Julian já morto. Talvez agora ela não sinta tanta amargura por Julian ter perdido a vida, porque ele ao menos a sacrificou voluntariamente por uma causa na qual acreditava, o que é mais nobre do que ser recrutado contra a vontade para um holocausto geral.

Você tem minha compaixão quanto à preocupação pequena, mas ainda exasperante de se mudar da Tavistock para a Mecklenburgh Square.

Bom — eis — e agora devo ir e providenciar o escurecimento das janelas. Felizmente há sempre um tanto de alívio cômico — e ainda me flagro capaz de rir de coisas ridículas que acontecem. Isso foi chamado de "Manter o bravo sorriso britânico" pelo Daily Sketch, *mas me pego mantendo-o em certos momentos sem esforço consciente. Pergunto-me por quanto tempo mais vamos mantê-lo?*

V

Espero que Potto não se importe muito com a Segunda Guerra Alemã.

Você ficará em Rodmell? Seria maluquice ir a Londres sem necessidade.

Carta de Virginia

Monk's House
2 de setembro

Sim, queridíssima Criatura, venha a hora que quiser e coma conosco. Sozinha hoje e que bênção!

Gostei da sua carta. E se estou muda e fria, isso não significa que não fico sempre pensando em você — uma das pouquíssimas presenças constantes é a sua, e então — bem, não mais. Sim, fico sentada numa raiva muda, sendo defendida por esses rapazinhos que queremos ver fazendo amor uns com os outros.

Então venha: e escreverei para você, mesmo que não escreva para mais ninguém, quando tiver um momento livre.

Queridíssima criatura, como continuo vendo você, atormentada.

Carta de Vita

Castelo de Sissinghurst
16 de setembro

Como gostei de receber sua carta. Vamos escrever uma para a outra de vez em quando: acho que há poucas pessoas hoje em dia que me dão qualquer sensação de contato real, mas você com certeza dá; suponho que a tristeza de alguém seja uma peneira para o restante. Você pergunta o que sinto, e posso dizer a você: *acima de tudo, me importo com o que você chama de incômodo incessante de pequenos arranjos — nada de solidão física; pessoas o tempo inteiro por aqui; perguntas, responsabilidades, vozes; cinco seis sete oito pessoas a cada refeição; a necessidade de minha sogra ficar aqui sabe Deus por quanto tempo; nunca saber quem vem ou quem vai embora; a casa inteira de cabeça para baixo com pessoas dormindo em sofás — tudo isso é muito penoso na aparência e faz uma pessoa perceber o quanto sempre foi profundamente egoísta em relação à vida pessoal privada. Talvez seja salutar a pessoa não poder mais se entregar às próprias idiossincrasias?*

Então, abaixo disso, na segunda camada, vêm as ansiedades, os jovenzinhos com quem a pessoa se preocupa cuja vida está revirada e que provavelmente vão perder essa vida de maneira horrível, Ben com uma bateria antiaérea, aprendendo a atirar baixo, a 180 metros de altura, no caso de aviões descendo com metralhadoras; Nigel esperando, esperando, ser chamado para a Guarda; Piers (18 anos) já com a Honorável Companhia de Artilharia; John, meu sobrinho, de 20 anos, esperando ser chamado a qualquer momento; Harold preocupado porque nenhum trabalho foi alocado a ele ainda; e quando ele conseguir um emprego, isso significa que vai viver em Londres de modo mais ou menos permanente — com ataques aéreos e tudo o mais.

Então, na terceira camada, a mais profunda de todas, vem a própria dor e o desespero pela maluquice perversa de tudo isso —

A pessoa está sempre muito infeliz e muito cansada, não acha? Nunca me senti tão cansada — física e espiritualmente — em toda a minha vida. Acho que essa é a impressão dominante que tenho, até agora, da Segunda Guerra Alemã: completa exaustão e cansaço. O terror virá mais tarde sem dúvida, dentro de quinze dias mais ou menos, quando terminarem com a Polônia.

Gostaria de ver você. Posso telefonar de manhã e perguntar se posso ir almoçar? A gasolina ainda está disponível — ou prefere vir aqui para fugir da sua escrita?

Traga Potto.

"Où sont les neiges d'antan?"[156]

Sua

V

De qualquer forma, fico contente que Quentin esteja seguro — fico contente tanto por Vanessa quanto por você —[157]

Carta de Vita para Harold

Castelo de Sissinghurst
28 de setembro

Gostei muito de ver os Woolf. Fez um belo dia e as Downs estavam lindíssimas à luz do sol. Virginia parecia bem de saúde, ainda que é claro infeliz mentalmente. Ela diz que a única coisa boa que resultou da guerra até então foi que Ethel (Smyth) se apaixonou pela vizinha, que, como ela, tem 84 anos. Viveram durante anos uma ao lado da outra se evitando, mas a guerra as fez conversar por sobre a cerca do jardim, e como consequência descobriram que são almas gêmeas [...]

---

[156] "Onde estão as neves de outrora?", de François Villon (1431-1463).
[157] Quentin Bell havia sido dispensado do serviço militar por questões de saúde, e estava trabalhando em uma fazenda.

Gosto tanto dos Woolf. Eles sempre me fazem bem. Virginia foi tão doce e afetuosa comigo. Fiquei comovida. Ela disse a Ethel que só amava de verdade três pessoas: Leonard, Vanessa e eu, o que irritou Ethel, mas me deixou contente.

Carta de Virginia

Monk's House
3 de dezembro

Foi gentil da sua parte — enviar seu livro para mim [*Country Notes*]. De fato me comoveu. Não o li (e suponho que você não se importaria minimamente com o que achei, se o considerasse uma obra de arte — ou se importaria?) — mas dei uma folheada e li sobre Saulieu e a feira e a garrafa de vidro verde [...] Vou mantê-lo ao lado da cama, e quando acordar à noite — então não o usarei como sonífero, mas como sedativo: uma dose de sanidade e de cão pastor nesse universo que arranha, coça e esfria.

1940

As casas dos Woolf em Londres ficaram inabitáveis por causa dos bombardeios alemães, e eles se retiraram definitivamente para Monk's House, em Sussex. Vita visitou Virginia ali três vezes, pensando a cada vez que seria a última. Durante o verão esperava-se uma invasão alemã na Grã-Bretanha, com Kent e Sussex na linha de frente. Vita mandava presentes de sua fazenda para Virginia para complementar sua ração de alimentos.

Diário de Virginia

31 de janeiro

Ofereceram a Vita £1.850 por um livro de 25.000 palavras. Minha espinha dorsal ética se enrijece. Por dinheiro algum escreveria 25.000 palavras.

Carta de Virginia

Monk's House
12 de março

Ah que prazer receber sua carta! E que estranho! — Estava dizendo a L. que sentia que você sentia que estávamos afastadas: quanto a mim, *nunca* me senti afastada de Vita. É estranho, mas é verdade [...]

Aqui estou na semana da gripe — não consigo voltar ao normal, mas espero estar de pé até o final da semana. Uma maldita dor de garganta.

E este foi o único pedacinho de papel que consegui encontrar.

Mas minha querida que bom receber sua carta! Como me animou! E como anseio ouvir dos seus próprios lábios o que a tem preocupado — pois você nunca vai se livrar de mim — não, nem por um segundo me sinto menos unida a você. Não é estranho? E então não escrevi, só esperei — Sim, venha, venha. Que divertido, que alegria vai ser.

Carta de Virginia

Monk's House
19 de março

Queridíssima,

Fiquei com um medinho horrível, já que você não escreveu, de ter dito algo idiota na minha carta outro dia. Escrevi às pressas, estava tão feliz de receber a sua, com uma febre subindo, e talvez tenha dito algo que a magoou. Deus sabe *o quê*. Mande uma linhazinha porque você sabe como a pessoa se preocupa na cama, e não consigo lembrar o que escrevi.

Perdoe o que provavelmente é efeito da gripe [...] Esta carta é para mostrar por que estou sendo, conforme esperado, tola e carente. Também mostra o quanto dependo de você e me importo com qualquer palavra que a irrite ou magoe. Uma linha num cartão — é tudo o que peço.

Carta de Virginia

Monk's House
22 de março

Potto aqui lambe a página em amor a você.

Carta de Vita

Castelo de Sissinghurst
24 de abril

Obrigada por me deixar ir ficar com você e por ser sempre tão amorosa comigo —

Sua amizade significa tanto para mim. Na verdade está entre as melhores coisas da minha vida —

Você poderia por favor dizer ao Leonard que inadvertidamente lhe dei uma informação errada sobre a planta que lhe trouxe: deveria ser Lewisia HECKNERI, *não* TWEEDII —

[...] Sou tão grata a você: voltei para casa com a sensação de que realmente devo ir em frente com meu romance — Antes de ir até você, estava muito deprimida com ele.[158]

Então lhe falei um pouco dele, coisas que jamais teria dito a outra pessoa, e você disse justamente a coisa certa.

Então em vez de me desesperar com ele, peguei-o de novo hoje à noite, em vez de tentar evitá-lo.

Deixei uma caixinha dourada na sua mesa de café da manhã? Não mande, mas guarde para mim até o dia em que nos encontrarmos em Penshurst.[159] *Peço desculpas. Não há nada mais aborrecido do que uma hóspede que deixa alguma coisa para trás [...]*

Não se esqueça de Penshurst, e do nosso piquenique.

Seu Orlando

---

[158] *Grand Canyon*, que se passa no Arizona. Leonard rejeitou publicá-lo pela Hogarth Press.
[159] Penshurst Place, Kent. Virginia, Vita e Leonard visitaram a casa no dia 14 de junho.

Carta de Virginia

Monk's House
28 de abril

Ah Potto estava tão feliz por se amontoar no degrau de novo. Sim, foi um grande prazer receber você. Aliás não seria um dever, nestes tempos congelantes, nos reunirmos sempre que possível? De modo que mesmo nas gélidas vigílias noturnas, quando todos os esqueletos badalam, possamos nos manter aquecidos?

Por favor queridíssima Vita, venha de novo em breve. Você tem um tesouro no tanque.[160]

Carta de Virginia

Monk's House
[início de maio]

Que sonho tive com você! Uma vaca veio voando por cima de nós & esmagou seu nariz — ficou preto. Eu tinha pudim de tapioca à mão & apliquei em você. Pouco a pouco o nariz inflou como o de um porquinho de brinquedo. Qual é a interpretação? Horror & culpa, ambos fortemente presentes.

Diário de Virginia

14 de junho

Paris está nas mãos dos alemães. A batalha continua. Passamos o dia vendo Penshurst com Vita — fizemos um piquenique no jardim. Muito bonito e quente [...] Estranho ter visto essa mansão elisabetana no dia em que a invasão se agravou muito. Mas gosto mais de Monk's House.

---

[160] Isto é, de gasolina, que estava racionada.

Carta de Vita

Castelo de Sissinghurst
1º de agosto

Virginia querida, você foi um anjo me enviando seu livro, que acabou de chegar.¹⁶¹ *Estou enviando um pacote para Ben com o que acredito ser um exemplar para ele. Isso foi mesmo generoso da sua parte, e não preciso dizer o quanto ele vai ficar encantado [...]*

*Tudo tem parecido tão incerto (me refiro à invasão) que hesitei em escrever e sugerir uma noite para minha visita.*¹⁶² *Mas se as coisas continuarem a se arrastar desse jeito, posso ir um dia deste mês?*

Não queria ficar presa e não poder voltar para casa! Pense se você tivesse de me aturar durante toda a guerra.

Você viria aqui se eu lhe desse o suficiente em cupons de gasolina? Você sabe que gosta de um passeio, e seu livro já lhe saiu da cabeça. Então pense bem nisso.

Carta de Virginia

Monk's House
6 de agosto

Tenho andado tão agitada que não consegui escrever antes. Então agora apenas sugiro, enfaticamente, *sexta-feira, dia 16* [...] passe a noite e está claro que isso significa todo o sábado — sem evasivas quanto ao almoço ou alguém esperando em Sissinghurst. Caminhões enormes estão carregando sacos de areia até o rio: armas estão sendo postas nas margens. Então venha antes que tudo esteja em chamas.

Carta de Vita

Castelo de Sissinghurst
9 de agosto

---

[161] *Roger Fry: a biography* foi publicado no dia 25 de julho.
[162] Havia rumores de uma invasão alemã no sul da Inglaterra.

Veja, não posso ir na sexta-feira dia 16 porque prometi ir a uma demonstração de trabalho com palha (Women's Land Army) no dia 17, mas posso ir no dia 26? Que parece ser meu primeiro dia livre. Estou com a gasolina curta agora, já que esvaziaram inesperadamente meu tanque reserva, mas vou poupar cupons pelo prazer de ver você. Isso não é educado? Mas mais verdadeiro do que a maioria dos comentários educados [...]

Repito agora meu convite urgente para que você venha aqui — só que, maldição, não estou mais em condições de encher seu tanque com gasolina. Estava me gabando tanto da gasolina na semana passada, e agora todos os meus belos galões se foram [...] De qualquer forma, acho que ainda lhe conseguiria um galão — se ao menos você viesse.

[...] Já lhe contei que enviei minhas joias e meu testamento para um lugar mais seguro há algum tempo, e que o único outro tesouro que enviei foi o manuscrito de Orlando*?*

Carta de Virginia

Monk's House
30 de agosto

Acabei de falar com você. A sensação é tão estranha. As coisas estão perfeitamente em paz aqui — estão jogando boliche — acabei de pôr flores no seu quarto. E você sentada aí com as bombas caindo ao seu redor.

O que se pode dizer — exceto que amo você e que tenho de atravessar esta noite estranha e silenciosa pensando em você sentada aí sozinha.

Queridíssima — me escreva uma linhazinha [...]

Você me trouxe tanta felicidade.

Diário de Virginia

31 de agosto

Agora estamos em guerra. A Inglaterra está sendo atacada. Tive plenamente essa sensação pela primeira vez ontem.

Sensação de pressão, perigo, horror. Vita telefonou às 6 para dizer que não poderia vir. Estava sentada em Sissinghurst, e as bombas caíam em volta da casa. Estou exausta demais para falar da sensação — de conversar com uma pessoa que pode ser morta a qualquer momento. "Você consegue ouvir isso?", ela disse. Não, não conseguia. "Mais uma. Mais uma." Ela repetia a mesma coisa — a respeito de ficar para poder dirigir a ambulância — várias vezes, como uma pessoa que não consegue pensar. Foi muito difícil falar. Ela interrompeu a ligação — Ah, como isso me incomoda, e desligou o telefone. Fui e joguei boliche. Uma perfeita noite quente e silenciosa. Mais tarde, os aviões começaram a zumbir. Explosões. Aviões muito próximos. Um grande ataque a Londres ontem à noite. Hoje tranquilo aqui. Quando telefonei para Sissinghurst depois do jantar, alguém interrompeu com "Serviço restrito. As coisas estão muito ruins lá agora". Claro que isso pode ser o começo da invasão. Uma sensação de pressão. Histórias locais intermináveis. Não — não há qualquer vantagem em tentar capturar a sensação da Inglaterra numa batalha.

Carta de Vita

Castelo de Sissinghurst
1º de setembro
Minha nossa, como sua carta me emocionou esta manhã. Quase derramei uma lágrima no meu ovo poché. Suas raras expressões de afeto sempre tiveram o poder de me comover imensamente, e como suponho que alguém esteja um pouco tensa (sobretudo subconscientemente), elas agora me atingem o coração como um projétil despencando no telhado. Também amo você; você sabe disso.

Não queria escapar na sexta-feira passada porque não tinham nenhuma outra pessoa para dirigir a ambulância do vilarejo exceto eu — e há batalhas acontecendo o dia todo e estrondos sinistros distantes — não tão distantes assim. Mas agora garanti os serviços de uma senhora que poderia dirigir a ambulância no meu lugar se necessário. Ela tem uma história de vida das mais românticas, que você ia apreciar — Inclui um vinhedo na Córsega que administrou por 5 anos até que bandoleiros tornaram a vida dela impossível. Mas isso não é nada perto das tragédias matrimoniais.

De qualquer modo, isso significa que agora posso escapar. Então posso telefonar numa manhã e perguntar se seria conveniente que eu fosse? [...]

Com amor, muito e eterno amor
V

Carta de Virginia

Monk's House
4 de outubro

"Ah fico contente" — essas foram as palavras exatas que Leonard pronunciou quando eu disse que Vita tinha dito que viria. Se você pudesse ouvir o que os Woolf dizem normalmente quando as pessoas dizem que estão vindo —

Então venha. Sugerimos *quarta-feira*: e o combinado é que fique até o almoço de quinta-feira [...]

Ataques aéreos bastante frequentes. Duas bombas enquanto punha o jantar em ordem, a um quilômetro e meio no pântano [...]

Diário de Virginia

10 de outubro

Grande fluxo de ideias, porque tive um dia ocioso, um dia sem escrever — que alívio de vez em quando — dia de conversa com Vita. Sobre o quê? Ah, a guerra; bombas; qual casa foi atingida, qual não; e então nossos livros — tudo amplamente fácil e satisfatório. Ela controla a vida, conhece as plantas e suas mentes e corpos; grande e tolerante e modesta, com as mãos frouxas em tantas rédeas: filhos; Harold; jardim; fazenda. Bem-humorada também, e profundamente, digo estranhamente, estupidamente afetuosa. Fico feliz que nosso amor tenha resistido tão bem.

Carta de Vita

Castelo de Sissinghurst
10 de outubro

Como foi agradável estar na sua companhia — como apreciei minha visita. Gosto da sua companhia mais do que sou capaz de expressar. Você sabe que amo você, *e sabe que gosto de Leonard. Há uma diferença entre amar e gostar. Então você é minha amada e Leonard é meu gostado. Gosto de Leonard extraordinariamente [...]*

Querida — obrigada pelas minhas horas felizes com você. Você significa mais para mim do que jamais saberá.

Carta de Virginia

Monk's House
29 de novembro

Queria ser a rainha Vitória: então poderia agradecer você — Do fundo do meu coração *partido* de viúva. *Nunca* nunca nunca tivemos tão *arrebatador* glorioso espantoso — não, não consigo pegar o jeito do estilo. Tudo o que sou capaz de dizer é que quando descobrimos a manteiga na caixa-envelope que tínhamos em casa — chamamos Louie[163] — para olhar. É quase meio quilo de manteiga, eu disse. Dito isso, tirei um naco e comi puro. Então, na glória do meu coração, dei toda a nossa ração semanal — que é mais ou menos do tamanho da unha do meu polegar — para Louie — ganhei gratidão eterna; depois me sentei e comi pão com manteiga. Teria sido uma heresia acrescentar geleia [...]

---

[163] Louis Everest, a diarista dos Woolf.

Bombas caíram perto de mim: ninharias; um avião abatido no pântano: ninharias: inundações malditas — não, nada parece diminuir o pedestal onde está sua manteiga.

Carta de Virginia

Monk's House
26 de dezembro

Se minha admiração por você pudesse aumentar, seria pelo fato de que sua manteiga divina chegou na manhã de Natal. Outra pessoa, isto é eu, a teria mandado outro dia qualquer. Do jeito que foi, Leonard e eu, economizando com um pato este ano, tivemos uma tal orgia de ingestão de manteiga que valeu por dez perus. Ah que presente!

Ah Vita que Cornucópia você é!

[...] Quase um quilo de manteiga fresca.

E eu nunca lhe dou nada — pergunto-me por qual razão. Então tenho de acrescentar cerca de £2.000 dos seus livros, sem contar o que significam.

1941

No dia 17 de fevereiro, em Monk's House, Vita e Virginia se viram pela última vez. Escreveram as últimas cartas uma para a outra em março.

Carta de Vita

Castelo de Sissinghurst
14 de janeiro
(Minha nossa, nunca tinha me dado conta de que sua antipatia pela pobre Hilda era tão forte — achava que era apenas um sentimento negativo —) [...]
Não acredito que nenhuma das observações anteriores seja útil para fazer reparos na amizade — se é que precisa de reparos — precisa? Pessoalmente, perdi por completo a sensação de estar à deriva. Ainda assim, o que posso dizer que evoque uma sensação de intimidade? Tão pouco me aconteceu desde que a neve veio e me encarcerou totalmente entre as ruínas. Harold tem viajado pela Inglaterra e pela Escócia, e como estou sem carro desde o Natal (Ben o levou e o largou do lado de fora a noite inteira, de modo que congelou e ainda não voltou), o mundo exterior deixou por completo de existir. Mas antes de isso acontecer, meu passado surgiu e me encarou de frente na pessoa de Violet (Trefusis), a quem não via há cerca de

10 anos.[164] *Tivemos um almoço esquisito à la recherché du temps perdu no terreno neutro de uma estalagem rural. Ela havia perdido tudo na França, e agora o manuscrito de seu livro foi queimado na Paternoster Row.*[165] *Para meu alívio ela se abrigou em Somerset, depois de ameaçar alugar uma casa perto da minha, mas nos correspondemos. Ela está mesmo um bocado patética — tão desamparada — sem a casa e todas as posses —*
 Ah como estou ansiosa para a terceira terça-feira de fevereiro
 Sua
 V
 Violet me fez aquela que é conhecida como uma pergunta sugestiva sobre mim e você.

Carta de Virginia

          Monk's House
          19 de janeiro

Preciso comprar alguns pigmentos — lavanda, rosa, violeta — para matizar o que quero dizer. Vejo que lhe transmiti muitos sentidos errados usando somente a tinta preta. Foi uma piada — você flutuando para longe, à deriva. Era verdadeiro o desejo de que você escrevesse. Não é verdade que antipatizo com Hilda. Só sinto — O quê? Algo opaco, pulverizante: minha culpa, tanto quanto dela. E uma pontada de ciúme louco me pegou de surpresa, inoportunamente, jantando na casa de Sibyl. Não, não, preciso comprar meus pigmentos [...]
 O que você disse quando Violet T. lhe fez a pergunta sugestiva? Ainda me lembro dela, como um filhotinho de raposa, toda perfume e sedução [...] Bom, por que você a

---

[164] Violet fugiu da França após a invasão alemã e visitou Sissinghurst diversas vezes ao longo da guerra, mas não houve a retomada de sua intimidade ardente com Vita.
[165] Paternoster Row é uma rua londrina conhecida por abrigar muitas editoras. Em 1940, sofreu sérios danos com os bombardeios aéreos da Segunda Guerra Mundial. Estima-se que cinco milhões de livros tenham sido perdidos pelos incêndios causados pelas bombas. [N. T.]

amou? E você amou Hilda? Temos de investigar tudo isso. Prefiro pensar que tenho um novo amante, um médico, um Wilberforce, um primo — ah! Você se contorce com isso? Ainda ocupo o terceiro lugar da escada?

Carta de Vita

Castelo de Sissinghurst
27 de fevereiro

Que vergonha, nunca lhe escrevi um Collins[166] *nem lhe mandei o prometido acendedor. Mas aqui estão eles, chegando juntos. O acendedor é conhecido nos Estados Unidos como Pequena Maravilha, e de fato merece o nome [...]*

Fui interrompida aqui por um soldado querendo subir no topo da minha torre. Perguntei por quê, sendo cautelosa. A resposta dele foi verdadeiramente elisabetana: "Porque estamos de vigia do amanhecer ao anoitecer. Você terá a Home Guard[167] *aqui do anoitecer ao amanhecer".*

Carta de Virginia

Monk's House
4 de março

Ah queridíssima Criatura — agora você superou toda a colina de suas bênçãos com um acendedor de fogo. Po: manteiga: lã: livros: acendedor em cima. Aí deve parar. Não pode adicionar nada ao fogo. Você vê a adequação poética de terminar aí. Que concepção magnífica da vida você tem – ó maldita lei. Leonard diz que não podemos usar sua gasolina. Mais um presente [...]

---

[166] Um bilhete de agradecimento pela visita dela a Rodmell nos dias 17-18 de fevereiro.
[167] Organização de defesa do exército britânico ao longo da Segunda Guerra Mundial. [N. T.]

Você não teria feno para vender, imagino? As vacas de Octavia Wilberforce em Henfield, que nos dão manteiga, estão morrendo de fome. Então eu disse que ia perguntar.

O silêncio significa não.

Carta de Vita

Castelo de Sissinghurst
6 de março

FENO! Bom Deus, feno! Por acaso não tenho mendigado por todos os bosques de Kent em busca de feno? Não há feno; leite escasso: e é por isso que não mandei mais manteiga para você — e é por isso que os gramados de Sissinghurst não serão cortados este ano, mas poderão crescer. Feno! Minha nossa senhora!

Leonard se enganou pela primeira vez a respeito do cupom de gasolina. Eu não faria nada ilegal, não mais do que ele. No entanto, se realmente suportar vir de ônibus, posso encontrar você facilmente em Hawkhurst. Eu a levaria para Ellen Terry à tarde e a traria de volta a Hawkhurst depois. Tudo o que tem de fazer é me avisar. Qualquer dia, exceto 19 e 20 de março. No dia 19 participo de um comitê e no dia 20 — adivinhe só? Um Instituto Feminino daqui.

Diário de Virginia

8 de março

Não: não me inclino a qualquer introspecção. Destaco a frase de Henry James: Observe constantemente. Observo a chegada da idade. Observo a avidez. Observo meu próprio desalento. Dessa maneira isso se torna útil. Ou assim espero. Insisto em aproveitar esse tempo da melhor maneira possível. Vou cair com minhas cores voando. Isso percebo beira a introspecção; mas não chega a cair nela. Ocupação é essencial. E agora com algum prazer descubro que são sete; e devo preparar o jantar.

Carne de hadoque e linguiça. Acho que é verdade que se obtém certo domínio sobre a linguiça e o hadoque ao escrevê-los.

Ah minha nossa sim, vou dominar esse humor. É uma questão de deixar que as coisas se sucedam uma à outra. Agora cozinhar o hadoque.

Carta de Virginia

Monk's House
22 de março

Não, não crio periquitos.

Os de Louie sobrevivem: e ela os alimenta com sobras — suponho que sejam pássaros humildes, de uma classe mais baixa. Se formos [a Sissinghurst], posso trazer um casal para ela, se algum sobreviver? Eles todos morrem num instante? Quando iremos? Deus sabe —

Diário de Virginia

24 de março

Uma sensação curiosa de mar no ar hoje. Me faz lembrar de acomodações em um desfile na Páscoa. Todos inclinados contra o vento, fustigados e quietos. Toda a polpa extraída.

Esse canto ventoso. E Nessa está em Brighton, e estou imaginando como seria se pudéssemos infundir almas.

A história de Octavia. Poderia englobá-la de alguma forma? Juventude inglesa em 1900.

L. está trabalhando nos rododendros.

No dia 28 de março de 1941, Virginia deixou a última carta em sua tábua de escrever no barracão do jardim. Era um bilhete para Leonard em que o agradecia por lhe trazer "felicidade completa [...] desde o primeiro

dia até agora". Ela então andou quase um quilômetro até o rio Ouse, encheu os bolsos com pedras e se lançou nas águas.

Carta de Vita para Harold

Castelo de Sissinghurst
31 de março

Acabei de sofrer o mais terrível dos choques: Virginia se matou. Não está nos jornais, mas recebi cartas de Leonard e também de Vanessa me contando. Foi na última sexta-feira. Leonard chegou em casa e encontrou um bilhete dizendo que ela ia cometer suicídio, e acham que ela se afogou porque acharam sua bengala flutuando no rio. Ele diz que ela não andava bem nas últimas semanas e estava com um medo terrível de enlouquecer de novo. Ele diz, "Foi, creio, a tensão da guerra e a conclusão do livro dela, e ela não conseguia descansar ou comer".

Simplesmente não consigo assimilar. Aquela mente adorável, aquele espírito adorável. E parecia tão bem da última vez que a vi, e recebi uma carta brincalhona dela algumas semanas atrás.

O corpo de Virginia foi encontrado no dia 18 de abril. Ela foi cremada em Brighton no dia 21 de abril, na presença apenas de Leonard. Suas cinzas foram enterradas sob um olmo em Monk's House, com as penúltimas palavras de *As ondas* **como epitáfio: "Contra ti me lançarei, invicta e inabalável, ó Morte!".**

Assim que Harold ficou sabendo da notícia, ele foi a Sissinghurst para ficar com Vita, mas não pronunciavam o nome de Virginia em voz alta.[168] Muitos anos

---
[168] Ver *Retrato de um casamento*, de Nigel Nicolson, para saber mais.

depois, Vita escreveu: "Ainda acho que poderia tê-la salvado, se ao menos tivesse estado lá e soubesse o estado mental em que estava caindo".

Vita morreu de câncer em 2 de junho de 1962. Sua escrivaninha em Sissinghurst permanece como a deixou, enfeitada com duas fotografias: uma é do marido, a outra é de Virginia.

© George Charles Beresford

SOBRE A AUTORA

VIRGINIA WOOLF é considerada uma das maiores escritoras e ensaístas do século XX, sendo uma figura de destaque no modernismo e no feminismo. Nascida em Londres, ela se tornou uma figura central do Grupo de Bloomsbury, um coletivo formado por escritores, artistas e pensadores britânicos. Casou-se com o teórico Leonard Woolf, com quem fundou uma editora para impressão de livros à mão. Durante sua vida escreveu diversos romances que hoje são considerados obras-primas da literatura, incluindo *Mrs. Dalloway*, *Ao farol*, *As ondas* e *Orlando*, este último fruto do seu intenso relacionamento com Vita Sackville-West.

SOBRE A AUTORA

VITA SACKVILLE-WEST nasceu em Knole, em Kent, sudeste da Inglaterra e era filha única de pais aristocratas. Em 1913, ela se casou com o diplomata Harold Nicolson, com quem teve dois filhos e viajava frequentemente. Prolífica escritora de ficção, biógrafa, poeta premiada, jornalista e paisagista, Vita é conhecida por seus romances *All Passion Spent* e *The Edwardians*, e pelo premiado jardim que criou em Sissinghurst.

ROTAPLAN
GRÁFICA E EDITORA LTDA
Rua Álvaro Seixas, 165
Engenho Novo - Rio de Janeiro
Tels.: (21) 2201-2089 / 8898
E-mail: rotaplanrio@gmail.com